本著作是以下项目的阶段性成果：

2018 年度山东省文化厅“传统文化与经济社会发展”专项
东的曲艺类非物质文化遗产的新媒体传播研究（项目编号：CZ

2018 年度中国交通教育研究会项目：交通类院校外语专业的新创业竞赛管理与组织体系研究——以 POCIB 大赛为例（项目编号：交教研 1802-225）；

2018 年度山东省高等学校人文社会科学研究计划项目：“互联网＋”时代中华优秀传统文化认同研究（项目编号：J18RB030）；

2018 年度山东省社会科学规划研究项目：习近平新时代文化自信思想研究（项目编号：18CXSXJ07）；

2017 年度山东省高校人文社会科学研究计划项目：“互联网＋”时代齐鲁优秀传统文化融入大学生思想政治教育过程的基本问题研究（项目编号：J17ZZ65）。

信息科技与媒体产品的融合：新媒体传播研究

万寅佳　著

中国水利水电出版社
www.waterpub.com.cn
·北京·

内 容 提 要

新媒体传播正以其数字化、信息化改变着新闻传播的态势，本书以新媒体传播为研究中心，分析新媒体时代如何使新媒体科学发挥其价值。

全书从新媒体来临的时代背景入手，分析新媒体时代给传媒业带来的影响，研究新媒体传播的方式与特征、新媒体传播内容的生产与编辑、新媒体传播的舆论引导与控制、新媒体营销及其管理与控制。

本书在内容上形成了较为完整的理论体系，不仅从理论角度阐述了新媒体传播的知识，而且分析了新媒体传播过程中出现的一些问题，并对这些问题的解决策略进行了思考，具有一定的应用性。

图书在版编目(CIP)数据

信息科技与媒体产品的融合：新媒体传播研究 / 万寅佳著 .— 北京：中国水利水电出版社，2019.3 （2024.10重印）

ISBN 978-7-5170-7502-8

Ⅰ. ①信… Ⅱ. ①万… Ⅲ. ①传播媒介－研究 Ⅳ. ①G206.2

中国版本图书馆CIP数据核字（2019）第040596号

书　　名	**信息科技与媒体产品的融合：新媒体传播研究** XINXI KEJI YU MEITI CHANPIN DE RONGHE: XINMEITI CHUANBO YANJIU
作　　者	万寅佳　著
出版发行	中国水利水电出版社 （北京市海淀区玉渊潭南路1号D座　100038） 网址：www.waterpub.com.cn E-mail：sales@waterpub.com.cn 电话：（010）68367658（营销中心）
经　　售	北京科水图书销售中心（零售） 电话：（010）88383994、63202643、68545874 全国各地新华书店和相关出版物销售网点
排　　版	北京亚吉飞数码科技有限公司
印　　刷	三河市华晨印务有限公司
规　　格	170mm×240mm　16开本　16印张　207千字
版　　次	2019年4月第1版　2024年10月第4次印刷
印　　数	0001—2000册
定　　价	76.00元

前　言

人类社会经历了四次意义重大的传播革命,每一次革命都带来了人类信息传播的巨大变化,也都在很大程度上改变了人类的生活。目前,我们正处于第五次传播革命——互动传播时期。在这一时期,人们通过各种数据、文字、图片、声音、信号等方式开展互动,其中新媒体传播互动是这一时期产生的一种新型传播方式,也是人们研究的重点。这种将信息科技与媒体产品相融合,以现代信息科技的快速发展为依托,通过现代信息技术开展信息传播的媒体活动在带动信息传播发生巨大变革的同时,也通过其带来的媒体创意新经济,使得原来的传统媒体从规模经济转向了范围经济、共享经济等模式,从而在很大程度上拓展了信息传播的渠道和空间,提升了信息传播的速度和效率,也因为这些显而易见的优势,新媒体传播已经成为我国新闻传播的重要形态,受到人们的关注。

新媒体传播凭借媒介技术的发展将我们带到了一个众语喧哗、瞬息万变的时代。在这里,人们都大声疾呼,被这个由媒介构成的全新世界所迷醉。然而,伴随着新媒体时代的到来,新媒体不同于传统媒体的表达形式、传播频率、传播范围、传播速度、受众特点等常常使人不知所措。传统媒体时代形成的"内容为王"观念虽然在新媒体时代仍被强调,但网络、渠道、平台和终端的作用和价值日渐凸显,服务与市场的理念正逐步深化。因此,深入研究新媒体的传播,推动新媒体科学有序的发展就成为新闻传播研究的一个重要内容,也正是基于这一点,作者撰写了《信息科技与媒体产品的融合:新媒体传播研究》一书。

本书共有八章。第一章作为全书开篇,首先从新媒体的概念、构成要素、发展历程、分类及其与社会发展的关系几方面对新媒体进行了一个系统的论述，从而为下述章节的展开做好理论铺垫。第二章和第三章是对新媒体传播环境的分析，其中第二章主要侧重于对新媒体快速发展过程中传播产业的变化进行研究，第三章则将传统媒体单列出来，在分析新媒体与传统媒体的关系的基础上，分析了新媒体对传统媒体的冲击与影响，研究了新媒体环境下广播、电视、报业这三种传统媒体形态的转型。第四章至第六章分别对新媒体传播的方式与特征、传播内容的生产与编辑、传播舆论的引导与控制进行研究，从这些切入口分析有助于读者从细小的切入口进入新媒体传播的内部，更全面地把握新媒体传播的特点。第七章和第八章围绕现行新媒体传播迅速发展的状况，将新媒体营销纳入研究的范畴，同时考虑到新媒体传播泛滥可能带来的不良后果，如媒体道德失范等，分析了如何更好地进行新媒体的管理，以确保其健康、有序地发展。在图书的撰写上，本书在新媒体快速发展带来的媒介环境大变革的基础上，沿着新媒体的传播方式与特征、传播内容的生产与编辑、舆论引导与控制、媒体营销与管理这些方面对新媒体传播进行了梳理和把握，有助于读者结合媒体发展的大环境深入思考新媒体传播的内涵，了解新媒体传播的优势和问题，并思考如何更好地利用新媒体来推动我国传媒产业的健康发展。

在本书的撰写过程中，作者不仅参阅、引用了很多国内外相关文献资料，而且得到了同事亲朋的鼎力相助，在此一并表示衷心的感谢。由于作者水平有限，书中疏漏之处在所难免，恳请同行专家以及广大读者批评指正。

作　者

2018年10月

目　录

第一章　新媒体概论

20世纪60年代到70年代，大众传媒产业高度发展，而以信息技术革命为重要内容的新技术革命蓬勃兴起。随着世界贸易的不断发展和经济全球化的不断推进，发达工业经济体开始向后工业时代转变，社会发展对提高信息传播能力和信息共享水平提出了进一步的要求，催生了以网络媒体、数字电视媒体和移动通信媒体为代表的新媒体。如今，新媒体已经渗透社会生活的方方面面，给社会带来了巨大的变化与深刻的影响。新媒体发展越迅速，它在人们日常生活中占据的地位就越重要，从工作方式到生活习惯，从思维方式到行为准则，甚至交友、购物和媒体接触也都打上它的烙印。

第一节　新媒体的概念及其构成要素

一、新媒体的概念

"新媒体"一词，最初是美国哥伦比亚广播电视网（CBS）技术研究所所长P.高尔德马克于1967年在一份关于开发电子录像（EVR）商品的计划书中提出的。在计划书中，他将"电子录像"称作"新媒体（New Media）"，"新媒体"这一名称由此产生。不过，"新媒体"这一概念为人们所熟知，则是因为时任美国传播政策总统特别委员会主席E.罗斯托，他在向当时的美国总统提交的报告中多次提到"New Media"，这一名词最终为美国社会所接受，并很快引起世界范围内的广泛关注。

关于新媒体的定义，国内学界与业界一直都各执一词，莫衷一是。一般来说，新媒体有狭义与广义之分，狭义新媒体仅指区别于传统媒体的新型传媒，主要包括被称为第四媒体的互联网和第五媒体的移动网络。广义的新媒体指依托于互联网、移动通信、数字技术等新电子信息技术而兴起的媒介形式。

要理解新媒体概念，还必须要把握好以下四个维度（VOEL）：

（1）价值（value）。媒体是具备价值的信息载体，新媒体就是具备信息时代对于信息传播要求价值的信息承载形态：它必须有一定的受众，能够准确把握信息传递的时间，有比较充分的传递条件，能够适应用户的信息需求和心理反应。同时，它们自身也必须在承载相关信息价值的同时，还要能够给自己带来经济效益。

（2）原创性（originality）。新媒体的"新"字，主要是要突出其具备的原创性：既是指技术上的原创性，更是指内容和形态上的原创性，它意味着在这种媒体格局下参与主体的平等性，信息内容的普适性，传输通道的流畅性，接受信息的自主选择性，意见反馈的及时性和有效性。

（3）效应（effect）。新媒体必须具备形成特定效应的能力，必须具备影响特定时间、特定区域、特定对象的视觉或听觉反应的因素，从而导致产生相应的结果。

（4）生命力（life）。新媒体必须有一定生命力，形成并延续自己的生命周期。

新媒体是一个不断变化的家族群体，有些新媒体形态会被不断开发出来，有些功能较低下的"新媒体"会遭到市场淘汰。在现有新媒体形态中，依据不同标准，可以对其做出不同的分类。

依据呈现方式分，可以分为：第一，平面新媒体，主要包括数字印刷类、非印刷类、光电类等；第二，电波新媒体，主要包括数字广播、数字电视广告（字幕、标版、影视）等；第三，网络新媒体，主要包括网络索引、平面、动画、论坛等。

依据功能和作用分，可以分为：第一，自媒体新媒体，如网络存储；第二，记录新媒体，如个人空间 qzone；第三，对象新媒体，如 E-mail；第四，互动新媒体，如 BBS；第五，社群新媒体，如 SNS 和各种“群”；第六，知识新媒体，如 WI；第七，公共参与新媒体，如强国论坛等。

最常见的新媒体分类是依据使用终端的特性来进行的，大体可以分为手机新媒体、网络电视（IPIV）、数字电视、移动电视、博客与微博、第三方应用程序（App）等。

二、新媒体的构成要素

不管人们如何定义新媒体，相对于旧的媒体形态，新媒体形态是不断变化和延展的，在现阶段其核心是数字式信息符号传播技术的实现。一般而言，新媒体的构成要素包含以下几点：

（1）依托数字技术和网络技术及计算机技术。新媒体是在数字技术和网络技术基础上产生的媒介形态，它包括使用有线与无线通道的传送方式，如互联网、手机媒体、移动电视、电子报纸等。计算机信息处理技术是新媒体的基础平台，互联网、卫星网络、移动通信等则作为新媒体的运作平台，通过有线或无线的方式进行信息的传播。

（2）依靠新技术支持以多媒体呈现。新媒体信息传播的方式往往融合了声音、文字、图形、影像等多媒体的呈现形式，具有很高的科技含量，可以进行跨媒体、跨时空的信息传播，还具有传统媒体无法比拟的互动性等特征。

（3）互动性。作为区分“新”“旧”媒体的重要参考因素，新媒体因其良好的交互性而备受人们的推崇。受众接收新媒体信息，大多不受时间、地点场所的制约，可以随时通过新媒体在电子信息覆盖的地方接收地球上任何一个角落的信息。这充分显示了其人性化的一面。

（4）商业模式创新。与传统媒体相比，新媒体在技术、运营、产品、服务等领域可以充分利用高新科技平台，不断丰富和创新商业模式，从而有助于新媒体的运营。所以说，新媒体与传统媒体相比，变化的不仅仅是新媒体技术的运用，更有商业模式的创新。

（5）媒介融合趋势增强。新媒体的种类有很多，其边界处在不断变化的过程中，很多称谓相互重叠，包括网络媒体、数字媒体、无线移动媒体等。同时，媒介融合也使得传统媒体可以借助数字技术转变为具有互动性的新媒体，如报纸可以升级为数字报纸，广播可以升级为数字广播，电视可以升级为数字互动电视。

第二节　新媒体的发展历程

正所谓“罗马不是一天建成的”，同样，新媒体的发展也不是一蹴而就的，其发展同样经历了许多坎坷。纵观新媒体发展历程，从宏观角度来看，人类社会的进化进程必然会带来新技术的发明与使用，社会政治、经济、文化等大环境的变化不断促使新媒体的形态和功能发生转换。从中观角度来看，数字技术的沿革直接推动新媒体的发展。从信息传播的微观角度来看，受众在面临复杂且多变的社会环境的时候，往往需要从社会化媒体渠道中寻求对自己有用的信息，用以支撑其感知社会的存在感。新媒体便捷、精准的信息获知途径吸引受众参与，而受众信息需求的不断变化也推动新媒体不断发展。与报纸、杂志、广播、电视等传统媒体相比，新媒体的诞生与发展历史并不长，但是其技术更新换代却呈现出加速演进的态势，从大众传媒新媒体技术应用的角度来考察，到目前为止，新媒体经历了三个时代：Web1.0、Web2.0、Web3.0。按照传播载体的不同，我们分别对新媒体的发展历程展开论述。

一、网络媒体的发展历程

从20世纪90年代中叶至今，我国网络媒体经历了萌芽、成长、规范转轨、重新起飞、全面发展几个发展阶段。

（一）萌芽阶段（1994—1998年）

在1994年中国开始进入互联网世界之前，西方发达国家对于互联网的开发与试验便早已开始。20世纪60年代，美国国防部高级研究计划局为了保证其计算机系统在遭受敌方打击时不至于全部瘫痪，斥资由BBN公司负责研究各计算中心之间的通信方法。1969年，美国国防部启动用于核战时通信的计算机网络开发计划阿帕网（ARPANET），阿帕网便是今天互联网的雏形，因此1969年也被认为是互联网的诞生年。

1983年，阿帕网宣布将过去的通信协议"NCP（网络控制协议）"向新协议"TCP/IP（传输控制协议/互联网协议）"过渡，从此不同的网络开始能够相互连接，美国全国性互联网才真正建立起来。1991年，美国互联网商业开发的禁令被解除，这是互联网迈出的非常重要的一步。1993年，马克·安德森等人创办了"网景"公司，"网景"浏览器的推出加快了互联网的普及速度。同年，克林顿政府提出"信息高速公路"计划，旨在使所有的美国人方便地共享海量的信息资源，进一步推动了互联网的商业化进程。之后，互联网就开始逐步从实验室走向了市场，并最终席卷全球，成为推动人类社会进步的重要驱动力量。

从1994年开始，国际互联网的发展领域出现了转移，从科研教育领域向商业性计算机网络转变，一批以搜索引擎服务来吸引用户的商业门户网站（如Yahoo！）开始亮相，从而引发了全球性的互联网热潮。互联网的商业价值逐渐凸显，同时，互联网的性质也发生了变化。1997年通过的信用卡交易标准协议大大促进了网上销售。在一定程度上，互联网成了一个大型商场，虚拟商店开张，产品和服务在此出售。在互联网的普及上，商业化发挥了重要作用，使更多公众能用上互联网。

互联网在中国拉开序幕也始于实验室。1987年9月20日，钱天白向世界发出我国第一封电子邮件"越过长城，通向世界"，宣告中国人开始使用互联网。1990 年 11 月 28 日，钱天白代表中国正式注册了我国的顶级域名“.cn”。1994 年 4 月 20 日，中国与国际互联网相连的网络信道开通，首次加入国际互联网大家庭，中国开始踏上互联网的征程。

正式接入国际互联网以后，我国的互联网基础设施建设也在积极铺开，CHINANET（中国公用互联网）、CERNET（中国教育和科研计算机网）、CSTNET（中国科技网）、CHINAGBN（中国金桥信息网）等四大骨干网工程相继展开。

互联网真正开始向社会大众推广始于 1995 年。1995 年，《神州学人》周刊成为我国第一家走上互联网的媒体，此后 3 年里，网络媒体在数量上迅速增长，呈现出向前推进的强劲势头，多路媒体开始了摸着石头过河的探索之路。1995 年 10 月 20 日，《中国贸易报》登陆国际互联网，成为新闻媒体上网的先行者。1995 年 12 月，《中国日报》网站开通，在国内开全国性日报办网站之先河。到 1995 年年底，国内尝试上网的报刊已有七八家。此外，中国新闻社香港分社更是早在 1995 年 4 月便登上了互联网的快车（www.chinanews.com）。除纸质媒体外，我国的广电媒体也不甘落后。1996 年 10 月，广东人民广播电台建立网站（www.radioguangdong.com），1996 年 12 月，中央电视台建立网站（www.cctv.com），标志着中国广播电视媒体开始向网络传播领域进军。在这一时期，中国传统媒体网络化的主要目标是借助网络改善发行状况，提高自己在海外的影响力，但从形式上看，还不免有些原始、粗糙，内容也多是印刷版的翻版。即便如此，它们依旧是传统媒体中勇敢的尝试者，中国传统媒体的网络化也由此迈出了第一步。

值得一提的是，张树新开发的“瀛海威时空”网络翻版了“美国在线”，成为普通中国人网络生活的启蒙导师。瀛海威公司通过开发全中文多媒体网络系统、开设专栏普及网络知识等手段首次向国人系统地灌输了国家互联网理念，教育和培养了中国第一代网民。

1997 年，我国开始引入门户网站的概念，互联网成为一种日趋独立的新媒体。1997 年 5 月，丁磊创立了网易公司，其成为当时国内领先的互联网技术公司。1998 年 12 月，四通利方与华渊资讯合并，成立了新浪网。1996 年 8 月，张朝阳利用美国的风险投资创立了搜狐，1998 年 2 月，搜狐网正式开通，成为当时国内第一家中文搜索引擎，短短几个月的时间便取得了很高的访问量。新浪、网易、搜狐这三大门户网站在互联网的萌芽阶段相继诞生，并日趋活跃，成为日后中国诸多商业网站中的领头羊。

总之，在 1994 年到 1998 年的萌芽探路阶段，互联网在信息传播领域的影响不断增强，中国的网络媒体渐趋成型。

（二）快速成长阶段（1999—2000 年上半年）

从1999年到2000年上半年，受全球互联网快速发展的影响，国内互联网空间异常活跃，各类网站开始兴起，中文网站建设和网民数量呈指数增长，新闻网站成为网民获取新闻信息的重要途径。1999 年至 2000 年上半年，中国网络媒体的发展进入了一个大跃进的阶段。

国内的商业网站在这一阶段获得飞速成长，尤其是新浪、搜狐和网易三大网站，逐渐发展成为国内门户网站的中坚力量。网易首先全面改版，朝着中文网络门户方向迈出了第一步；1999 年 3 月，搜狐从中国首家大型分类查询搜索引擎，发展成为综合性门户网站；1999 年 4 月，新浪网改版完成，将新闻作为主打业务，并以这一内容优势迅速获得成功。

对中国的商业网站来说，1998 年是门户年，2000 年是上市年。1999 年 7 月，香港的中华网作为第一只中国网络概念股登上纳斯达克股市。进入 2000 年后，国内的商业网站开始纷纷上市。2000 年 4 月 13 日，新浪网宣布首次公开发行股票，第一只来自中国大陆的网络股登上纳斯达克；2000 年 6 月 30 日，网易公司宣布在纳斯达克正式挂牌交易；2000 年 7 月 12 日，搜狐在纳斯达克挂牌上市。不过，国内所有的商业网站在这时都处于模仿与探索阶段。此外，在这一时期，国内商业网站纷纷通过大量的广告宣传以及提供免费产品与服务的方式来追求流量、争夺眼球。

经过萌芽期的发展，全国已有1/7的报纸办起了自己的网络版，进入这一阶段后，中国传统媒体开始了第二次的触网潮。截至1999年年底，全国建立独立域名的新闻宣传单位已达700多家，以人民网、新华网为代表的一批国家重点新闻网站出现。此外，一些传统媒体网站逐步认识到网络新闻传播的独特规律，并开始了网上新闻传播的探索。1999年，传统媒体的网站出现了更名风潮，各类网站不再称“××网络版/电子版”，而是冠以“××网”或“××在线”的名称。例如，上海文汇新民联合报业集团网站更名为“申网”，《电脑报》网站改称为“天极网”，光明日报报业集团网站更名为“光明网”，南方日报报业集团改称“南方网”，《中国青年报》网站更名为“中青在线”，浙江日报报业集团网站除提供网络版外还建立了“浙江在线”这一地方门户网站。引人注目的是，新华社网站和人民日报网络版也在这一时期进行更名并启用新域名。2000年3月，新华通讯社网站更名为新华网，并启用新域名“www.xinhuanet.com”及“www.xhnet.com”；2000年4月，《人民日报》网络版改版并改名为“人民网”，随后正式启用新域名“www.people.com.cn”。实际上，传统媒体网站更名，意味着新闻媒体网站自我定位从最初的传统媒体电子版向独立的新闻网站或以新闻为主的大型综合网站的转型。

地方媒体网站开始跳出单打独斗的状态，探索联合发展模式，四川新闻网就是先行者之一。四川新闻网于1998年筹备就绪并试运行，1999年1月正式开通，它先后汇聚了全省106家报纸、广播、电视、期刊等媒体上网，成为四川省五大重点新闻媒体之一。在地方媒体探索构建大型网络新闻传播平台的过程中，千龙模式和东方模式是最受关注的两种发展道路。千龙模式是指由千龙新闻网建立的网站联合模式。2000年5月8日，千龙新闻网开通，它是由北京市委宣传部牵头、北京市属新闻媒体如北京日报报社、北京晚报报社、北京人民广播电台、北京电视台等九家单位参与成立的地方新闻网站,网站的运行资金由一家民营企业提供,因此千龙模式的最大特点就在于其兼具政府背景和现代企业制度。紧随千龙新闻网之后,上海东方网在 2000 年 5 月 28 日正式启动。它是由上海 14 家主流新闻媒体包括解放日报报社、文汇报报社、东方电视台、上海电台等集中资源优势共同投资组建的大型综合性网站。在运营上,东方网采取商业化的运作模式。

总之,在这一阶段,越来越多的人开始关注互联网,人们通过网络媒体获取最新信息,如收发个人邮件、浏览新闻和文献资料等,上网冲浪成为这一时期的潮流。

(三)规范转轨阶段(2000 年下半年—2002 年上半年)

从 2000 年下半年至 2002 年上半年,受国际互联网经济泡沫的影响,我国国内网络媒体汹涌的发展态势遭遇拐点。以商业网站为代表的部分网络媒体出现前所未有的艰难局面,许多商业网站纷纷倒闭,存活下来的商业网站开始寻找新的发展模式,以实现转型。

2000 年,国内几大门户网站刚刚在纳斯达克上市,就遭遇了全球互联网经济的泡沫破灭,许多商业网站纷纷倒闭,仅新浪、搜狐、网易等几家在苦苦支撑,国内商业网站由此进入了一个调整与重新探索的时期。在巨大的生存压力下,一路狂奔的国内商业网站开始放慢速度,重新审视自己的经营模式,改变单一的网络广告发展模式,探索新的盈利途径,比如开始尝试收费邮箱、电子商务、手机短信等收费服务,进行以盈利为目标的艰难转型。

在这一阶段,媒体网站开始进行以自我调适为目标的改版,以寻求新的发展空间。人民网、新华网、央视国际等重点新闻网站相继调整定位,升级改版。2001 年 1 月,人民网推出新版,改版后的人民网包括时政、国际、观点、经济、科教等 13 个新闻频道;2001 年 2 月,新华网全方位升级改版,具体措施有增加网上直播、推出“发展论坛”和“统一论坛”等；2001 年，央视国际也进行了重新定位与调整，开创了一批围绕央视的特色栏目。

此外，地方媒体网站的出现与整合仍然是这一阶段的主题之一，红网、金黔在线、东北网、中国西部网、南方网等相继开通，扩大了主流新闻媒体网站的阵容。而电子政务的迅猛发展也成为这一时期的显著特征，截至 2001 年 1 月底，我国以“gov.cn”为结尾注册的域名总数达 4722 个，占国内域名总数的 4%。

（四）重新起飞阶段（2002 年下半年—2004 年）

2002 年年中，网络媒体开始迎来曙光。2002 年 7 月，三大门户网站先后以不同的方式宣布从亏损步入了盈利阶段，已经从单纯的以网络广告为主要收入来源，拓宽到以增值服务、网络游戏、网络广告三大渠道为主的多元化收入渠道。此外，2003 年成为网络游戏发展最为迅猛的一年。盛大公司的成功催生了大量网络游戏公司的出现，网络游戏专业网站以网易和 17173 网站（2003 年年底被搜狐收购）为代表。网络广告市场也在这一阶段获得了突飞猛进的增长。然而，新的盈利模式在为商业网站带来机遇的同时也带来了竞争，一些发展势头强劲的门户网站如 TOM、腾讯等掀起了新一轮的门户之争。

2003 年，重大事件促进网络新闻与网络舆论的成长，如“哥伦比亚号”飞机失事、美伊战争、“非典”爆发等重大事件的发生，使得国内网站的新闻业务获得历练，无论是新闻报道的速度与数量还是报道的深度，国内网站都有很大提升。2003 年 2 月，美国“哥伦比亚”号航天飞机失联时，新浪网第一时间将信息发布在网站上，并且向手机新闻订户发送了第一条短信，这比新华网、人民日报等媒体都要早；此后在 3 月打响的伊拉克战争期间，中国网络媒体纷纷主动出击，推出关于伊拉克战争的最新报道和手机短信服务，开辟战争专题页面，24 小时滚动直播战争动态，开通战争的网络视频直播等举措，让我国网络媒体有了新闻时效性竞争的意识。新华网推出“伊拉克战争特别报道”专题，包括全面版、快讯版、图片版、视频版、评论版、资料版等不同版面；新华网和千龙网几乎与中央电视台同步开通了美伊战争的网络视频直播；新浪网在美伊战争之前就向国际政治军事专家发出征稿邀请函，网罗专家进行评论分析，从而增强了新闻报道的深度。在这次战争报道之争中，不仅出现了网络视频流媒体播放、Flash新闻等新的新闻报道形式，报道手段和方式也得到了丰富。2003年，非典肆虐全国。在抗击非典的过程中，商业网络媒体相比传统媒体，行动更早、手段更丰富、报道的资讯更加多元，向网民通报最新疫情和预防的手段和知识，发布最新资讯。网民也从商业门户上获取了很多传统媒体不曾报道的侧面消息，商业门户彰显了自身的传播广度和传播影响力。在非典期间，人们的生活方式发生了改变。通过电子商务网站进行购物的方式开始逐渐被很多网民接受；通过网络写日志来记录生活并发表，成为人们休闲时间的新选择。可以说，非典使得网络生活方式在人们生活中打下了深刻的烙印。

2004年被誉为中国网络媒体发展的第二个拐点。到2004年4月，我国依法取得登载新闻资格的网站有163家，全国有1400多家新闻单位在网上提供新闻服务。新浪、搜狐等商业门户网站在网民中的影响力越来越大；由传统新闻媒体创办的综合性新闻网站迅速崛起，人民网、新华网、中国网、国际在线、央视国际等网站不仅成为人们获取信息的重要渠道，也成为其他网站登载新闻的主要来源。

在这一时期，一批新兴的商业网站——垂直门户网站开始出现。赛迪网、天极网、eNet、IT168等网站是以IT信息内容及市场咨询为主要服务手段的IT类垂直门户。另外，还有以携程旅行网为代表的旅行类垂直门户、以51job为代表的招聘求职类门户、以搜房网为代表的房产门户等。这些垂直门户不仅备受网民青睐，而且受到国际资本市场的关注，从2003年年底开始相继在纳斯达克上市。垂直门户值得借鉴的战略模式、经营模式与内容模式对综合门户网站造成了有力的冲击。

2004年，网络媒体纷纷推出“2003年十大新闻评选”，对过去一年的新闻事件进行回顾和点评，标志着商业网站的竞争姿态的凸现。

（五）全面发展阶段（2005年至今）

1. 新闻网站成为网络新闻影响力的主导者

2005年以后，中国网络媒体日趋成熟，进入全面发展的新阶段。新华网、人民网等几大中央重点新闻网站自2001年以来访问量以平均每月12%的速度上升，多家重点网站还进入了全球网站百强的行列，每天有数千万人次的访问量。此外，因具有其他商业网站所不具备的采访权和发布权，这些中央重点新闻网站还成为新浪、搜狐等商业网站转载的主要来源。除中央重点新闻网站，地方新闻网站也有不俗的表现。截至2005年，千龙网、东方网、红网等网站的访问量平均增长了9倍，并形成了各具特色的名牌栏目。总之，经过十多年的发展，新闻网站的影响力和公信力日益壮大，以新华网和人民网为代表的中央重点新闻网站已经成为中国网络新闻影响力的重要主导者。

2. 商业网站凝聚大量人气

如果说重点新闻网站是网络公信力的主导者，那么商业网站便是网络点击率的引领者。2005年以后，国内商业网站的数量更加庞大，类型也更多样，以51job为代表的垂直门户网站、以百度为代表的搜索引擎类网站以及以天涯社区为代表的社区类网站都成为继综合门户网站之后的商业网站新秀。这些新秀分流了综合门户网站的部分网民，同时又吸引了大量新的网民，社区类网站更是以其互动性和社区化积聚了大量的人气。

3. 网站知名品牌栏目（频道）形成

从2005年起，国务院新闻办公室互联网新闻研究中心和互联网新闻信息服务工作委员会共同发起“中国互联网站品牌栏目

（频道）推荐活动”，中国网络媒体中一些知名的品牌栏目和频道逐渐形成，其内容权威可靠，栏目（频道）特色鲜明，深受广大网民的喜爱。其中，比较有代表性的有国际在线的“网络电台”、中华网的“汽车”频道、千龙网的“奥运”频道、红网的“红辣椒评论”等；人民网的“强国论坛”、新华网的“新闻中心”、光明网的“理论”频道、四川新闻网的“麻辣社区”、搜狐的“体育”频道、百度的“知道”等。这些品牌栏目和频道在一定程度上反映出了十几年来我国网络新闻传播的现状，检验了网络媒体的整体水平，提升了网络媒体的整体影响力，为网络媒体栏目（频道）未来的发展指明了方向。

4. 博客、RSS、网络杂志等网络新新媒体出现

进入 2005 年以后，国内互联网 Web2.0 化的趋势越来越明显，许多网站在提供新闻、移动增值以及网络游戏等服务的同时，纷纷推出博客、播客、RSS 等新业务来吸引网民。如果说网络媒体在当前是一种新媒体，那么这些新应用的媒体或技术形式，可以被称为新新媒体。它们在互联网技术进步的基础上产生，在网络媒体这一母体的发展中成长，同时又在 Web2.0 的浪潮下壮大，成为网络媒体中的新星。

5.2009 年至今：新媒体百花齐放

2009 年 1 月，3G 牌照的发放宣告了 3G 元年的到来，移动互联网产业开始跃入新的发展阶段。此后，移动互联网、微博、微信、三网融合、媒介融合等热点成为传播学界热议的主题，也成为业界争相热捧的对象。

基于智能手机的各种 App 开始火热，各家门户网站趁热打铁推出了各自的新闻客户端产品，其中腾讯新闻客户端 2015 年 1 月 App 以月度覆盖人数已达 8114 万人位居榜首，腾讯、搜狐、网易三家新闻客户端占据了 64%的市场份额。而传统媒体网站也纷纷推出自身的移动客户端，抢夺移动互联网时代的新闻用户。

此外，在网络媒体以外的领域，电子商务、移动生活、智能穿戴设备、物联网等也方兴未艾，改变着全球互联网用户的生活和工作方式。

二、移动媒体的发展历程

移动媒体是所有具有移动便携特性的新兴媒体的总称，包括手机媒体、平板电脑、掌上电脑、PSP、移动视听设备（如 MP3、MP4、MP5）等。随着技术的进步，移动媒体群的形态也会进一步丰富。鉴于手机媒体及平板电脑在移动媒体群中具有较高的代表性，下面仅对这两种移动媒体形态的发展历程进行阐述。

（一）手机的问世

手机是在无线通信技术发展和通信网络形成的基础上诞生的。20 世纪 60 年代，随着晶体管的问世，出现了一种专用的无线通话设备，但这种设备仅能在少数特殊行业中使用，并且便携性很差。20 世纪 70 年代，手机通讯网络逐渐形成。其中，模拟蜂窝网络是第一个出现的通信网络。1979 年，美国贝尔实验室研制成功了移动电话系统 AMPS，并开始在芝加哥试运行，这是世界第一个蜂窝模拟移动通信系统。同年，日本开放了世界上第一个蜂窝移动电话网。进入 20 世纪 80 年代后，模拟蜂窝移动通信技术走向成熟并在全世界得到广泛应用。到 20 世纪 90 年代初，模拟蜂窝移动通信网占了全世界移动通信网络的大多数，并使移动电话业务得到快速普及。

1973 年 4 月 3 日，美国摩托罗拉公司的马丁·库帕站在纽约街头，拿出一个约有两块砖头大的无线电话打给他在贝尔实验室工作的一位对手，告知对方自己率先发明了手机，世界上第一部手机由此诞生。它的重量超过了 1000 克，而长度、宽度和厚度分别为 10 英寸（1 英寸 =2.54 厘米）、1.5 英寸和 3 英寸。1983 年，世界上第一台面向市场的便携移动电话——Motorola Dyna TAC

8000X 问世，它重约 794 克，长 33 厘米，其电池可维持的最长通话时间是 1 小时，可以储存 30 个电话号码，实现了人们边走边打电话的梦想。与现代手机形状接近的手机诞生于 1987 年，其重量仍有大约 750 克，但其便携性得到了很大提升。从此，手机开始了日新月异的发展，变得越来越轻，越来越小。

早期的手机只具备语音通话功能，直到 20 世纪 90 年代末，欧洲老牌的移动运营商 Vodafone 又开发了 SMS 短信息业务。接着，短信业务在全球范围内迅速发展并形成了规模庞大的产业，带动了彩信、彩铃、手机游戏、手机广播、手机电视等后续增值业务的发展。随着手机的普及应用和手机业务的日益丰富，手机已经不仅仅是单纯的个人通讯工具，而是演变成为一种新兴的大众媒体，并跻身当今新媒体产业的领跑者之列。

（二）手机的发展

手机的发明最初主要是用于移动中的语音通话，然而，随着手机的普及和移动通信技术的进步，逐渐演变成大众媒体。值得注意的是，手机作为通信介质的地位是与生俱来的，但作为大众媒体被承认却是一个逐步演化的过程。在我国，手机经历了从身份象征到通讯工具，再过渡到大众媒体的演化过程。

手机媒体是伴随第二代移动通信技术发展起来的，从短消息服务到彩信服务的发展过程中，技术的进步及无线网络平台的发展，为手机从通讯工具向大众媒体的演变提供了必要条件。如今，手机媒体已经从早期的简单文字短信传播的形式，向内容更丰富、表现力更强的多媒体形式过渡。手机不仅可以接发短信、彩信，还可以用来无线上网、收发邮件、玩游戏、随时随地拍照摄像，甚至可以用来收看直播电视及手机电影，因此被越来越多的人认定为继报纸、广播、电视、网络之后的“第五媒体”。

（三）平板电脑的诞生与发展

平板电脑是以触摸屏为基本输入和输出界面的小型便携电脑设备，它可以看作是笔记本电脑的升级版，无需翻盖，方便携带。有不少人将平板电脑与掌上电脑混为一谈，实际上二者具有不同的特点，是两种不同的移动媒体形态。掌上电脑即PDA（Personal Digital Assistant），主要有记事、学习、名片、词典、电子书、游戏等功能，掌上电脑具有不同于计算机的系统，目前主要有Palm、微软WinCE系列及Linux OS三种操作系统。相对于掌上电脑，平板电脑同样采用手写或触摸键盘，但体积更大，功能或应用程序更多，通常计算机上的功能都能在平板电脑上应用，另外还有专门针对平板电脑设计的功能或应用。需要特别指出的是，随着技术的不断更新，平板电脑的系统和应用能够无限升级或拓展，这大大延展了它的使用空间。相对来说，平板电脑操作系统对硬件的要求比较高，因此其价格也要比掌上电脑高许多。

平板电脑的概念最早由微软公司在2002年推广Windows XP Tablet PC Edition操作系统时提出。1989年9月，第一台商用平板电脑GridPad诞生。GridPad由Grid Systems公司设计制造，首次将触摸与笔写相结合的输入模式变成现实，具有划时代的意义。此后，GO Corporation、微软、IBM等公司又相继推出了几款类似的平板电脑，但由于种种原因都未能打开市场。直到2002年，微软将Windows XP Tablet PC Edition操作系统应用于平板电脑，其易用性、拓展性和多功能等优势使得平板电脑开始由小众媒体转变为流行的大众消费品。

当今统领平板电脑市场的苹果公司，早在1993年就推出了世界上第一款掌上电脑Apple Newton。最初的Apple Newton具有触控屏幕、手写输入、红外线等功能，由于其定位于计算机周边产品，加上其设计理念太过超前，所以最终在1997年退出市场。2010年，苹果公司发布其第一款真正意义上的平板电脑iPad，上市仅三个月，销量就达327万台，引发了全球范围内平板电脑市场火热发展的局面，三星、摩托罗拉、惠普等品牌纷纷推出各自的平板电脑。iPad 以其简约时尚的外观界面、独特的功能设计、丰富的拓展应用取得了巨大成功，迅速占领甚至垄断了整个平板电脑市场。

三、互动性电视媒体的发展历程

（一）数字电视

我国拥有庞大的有线电视网络，从发展伊始就具有良好的用户及网络基础，优势明显。总体来说，我国有线数字电视的发展主要经历了以下几个阶段：

1. 实验探索（1992—2002 年）

我国数字电视在 1992 年就已正式立项并由国务院亲自成立了相应的领导小组，1999 年完成了有线数字电视转播试验。2001 年 11 月，国家广电总局批准在全国 13 个城市率先开展有线数字电视的商业运营试验。同年 4 月 28 日，苏州有线数字电视正式推出，这也成为我国第一个投入市场运营的有线数字电视。2002 年，中国数字电视产业化进程启动。总的来说，这些发展基本上还处于技术试验、商业运营的探索阶段。

2. 初步试点（2003—2006 年）

2003 年，数字电视推广试点工作展开，重庆、北京、江西等地陆续开始了数字电视的试播或正式播出。青岛、佛山、杭州等地的数字电视产业模式纷纷出炉。数字电视开始进入大刀阔斧的发展期。在全国主要城市中，数字机顶盒开始大规模地进入家庭。

3. 快速发展（2007 年之后）

2007 年，全国数字电视产业从全面启动阶段过渡到快速发展阶段。在这一阶段，相关政策的制定对于推动数字电视快速发展发挥了重要作用。2008 年 1 月 18 日，国家广电总局公布了《国务院办公厅转发发展改革委等部门关于鼓励数字电视产业发展若干政策的通知》(国办发〔2008〕1号)。2009年7月29日,国家广电总局发布《关于加强广播电视有线网络发展的若干意见》,其中提出了有线电视由模拟向数字转变、由单向向双向转变的目标,要向下一代广电网(NGB)演进。2009年8月25日,国家广电总局发布《国家发展改革委、国家广电总局关于加强有线电视收费管理等有关问题的通知》,利用价格政策推动有线电视的数字化。

这一阶段有线数字电视用户数不断增长,截至2009年7月31日,达到5539万户,有线电视数字化程度达33.98%。2010年1月13日,国务院常务会议上提出加快推进三网融合,又有力地推动了数字电视的发展。

据广电研究公司“络达咨询”的报告显示,2007年底,中国有线数字电视用户数已达2796万户。根据易观国际Enfodesk产业数据库发布的《2010年第一季度中国DTV市场季度监测》数据显示,截至2010年第1季度,中国有线数字电视用户规模达到6824万户,季度净增476万户。据中商产业研究院大数据库数据显示,截至2015年底,全国广播综合人口覆盖率为98.17%,电视综合人口覆盖率为98.77%,有线电视用户2.39亿户,有线数字电视用户2.02亿户。

(二)IPTV

中国IPTV(交互式网络电视)的发展步履维艰,虽然近年来势头良好,但由于政策、内容、技术等各方面的制约,很长一段时间内国内IPTV产业仍将处于市场导入和培育期。

2003年9月,上海文广集团“东方宽频”在全国率先推出网络电视业务,此后,中央电视台于2004年6月推出了“央视网络电视”业务,从这一年的下半年开始,IPTV在中国广电和信息产业领域内开始迅速升温。

2004年,我国电信运营商试水IPTV。例如,中国网通组建国内首家播放视频节目的宽带门户网站“天天在线”,在黑龙江、辽宁两地开通IPTV商用测试系统。中国电信推出“互联星空”。

2005年是我国IPTV业务的开局之年。2005年4月,第一届IPTV中国峰会在北京召开,直接促成了5月份国内首张IPTV牌照的发放。按《互联网等信息网络传播视听节目管理办法》(国家广电总局第39号令)的规定,从事IPTV、手机电视等信息网络传播视听节目要取得“信息网络传播视听节目许可证”。2005年5月,国家广电总局向上海文广新闻传媒集团下发全国第一张IPTV牌照,拉开了全国性IPTV商用部署的序幕。2006年,国家广电总局又密集地分别为央视国际网络有限公司、南方传媒集团、中国国际广播电台发放了IPTV牌照。中国电信与上海文广合作,在上海推广WTV商用业务,成就了典型的“上海模式”,还在全国大规模开展IPTV试验网建设,试点城市达23个。中国网通也与IPTV牌照持有者上海文广签约,在哈尔滨等全国20多个城市进行IPTV试点。

随着IPTV发展模式的逐渐明朗及IPTV商用规模逐渐扩大,国家对于IPTV发展的政策也逐步放宽。2008年1月18日,国务院发布《国务院办公厅转发发展改革委等部门关于鼓励数字电视产业发展若干政策的通知》(简称“国务院1号文”),规定从2008年2月起,鼓励广播电视机构利用国家公共通信网和广播电视网等信息网络提供数字电视服务和增值电信业务。1月31日,原信息产业部和国家广电总局联合发布《互联网视听节目服务管理规定》,为规范包括IPTV在内的互联网视听节目服务秩序提供了法律依据。

从2008年4月起,中国电信联合平台和终端厂家,开始了IPTV2.0标准的测试和制定工作。2009年1月7日,国家工业和信息化部向中国移动、中国电信和中国联通分别颁发了3G牌照,意味着3G时代的到来,而3G技术的推广则为IPTV业务在手机终端的应用铺平了道路。2009年4月,在国务院公布的《电子信息产业调整和振兴规划》中，明确表示“支持IPTV、手机电视等新兴服务业发展”，建立内容、终端、传输运营企业相互促进、共赢发展的新体系。

第三节　新媒体的分类

依据不同标准，可以将新媒体划分成各种不同的类别。比如，按其形式可分为户外新媒体、楼宇新媒体、社区新媒体、公车视频新媒体、手机报、网络等。按其关注度，可分为有强制性关注的，如楼宇、电梯、短信等；有选择性关注的，如网络博客、手机微信、网络互动、电视购物等。以下按媒体功能，将新媒体分为自媒体新媒体、工具新媒体、知识新媒体、移动新媒体、互动新媒体、交友新媒体、社群新媒体以及公共新媒体。

一、自媒体新媒体

自媒体（We Media）又称“公民媒体”或“个人媒体”，是指私人化、平民化、普泛化、自主化的传播者，以现代化、电子化的手段，向不特定的大多数或者特定的单个人传递规范性及非规范性信息的新媒体的总称。

论坛、博客以及新兴的视频网站构成了自媒体现存的主要表达渠道；而博客、播客、维客则是自媒体的主要表现形式，被称为Web2.0时代自媒体三剑客。

自媒体传播具有以下几方面的特点：

（1）用户黏性大，传播影响力大。像微博、微信这种自媒体平台的诞生，让网民进入了“织围脖”、发微信的时代。参与自媒体平台注册的用户多，覆盖人数广，每天的浏览量大，从而大大提高了传播的影响力。从我国自媒体平台这几年的发展来看，微博已经逐渐成为社会舆情的集散地。

（2）覆盖范围广，传播速度快。自媒体建立在互联网平台上，其覆盖范围不仅局限在全国，而且跨出国门，只要能够上网，就可以浏览到信息，传播范围非常广。只要有手机可以上网，不到一个小时的时间，人们就可以接收到最新发生的新闻事件的相关信息，传播速度是传统媒体望尘莫及的。

（3）低成本。传统的媒体行业准入门槛较高，需要众多的设备、合作人员，以及各种相应的许可证。而在自媒体时代，每个人都可以经营自己的媒体，只要凭借一只智能手机，可上网的笔记本，以及一个微博账号，就能随时随地地更新、营销，营销对象可以是自己，也可以是某个品牌。

（4）交互性强。毋庸置疑，自媒体时代最大的特点就是草根化、平民化。据统计，我国的微博注册人数已逾两亿。因而，可以想象，一个粉丝数有几十万甚至几百万的博主发一条广告状态的效益是非常大的。

自媒体的出现，无疑向传统媒体发出了严峻的挑战。网上对于自媒体的力量有一个形象的比喻：粉丝数过一百，是本内刊；粉丝数过一千，是布告栏；粉丝数过一万，是本杂志；粉丝数过十万，是一份都市报；粉丝数过百万，是全国性报纸；粉丝数过千万，是电视台；粉丝数过一亿，是 CCTV。自媒体对传统媒体甚至是社会价值观的影响已不可小觑。

二、工具新媒体

工具新媒体，是通过互联网为网络用户提供搜索信息、汇聚信息、使用信息甚至对信息进行证实证伪的工具，本身不具有决策依据的性质。工具新媒体主要包括搜索工具媒体、聊天工具媒体、下载工具媒体、系统工具媒体、翻译工具媒体、网吧工具媒体、软件工具媒体等（表 1–1）。

表 1-1 工具新媒体类型

类型	概念表述	实例
搜索工具媒体	是一个为用户提供信息“检索”服务的网络工具，它使用某些程序把互联网上的所有信息归类，以帮助人们在茫茫网海中搜寻到所需要的信息	Google、百度搜索、360 搜索等
聊天工具媒体	又称 IM 软件或者 IM 工具，主要提供基于互联网络的客户端进行实时语音、文字、图片和画面传输	QQ、MSN、UC、Skype、微信、YY 等
下载工具媒体	是一种可以使用户更快地从网上下载包括文档、图像、音频、视频、游戏等各种数据的软件	迅雷、FlashGet、Emule、QQ 旋风等
系统工具媒体	是指 Windows 自身程序之外的负责系统优化、管理等作用的工具，如系统维护工具、垃圾清理工具、桌面清理工具等	Windows 优化大师、鲁大师、超级兔子、CCleaner 等
翻译工具媒体	指为提高翻译效率、优化翻译流程而设计的专门的计算机辅助翻译软件	有道词典、金山词霸、灵格斯词霸、微软必应词典等
网吧工具媒体	指网吧为了管理而用的一些专用工具，现在也指一些黑客软件	Nmap、Metasploit、John the Ripper、THC Hydra、OWASP Zed、Wireshark 等
软件工具媒体	是指为支持计算机软件的开发、维护、模拟、移植或管理而研制的程序系统。软件工具大致分为模拟工具、开发工具、测试和评估工具、运行和维护工具、性能质量工具和程序设计支持工具	Keil uVision4、Proteus 仿真软件、Altium Designer

未来的工具媒体开发将是加速度的，比如，“媒体中心 HD-电子节目表”可轻易为用户展现影片、电视、音乐、图片、节目表；能将所有的媒体收藏到用户的手机之上，能够控制用户的媒体中心；能够切换电视频道，在手机上观看电视；能够实时远程控制，处理记录冲突等。

三、知识新媒体

顾名思义，知识新媒体就是以提供知识为基本功能的新型媒体，是一种网络百科全书式的知识聚集方式，目前网上使用广泛的包括四个百科网站和一个信息聚合网站。四个百科网站是维基百科、百度百科、互动百科和360百科，一个聚合网站是RSS。其中多数为共创共享的知识新媒体，可以随时对错误知识加以纠正，对新的知识加以补充。习惯上人们把这种媒体称之为维客。

四、移动新媒体

由于新媒体同时满足了“低成本”“规模化”这两个经济学特性，因而能产生极大的投资回报率，新技术对媒体造成的影响，使得新媒体的发展、运作与商业模式取得了超常成功，所谓“TMT”（Telecom Media Technology）的概念也逐渐被业内人们所熟知。在此基础上迅速形成的移动新媒体家族，如移动搜索、手机报阅读、智能手机浏览、移动博客、微博和微信以及手机电视、移动多媒体广播电视等移动视听新媒体大量被开发出来。

五、社交新媒体与互动新媒体

如果说前几种新媒体的共同特点是由社会成员单个使用它们的话，那么社交新媒体和互动新媒体则主要是公民对新媒体的共同使用；如果说前几种媒体的使用主要是以增进知识和方便生活为目的的话，社交新媒体和互动新媒体则主要是为了建立网络社区甚至是为了形成舆论或者达成行动意向。

（一）社交新媒体

社交新媒体是指通过互联网寻找、结交和强化朋友关系的媒体。社交新媒体（特别是那些专门的社交网站）的强大互动功能，使新媒体用户可随时获得任何与他们息息相关的最新信息，并进行即时反馈，如讨论、留言、资料上传及分享给他人等。手机与互联网的无线连接，解决了信息到达“最后一公里”的问题，网络社交新媒体已经成为人们进行社交活动的“独门绝技”。当社交媒体成为我们文化生活的一部分时，任何社会化的活动都不能忽略其影响，哪怕是商业、政府以及体育组织。社交媒体正在影响着人们的行为，而这种影响力往往能左右人们最终做出的决定。

（二）互动新媒体

互动新媒体主要是通过即时通信工具提供技术支撑，为互动双方提供即时通信息交换功能的一种媒体形态。互动新媒体最主要的特征是互动，社交媒体、网络游戏成为互动媒体的主要代表。互动新媒体借助的主要技术是即时通信工具。即时通信（Instant Messenger，简称 IM），是一种终端联网即时通信网络的服务。即时通信与 E-mail 的不同之处在于它的交谈是即时的。大部分的即时通信服务提供了状态信息的特性——显示联络人名单、联络人是否在线与能否与联络人交谈。目前在互联网上受欢迎的即时通信软件包括 QQ、Wechat、AOL Instant Messenger、Yahoo!Messenger、NET Messenger Service、Jabber、ICQ 等。目前应用较理想的互动新媒体有网络会议程序、聊天工具、网络游戏。

六、社群新媒体与公共新媒体

（一）社群新媒体

社群新媒体有时也被称为社区新媒体。人们上网，很多情况下是由于在现实世界找不到情投意合的同辈群体，于是就到网上寻觅知音，从而形成了网上社区。能够帮助新媒体用户建立网上社群的媒体，就是社群新媒体。网络社群的出现，是现代社会条件下的一种“自我赋权”。在信息社会，规定权力和财富性质的游戏规则已经改变，传统权力形态正在转化为信息与知识的形态，呈现出知识化倾向，在一定程度上，拥有信息即拥有权力。运用知识权力的一个重要方面就是努力控制信息的生产与流通，知识和信息的分配必然影响权力的分配。美国未来学家阿尔文·托夫勒指出，知识重新分配后，建立在知识上的权力也将重新被分配。因此，新媒体用户在网络空间结成社群并获得相应的信息传播权必然导致传统权力的分散化，网络社群的自我赋权过程也是政府权力转移/下移的过程，是政府分权的过程。

（二）公共新媒体

与网络社群新媒体紧密相连的是公共新媒体。如果说社群新媒体是为社会人提供网络集合通道，那么，公共新媒体则为社会意见的网络集合提供了可能。人们结成网络群体，最基本的凝聚力量就是他们所持有的意见大体相同。从这个意义上说，网络社群新媒体往往也就是网络公共新媒体。

为了赢得信息时代的执政主动权，西方民主政府十分重视社群新媒体和公共新媒体的建设，并努力使政府的信息传播真正成为一个即时的、交互的、集市式的公共新媒体。美国白宫于2009年5月先后入驻Twitter和Facebook等社交媒体。白宫发布的Twitter结构主要为“标题＋链接”，通过即时的通知更新并引导新媒体用户点击链接，使新媒体用户方便地阅读白宫网上包括文字、图片、视频等更详细的信息，参与公共话题的讨论。白宫通过Twitter发布总统行程、医疗热点解读、突发事件的政府应对措施等，使美国公民对美国政府的行踪和政策了如指掌，并从始至终都拥有发言权与批评权。

近年来，我国公共新媒体蓬勃发展，各种新的公共新媒体形式纷纷出现。以地区为例，北京地区有北广传媒、世通华纳、巴士在线、DMG四大运营商瓜分北京市场，独立运行；而武汉地区则主要是世通华纳和巴士在线平分公交线路。

第四节　新媒体与社会发展

高科技的迅速发展与崛起，互联网、无线通信、影院媒体、IPIV、楼宇液晶电视、卫星远程信息发射等所带来的精彩纷呈的展现，以及4G技术，数流媒体在日常生活中的普遍运用，让人们感受到了新媒体时代的巨大冲击力和便利。新媒体的不断涌现，势必使新媒体与传统媒体进行有机整合，以一种新型的传播模式赢得信息传播的最大化，对社会经济、社会文化、社会政治都产生了十分重大的影响。

一、新媒体与社会经济

（一）新媒体对传统经济的推动

1. 新媒体为经济发展提供便捷的信息服务

信息就是财富，时间就是金钱。新媒体的出现，为生产经营者及时获取相关信息提供了便利，同时也促使政府的公共服务和市场监督更加透明和高效。反过来，新媒体也为国家及时了解和掌控市场宏观经济运行情况提供了科技手段，提高了决策的即时性和科学性，从而促进生产的不断发展。另外，生产经营需要根据市场需求来进行科学的组织和运营，若想实现经营利润的最大化，就离不开对市场信息的掌握和决策，谁掌握了信息谁就占据了市场先机。新媒体可以及时提供市场的资源状况，为企业资源优化配置提供信息，也可以为生产产品的销售提供更多的渠道和更广阔的市场。

2. 新媒体为产业结构的调整提供助推力

新媒体的出现，可有效提高资源的利用效率，缓解中国越来越大的资源环境压力,促进经济增长方式由粗放型向集约型的转型。新媒体可以加快全国统一市场的形成和与国际市场的接轨,冲破传统的部门间和地区间的分割和障碍,促进中国经济体制改革的不断深化。

新媒体提升了农、林、牧、渔产业的信息化水平。农业的根本出路是现代化,新型农业的现代化是农业的信息化。只有农业真正实现了信息化,才能实现农业生产组织的现代化、农业生产经营手段的现代化,才能最终实现农民生活的现代化。我国拥有相对比较优势的轻工、纺织等劳动密集型产业和部分资本密集型产业,可以与信息技术进行有机结合,增强国际竞争力;在交通运输、电力、钢铁、有色金属、汽车和机械装备制造,以及金融、保险、贸易及大多数服务业,新媒体都有极大的推广和应用空间。

(二)新媒体催生新经济

新媒体技术的充分发展不仅使新媒体产业自身得到迅速发展与变革,也涉及通信产业链、数字家庭产业链、传统大众传媒产业链等的发展与变革,并促成了各产业之间的融合。具体地说,新媒体产业的迅速发展不仅促成了以互联网、无线网络、数字广播网络、卫星网络等为基础的众多产业的变革、转型与融合,而且形成了一个由硬件设备生产业、软件服务业、渠道运营业、内容生产业以及相关的营销、维护服务业等产业构成的新媒体产业群,甚至可以说是作为新的经济形态的新媒体经济。新媒体每一次新技术的诞生,就意味着新的经济热点一定会随之产生,刺激着消费的持续增长。

1.新媒体用户数激增

(1)手机媒体用户。无线搜索服务的最大优势在于打破了利用电脑进行搜索获取信息的终端局限性,让手机用户可以随时随地通过随身携带的手机获取所需的信息。随着移动数据业务的发展，手机媒体的用户在手机用户群体中将会占有越来越高的比例，最终形成拥有几亿用户的庞大影响媒体平台。2015 年中国智能手机保有量为 9.5 亿台，同比增长 22%，据预测，2019 年，中国将占全球智能手机出货量的一半。随着 4G 网络的成熟，手机上网环境的改变，必将有更多用户乐于使用手机上网。随着手机上网用户的增加，无线搜索用户的数量将迅速增长。

（2）网络媒体用户。2010 年 6 月 8 日，我国三网融合试点方案终于通过审核，并于 6 月 28 日正式实施。三网融合准许电信和广电两大行业互相进入，首次明确提出了实现的路径和时间表。三网融合的推进将带来网络电视、IPTV、手机电视、移动互联网、VOIP 等新业务的大发展，对我国网络视频行业将产生深远影响。根据艾瑞整理 CNNIC 的相关数据显示，截至 2015 年 12 月，我国网民规模近 6.9 亿，全年共计新增网民 3951 万人，增长率为 6.1%，较 2014 年提升 1.1 个百分点。我国互联网普及率达到 50.3%，超过全球平均水平 3.9 个百分点，超过亚洲平均水平 10.1 个百分点。常使用的媒体形态中，使用视频类网站 / 客户端 /App 的新媒体用户从 5 年前的 24.7%，提高到 2016 年 8、9、10 月份的 64.9%；新闻客户端从 5 年前的 15.1%提高到 2016 年 8、9、10 月份的 58.6%。

（3）数字电视用户。近年来，数字电视——特别是有线数字电视发展迅猛，从 2012 年起用户比重超过有线模拟电视。美兰德的统计数据表明，2015 年全国数字电视（有线数字电视、直播卫星数字电视、无线微波数字电视、地面数字电视）覆盖用户规模合计达 3 亿户，比 2014 年增加了 1400 万户左右，占电视用户总量的 83%左右。其中，有线数字电视用户规模最大，截至 2015 年 8 月底已近 2.4 亿户，比 2014 年同期增长了 1500 余万户，用户比重已达 66.5%。国家发改委统计数据显示，2011—2015 年全国各地区有线广播电视用户数量排名第一的是江苏省，为 2225.9 万户；数字电视用户数量排名第一的也是江苏省，为 1761.1 万户。国家广电总局颁布的中国移动多媒体广播行业标准，是国内自主研发的第一套面向车载或手持的多媒体移动终端的系统。

新媒体用户数激增，巨大的市场潜力已吸引了众多厂商展开了激烈的角逐。

2. 新媒体，新经济

“新经济”在经济全球化的条件下，以一种新的形势将技术创新、资本市场、宏观政策结合起来。这是以网络为龙头的信息技术为媒体经济带来的一场产业革命，其中报刊、广播、电视、电影等传统媒体和网络等新媒体在先进的技术基础上进行的产业内融合，同时与各种电子商务形成了全新的产业群落。这些新型产业、新型业态的影响力和辐射力正在不断增强，在国民经济特别是服务经济中的贡献度不断提高。

新媒体的出现带来了全新的内容，新媒体平台不但能提供声像图文并茂的新闻，而且还能提供电子商务、电子政务、电子公务、电子医务、电子教务等多种服务，正在成为新世纪信息产业和经济发展的火车头。新媒体中的户外电视传播平台如大学食堂显示屏、城市广场显示屏、医院和药房显示屏、车载显示屏、卖场和商业楼宇显示屏等又是新媒体行业中投资商们关注的重点。

三网融合、物联网与互联网的融合，传统媒体与新媒体融合、新媒体产业链之间的融合、新媒体技术与传统产业的融合、新营销模式与新媒体的融合，新媒体在不断创造或满足着新的市场需求，不断与生产企业嫁接与融合，不断与传统媒体嫁接与融合，不断嬗变出新的内容。新媒体将媒体业务与金融服务、商业贸易结合起来，如网络音乐、视频等内容下载分销，通过关键词链接到产品的订购与在线支付等。英特尔的“数字家庭”计划、“盛大盒子”，就是把各种不同的传播渠道、媒体内容，乃至家用电器的控制，融合在一个控制端口，产生了融合效用。

二、新媒体与社会文化

数字化时代推动了新媒体发展，新媒体带来的绝不仅仅是一场技术革命，它还意味着一代人的生活习惯、文化消费状态乃至行为方式的改变。随着现代人在精神消费方面对大众传媒的依赖越来越大，新媒体文化内容开始也成为人们精神消费的主要供应源头。大量用户自创内容的出现推动了文化的多元化发展趋势。在此基础之上，新媒体对社会文化的渗透机制逐渐演变为一种协作的创新体系，呈现出多样化的形态。第一，源于其技术的多媒体化，新媒体文化样式呈现出多样性。从新媒体的媒介属性来看，新媒体的文化样式主要分为网络文化样式、新媒体影视文化样式、手机文化样式。第二，新媒体文化功能的多重性，包括平等性、兼容性、二重性。就平等性而言，在多重文化样式交互结合时，所谓的大众与精英、文教与娱乐都被置于一个平等的平台上。就兼容性而言，这主要表现在娱乐功能与教育引导、公益传播功能的兼容。就二重性而言，指的是新媒体文化产品商业性与非商业性。作为提供给受众和广告商的信息商品，新媒体文化产品毫无疑问具有商品性；但新媒体文化同时又具有公益性和宣传教育功能，这就决定了其具有非商业性。第三，出现新流行文化，如草根文化、网络消费文化。新媒体为草根阶层提供着越来越优化的展示平台，从最初的 BBS 到今天的贴吧、博客、微博，从原始的 Flash 动画到时下流行的原创视频，再加上 MSN、QQ 等即时通信工具功能的不断完善，以及 Baidu、Google 等搜索工具的出现，来自民间的、鲜活泼辣的、不登大雅之堂的、具有肆无忌惮风格和充满细腻反讽趣味的草根文化突破渠道的藩篱盛行开来。随着经济的发展，技术的进步，当今社会的消费文化与新媒体正在走向共谋。新媒体通过源源不断生产出的各种符号，持续刺激着人们的物质欲望，引诱人们接受各种消费文化的传播形态，使人们体验各种消费主义的快感，形成网络消费文化。

三、新媒体与社会政治

新媒体不再仅仅涉及传播技术本身的更新，它更体现了新兴传媒力量与社会关系变革、政治势力角逐之间的深刻变化。新媒体政治时代的政治是一种公民政治，与民主政治的代议制形式下公民间接参与政治生活不同，公民政治使得每一个公民都成为政治生活的直接参与者，从而最大限度上保护了每一个公民自身的利益诉求，而这一巨大进步则明显得益于新媒体技术的出现。

（一）新媒体环境下的政治参与

网络参政可以理解为民众以新媒体为平台，以网络为载体，以发表言论的方式参与政府决策、发表政治见解、参与政治的一种新形式。网络参政还处于成长阶段，它既有促进行政决策民主化、科学化，扩大公民参与体制内民主的途径等积极正面的作用，又难以避免无序化发展运行的缺陷，是一个需要规范和引导的参政领域。

与传统的政治参与相比，网络参政具有先天的优势，也有自身难以克服的弊端。互联网是网络参政的工具和基本载体，由于本身所具有的互动性、开放性、平等性和虚拟性等特性，使得网络参政具有直接性、平等性、高效性、监督性等优势，但也因为互联网的特性，使得网络参政具有不可控、不均衡、不对称的弊端。

（二）新媒体助推政治

在西方，新媒体开始对选举产生影响。美国的一项调查显示，美国民众获取的选情信息中，网络已占3成，网络已成为仅次于电视而超过报纸的第二大渠道，并且网络的地位还在上升。新媒体举足轻重的地位，使得政要们不得不接受网络监督。有鉴于此，当今世界政治名流，纷纷借助网络塑造亲民形象。奥巴马在大选期间注意到年轻人的时尚潮流网站主动出击，以拉近自己与年轻人的距离。结果 30 岁以下选民中有 2/3 人投票给奥巴马，收效显著。德国总理默克尔早在 2006 年德国举办世界杯期间，就在自己的网站中大谈世界杯，为自己赢得了超常的人气。以强硬著称的伊朗总统内贾德，也利用博客等与网民就一些敏感问题进行了直接沟通，改善了民众对他的印象，还赢得了不少国际网民的好评。2008 年 10 月，俄罗斯总理普京开设了个人网站，网民可以发送电子邮件得到相关的回答。各国政要在获得新媒体带来的利益的同时，也要接受来自新媒体平台上民众们的监督和问询。监督的范围极为宽泛，问询的问题也是五花八门，形形色色，体现出信息公开的尺度以及舆论监督延展的程度。

以网络为核心的新媒体，为普通民众行使知情权、参与权、表达权和监督权提供了重要的渠道。网络参政发挥了重要的作用，许多重大的公共决策正在不断通过网络了解民意、汇聚民智。网络参政在中国的政治、经济和社会生活中扮演着不可或缺的角色，已经成为我国民主政治的重要组成部分。吉林、福建、湖南三省的 9 个县试点建立了“村委会电脑选举系统”，秘密投票，公开唱票，不再由上级政府指派，而由村民按自己意愿选举社区负责人。此举大大激发了村民参政的热情，90% 以上的选民参加了投票，甚至许多外出打工的村民也长途跋涉返乡投上自己神圣的一票。

随着网络理性力量的日益强大，网络主流意见在热议民生焦点，促进社会和谐发展等方面，必将发挥越来越重要的作用。中国青年报社会调查中心 2009 年 10 月进行的一项调查发现，75.5% 的公众最愿意用“网络曝光”参与反腐，78.3% 的人认同网络举报监督行为在预防或治理腐败方面会发挥很大作用。网络民意已成为执政者必须虑及的因素。

第二章　新媒体环境下传播产业的发展

在新时期，随着互联网技术的迅猛发展，各种新型媒体不断涌现，对各行各业都造成了极为巨大的影响。新媒体环境下，传播产业受到的影响可以说是最大的，新媒体既给传播产业带来了极大的冲击，同时也为传播产业的发展注入了新的活力，在新媒体环境下，传播产业得到了前所未有的发展。本章将对新媒体给传媒业带来的冲击、我国新媒体产业的发展、新媒体的跨域传播、三网融合环境下的新媒体业态进行具体的阐述。

第一节　新媒体给传媒业带来的冲击

一、新媒体塑造了新的传播格局

（一）新的交流环境形成

网络日益成为人们生活中极为重要的一部分，随着科学技术的发展，网络的功能逐渐增多，人们对于网络的依赖日渐提升，渐渐地一个全方位的、传播快速且广泛的新的交流环境开始形成。在这个新的交流环境中，信息传播空间发生了很大的变化，其中，最为明显的一点是，传播者和受众之间的时间空间界限被打破了，二者之间的距离被无限拉近。

在新媒体环境下，从理论上来讲，人人都是传播者，每个人都可以传递信息，传播机构和个体受众之间的区别渐渐模糊。互联网缩短了全球的距离，地理上的区隔被进一步打破，“地球村”正在慢慢变成现实。除此之外，信息传播的时间也发生了巨大的变化，从前的那种静态的、单向的信息接收方式已经变成了动态的、实时的互动型接受方式。人际交流的话语空间也通过新媒体实现了有机整合，点对点的私人空间和连接无线互联网形成的点对面的公共空间既可以相对独守，又能够即时贯通。

（二）传播主体更加多元

新媒体是区别于传统媒体的一种新的信息传播与接受的方式，随着信息技术与计算机技术的发展，新媒体也不断发展，并且其发展使得新闻信息传播的主体进一步趋于多元化。

新媒体是以运营商为主导发展起来的，目前网络运营商正在实施战略转型，即通过多网络、多终端、多业务的融合和价值链的延伸，实现由传统基础网络运营商向综合信息服务提供商的转变。

与此同时，新媒体的个人化趋势也十分明显，很多普通的网络用户通过网络这个媒介可以更加方便快捷地采集和发布各种信息，渐渐形成较为固定的个人媒体。可以预计，在新媒体不断发展的未来，传播主体将会更加多元化，尤其是个人可以掌握的传播工具越来越丰富，其在信息传播中的影响力和地位都得到了空前的提高，个人发布信息对舆论造成了越来越大的影响。当然，随着这种影响力的增大，产生不良信息和不可控因素的可能性也大大增加，因此，不可避免地会对主流舆论形成冲击。

（三）受众分化更为明显

人类的新闻传播活动有非常漫长的历史，经历了小众传播、大众传播，再到分众传播。在这一漫长的过程中，有着非常复杂的社会历史因素。到了现代，新媒体出现，人们不管是在获取信息的途径方面，还是在接收信息的方式方面，甚至是在对信息的需求类型方面都发生了很大的改变，也开始对媒体有了不同偏好的选择。面对这些变化，媒体开始变得越来越专业化和小众化，由此，受众群体的分化趋势愈加明显。

新媒体极大程度上改变了传播的方式和覆盖面，全方位地体现了以个人为单位的个人兴趣和个人需求，是一个非常个性化的传播平台。在新时代，人们追求个性化的彰显，而网络信息传播将会最大限度地将个人的差异和需求体现出来，最大限度地将在信息需求方面的个人价值体现出来。新媒体的应用和普及，必然会进一步改变人们的信息获取途径和接收方式，推动分众传播、小众传播更深入地发展，这也会在一定程度上使得传统的主流媒体往往到达不了某些特定受众群体，进而影响新闻宣传的效果。

（四）媒体生态更加复杂

在网络产业兴起之后，作为一种崭新的影响力巨大的传播媒介，它形成了新的交流环境，使得信息传播主体更加多元，受众分化更为明显，舆论引导难度明显加大，由此，整个媒体生态变得更加复杂。这对既有的信息传播秩序带来了深刻冲击，特别是对传统的媒体格局和当前的新闻宣传工作带来了前所未有的深远影响。

目前，我国正处于一个变革的时代，我国的传媒事业也在传播技术深刻变革的背景下快速地发展，出现了很多新型的媒体，而且传播渠道也更加多种多样。在这种日益复杂的生态环境下，不同媒体之间的竞争态势也较为明显。新媒体迅速发展，可能导致部分传统媒体覆盖面有所缩小，甚至出现被互联网边缘化的情况，主流舆论阵地面临新的压力。

二、新媒体对舆论调控机制的冲击

新媒体对舆论调控机制的冲击主要是“把关”的难度增大了，“把关”机制失效或缺失。这是因为新媒体具有的互动性、开放性和匿名性等导致传播内容具有了不可预知性。

（一）对传统的舆论调控机制的冲击

新媒体的出现以及快速发展，不仅使得信息的传递更加及时，而且传播范围也变得更加广泛，形成了一个包罗万象无所不在的“5a”网络环境。对“5a”网络环境我们可以这样理解：

通过新媒体，“任何人（anyone）”可以在“任何时间（anytime）”、“任何地点（anywhere）”通过文字、声音、图像等“任何媒体（any media）”传播“任何信息（any message）”。

这种无所不在的“5a”网络环境给传统的舆论调控机制造成了很大的影响，从对热点引导的影响看，新媒体可以使个别媒体报道的地方性事件迅速演变成全国媒体关注的对象，由“局部热点”迅速演变成“全局热点”；可以在几天甚至几小时内就发酵成一个现象级事件，而且往往事先难以发现征兆，事后找不到责任主体，造成较大负面影响。新媒体形式多样、信息内容庞杂，传播速度快，传播面广，很容易将正面宣传的内容淹没，难以产生预期的社会效果；而错误的观点、非理性的舆论有了传播渠道和生存空间，这对传统的舆论调控机制构成了冲击，对如何确保舆论导向正确提出了新的挑战。

（二）对媒体发展环境的冲击

网络信息传播的舆论化趋势，不断冲击着新媒体发展环境，影响着新媒体公信力的建构。

一方面，新媒体技术带来的“把关人”缺失和“把关机制”失效，加剧了新媒体的舆论化趋势。新媒体融合了点对点的线性传播、面对面的网状传播等特性，其传播路径在理论上来说是无限的，无论是政府在宏观层面建立的“把关”机制，还是运营商、服务商在微观层面建立的“把关”机制，都会存在漏洞和滞后等问题，这就使“把关”难度大大增加，甚至变得不可能，也使得新媒体舆论的自由空间很大,舆论化趋势不断加剧。

另一方面,新媒体的舆论化趋势又不断冲击“把关人”和“把关机制”。越来越多的人通过新媒体提供的平台自由表达意见,或许越来越多的人希望成为“意见领袖”,新媒体上的舆论变得更加多元,传统的“把关机制”受到的冲击增大,新媒体的发展环境也就更加复杂。

(三)对信息传播秩序的冲击

一方面,伴随新媒体舆论化发展,一些捕风捉影的流言谣言迅速扩散,垃圾信息无孔不入,低俗信息大行其道,少数网站提供的黄色小说、图片、视频浏览或下载业务受到追捧,扰乱了互联网的信息传播秩序。

另一方面,新媒体舆论化带来的不是信息的平等,而是在传统媒体、新媒体已经造成的信息不对称基础上,加剧了这一趋势。而作为媒体发展的最新进展,网络信息传播的舆论化趋势更是加剧了这种信息不对称的情况。

三、新媒体对纸质媒体的冲击

“纸质媒体是否会消亡”不仅是一个富有争议的理论热点问题,也是一个涉及千百万人职业发展甚至是饭碗的现实问题。在这场争论中,不少人带有浓厚的感情色彩,还有人错误地认为纸质媒体也有不少“优点”,将与新媒体并存。但是,认真分析,就会发现纸媒在以下几个方面与新媒体相比都处于劣势:

(1)在便携性方面。在信息量相同的情况下,新媒体远比纸质媒体更容易携带。事实上,携带方便、阅读方便自由,正是手机媒体、电子图书阅读器的优势。

(2)在经济性方面。新媒体的传播省去了制版、印刷、装订、投递等工序,不仅省掉了印刷、发行的费用,还避免了纸张的开支,从而大大降低了总成本。

纸质媒体消耗了大量的森林资源，同时在纸张生产过程中也造成了严重污染。随着技术的发展，电脑、手机等数字技术产品的价格越来越低；而森林资源会越来越稀缺珍贵，纸质媒体会越来越昂贵。

（3）在信息保存方面。新媒体的最大优势之一是信息存储密度极高、单位信息存储成本极低，因此，可以用极低的成本，迅速对数字信息进行大量的复制，作为备份，以防不测。而这是纸质媒体无法做到的。例如，《人民日报》有史以来的所有报纸内容可以制作成几张DVD光盘，而其成本不超过10元。相反，难以大量备份的纸质媒体更容易损毁。

（4）在权威性、真实性方面。有人认为纸质媒体权威性强。在新闻报道方面，大多数纸质媒体有着严密的新闻采编和发布流程；在科学评价方面，出版社、期刊社建立健全了学术评审委员会或类似机构来保证出版文献的学术水平。

无论是新媒体，还是传统媒体，都不难找到在深刻性方面的正反案例。新媒体发布信息的迅速性与深刻性之间并没有必然的矛盾关系。事实上，在一些突发与敏感事件的报道方面，新媒体比传统媒体具有更高的即时性、客观性与真实性，例如，手机所拍摄的画面就具有很高的真实性和准确性。

不过，要特别强调，人类的阅读行为不会消失，报社、出版社、期刊社、图书馆都不会消亡，相关从业人员不会失业，但是信息传播形态将彻底改变。今日的新媒体未来也会被更新的媒体形态所取代。

第二节　我国新媒体产业的发展

一、我国新媒体产业的发展现状

我国新媒体产业经历了多年的迅猛发展，已经取得显著成效，产业化成果突出，但仍存在诸多亟待解决的问题，如技术经验相对落后、网络侵权问题、内容创意水平较低,等等。下面将主要以网络媒体产业、手机媒体产业及互动性电视媒体产业等新兴媒体产业为例,解析我国新媒体产业的发展现状。

(一)我国网络媒体产业发展现状

1. 网络内容产业

总体来说,我国网络内容产业可以分为以下六个部分,即网络媒体、信息搜索、网络通讯、网络社区、网络娱乐以及与传统媒体相融合的网络服务。除此之外,网络内容产业中还有一个值得关注的焦点——电子商务。目前,电子商务已成为与中国互联网用户的日常生活密切相关的重要网络应用。它不仅利用网络提供了商品信息,加快了市场信息的流通,而且成为其他网络内容产业的盈利手段,发展前景不可限量。

2. 网络广告产业

网络广告在网络经济中占据重要地位。目前,网络媒体的主要收入来源主要有七种,包括内容提供、短信、电子邮件、网络游戏、搜索引擎、企业服务、网络广告。其中,网络广告的收入是网络经济的重要来源与支柱。

中国网络广告市场正处在高速增长阶段,市场规模也在不断地发展壮大。搜索引擎广告、富媒体广告以及其他新广告形式将成为推动网络广告市场发展的主要动力。

虽然发展相对成熟,但网络广告在我国还处于上升阶段,仍然存在一些亟待解决的问题。第一,网络广告领域的法律法规不健全。第二,网络广告效果评估体系不健全,缺乏第三方服务。第三,网络技术相对落后,网络广告管理经验不足。另外,与发达国家相比,我国网络广告的创意水平较低。

（二）我国手机媒体产业发展现状

1. 手机内容产业

信息技术的发展，特别是宽带互联网的出现，再加上国家广电总局自上而下的体制改革及企业管理制度的创新，使电信产业和传媒产业边界逐渐模糊，在产业边界和交叉处出现了技术、业务、经济上的相互介入、渗透、融合，改变了原有产品的特征和市场需求，形成一种新型的竞争和合作关系，产生了手机媒体和传统媒体产业的融合。

手机新媒体与传统媒体产业在融合的过程中，彼此之间只有互相取长补短，才能达成理想的产业融合模式。手机新媒体可以依靠传统媒体的内容、资源、品牌和市场等固有优势；而传统媒体更需要借助于手机这个新兴媒体传播平台，将信息内容实时、便捷地传输给目标用户。

手机内容产业存在的主要问题有：第一，费用问题，一般来说，支持多媒体业务的手机相对于普通手机来说价格偏高，这就极大地限制了高清晰彩信、手机电视和手机出版等多媒体业务推广应用。第二，内容问题，手机媒体没有专业的内容制作商，缺少自己专属的信息渠道和制作生产线，缺乏信息二次加工的环节，这就造成有些内容产品根本不适合手机媒体简短、具象的传播特点，而且同质化现象严重。第三，运营问题，手机内容产业的运营涉及电信网、电视网和宽带网等多方的合作问题。在我国，由于各方利益冲突、层级管理观念制约，以及技术标准不统一、基础设施建设尚未完成等原因，导致三网合一在短期内难以顺利实现，也就致使手机内容产业在运营方面存在诸多问题。

2. 手机广告产业

目前中国已经无可非议地成为全球最大的移动通信市场，中国手机用户已经超过全欧洲国家手机用户总和。据国家工业和信息化部公布的数据显示，截至 2017 年 7 月，我国手机上网用户数已经突破11亿。具体来看，我国移动电话用户总数已经达到13.6亿，移动宽带用户（即3G和4G用户）总数达到10.4亿，另外，2G和3G用户向4G用户转换的速度也在加快，4G用户数保持稳步增长，总数已经达到了8.88亿，占移动电话用户的65.1%。

庞大的用户规模加上手机媒体个性化、互动性、便携性等优势，使得手机广告的覆盖范围愈加广泛。另外，手机媒体的可测量性和智能化使手机广告主可以精准统计用户的信息，进而有针对性地审定广告投放策略，并利用手机媒体的互动和实时特点，根据需要及时变更广告的形式和内容。这些优势从基础层面确立了手机广告的经济价值，既节省了广告主的资金投入，又增强了广告的实际效果。

当然，相对于传统媒体广告，手机广告本身也存在一定的劣势，比如，手机广告受手机屏幕大小的限制，不能进行大量的文字描述，手机广告要结合其他一些媒体资源和营销手段才能进行更为有效的传递。不过这些限制也只是暂时性的，随着4G时代的到来和手机终端的不断升级，无线宽带传输将成为现实，手机广告的这些劣势会得到逐步改进。

但是，我国的手机广告产业目前仍处于探索起步阶段。手机广告的内容相对单一，形式上也缺乏创新，这样的手机广告容易使用户产生抵触情绪，不易被用户接受。如果手机广告的内容与用户不相关而又没有其他价值，就会演变成“垃圾广告”，广告效果更是无从谈起。

除此之外，我国手机广告产业目前面临的主要问题是缺乏统一、专业的监测评价标准体系，比如手机广告效果的监测标准、报价系统的标准、广告到达千人用户的成本标准等。同时由于监管的缺失，造成了手机广告无序发展，虚假广告、不良信息、侵犯用户隐私等问题也时有发生。只有尽快制定出专业标准，使手机广告得到有效的监管及规范，才能加快手机广告产业的发展步伐，促进其持续健康地发展。

（三）我国互动性电视产业发展现状

1. 数字电视产业

目前我国数字电视产业的盈利模式基本清晰。但是，就在业界一致欢呼产业形势一片大好的情况下，数字电视产业却未能出现大范围的盈利。造成这种尴尬现状的原因很多，主要包括数字电视产业资金缺乏、网络分散、各方利益不协调、内容质量不高、市场操作经验不足等。

2.IPTV 产业

随着我国 IPTV 商用部署的逐步展开，许多城市或地区都进行了 IPTV 业务的商用试点，并由此探索出带有地域特征的不同商业模式。到目前为止，按照地域的不同，我国 IPTV 业务涌现出诸如上海模式、哈尔滨模式、江苏模式、杭州模式、河南模式、香港模式等各具特色的商业模式。其中，上海模式、哈尔滨模式、江苏模式是电信部门与广电部门合作运营，杭州模式由广电部门主导运营，河南模式与香港模式则是由电信部门主导运营。这些不同地域、不同特点的商业模式虽然仍不成熟，但意义重大，它们不仅推动了各地 IPTV 产业的发展，更为我国其他地区的 IPTV 业务发展提供了宝贵借鉴。

然而，同数字电视产业一样，我国 IPTV 产业的发展也遭遇了很多瓶颈和问题，阻碍了产业的顺利、快速发展。

（1）行业壁垒的阻碍。我国 IPTV 产业的发展过程贯穿着广电和电信两大行业的利益博弈，这在很大程度上为 IPTV 业务的顺利发展制造了行业壁垒。

（2）我国 IPTV 产业的网络建设尚不完善。随着用户规模的增加，用于传输 IPTV 的网络带宽日益成为制约 IPTV 产业发展的瓶颈。

（3）技术瓶颈为 IPTV 产业的顺利发展制造了很大障碍，阻碍了 IPTV 产业链的构建。

(4)内容瓶颈在很大程度上制约了我国 IPTV 产业的发展。IPTV 产业的内容问题主要表现在两个方面,一是内容匮乏,二是内容同质化。我国 IPTV 的大部分节目内容来源于传统电视媒体,缺少适合 IPTV 传播特点的专业互动节目。而专业互动节目的匮乏将导致 IPTV 节目内容的高度同质化,其结果必然是失去用户。

二、我国新媒体产业的发展趋势

我国新媒体产业在短时间内取得了突飞猛进的发展,成为我国新的经济增长点。而如何在未来继续保持高速增长并实现跨越式发展,则是我国新媒体产业面临的重要问题。下面将分别以网络媒体产业、手机媒体产业和互动性电视媒体产业为例,展望我国新媒体产业的未来发展趋势。

(一)网络媒体产业的发展趋势

1. 内容产业盈利渠道进一步拓宽

网络内容产业盈利渠道将进一步拓宽,内容产品和服务本身在营收中的重要性加强。相对于国外的网络内容产业,我国的网络内容产业盈利渠道相对单一,但随着互联网经济的不断发展以及相关领域探讨的不断深入,我国网络内容产业的盈利模式也呈现出发展创新趋势,新的盈利模式正在被越来越多的网络内容产业提供商和运营商所关注。从全球的视角来看,"创意产业""文化创意产业"的热潮正在涌现,文化创意、内容产品正在创造着越来越大的经济效益和社会效益;而我国网络媒体也应顺应这一潮流,将着眼点放在内容产品的开发和创新上,使内容产业成为网络媒体的基础盈利模式。

2. 内容产业监管趋向合理化

网络内容产业的监管日趋合理化,对内容产品的知识产权保护进一步加强。内容的创新势必带来网络内容的知识产权问题,这也是涉及网络内容产业未来发展的一个重要问题。2008年我国政府对视频分享网站进行了大力整治，已经显示出网络内容产业管理规范化的大趋势。对知识产权的保护可以提高内容产品生产者的创意积极性，而统一规范的网络内容产业需要相关法律保障和政策支持。因此，网络内容产业监管的合理化及立法化是今后发展的大趋势。

3. 以用户为中心

“以用户为中心”的理念在网络内容产业中将体现得日趋明显。对于网络内容产业而言，用户不再只是内容产品服务的消费者和使用者，更是内容产品的生产创造者。这一点在社会事件的挖掘、视频内容的创作等领域体现得尤为明显。而Web2.0甚至Web3.0的发展趋势更让用户在内容产业中的作用大大提升。因此，整个网络内容产业在今后的发展过程中将更加重视用户的作用，关注用户的需求，挖掘用户的潜在创造力，加强对用户的研究。“以用户为中心”的理念同时也使得网络内容产业的发展日趋人性化和个性化。

4. 网络广告发展成熟

网民规模继续快速增长，推动网络广告的成熟与发展。网络广告最初发展相对缓慢，源于互联网用户规模的局限性。由于电脑技术不够普及、使用价格相对昂贵等原因，互联网用户最初大都集中在与IT业相关的专业领域，这使得网络广告的受众不够广泛，削弱了广告主对网络广告的信心。近几年随着互联网产业的迅速壮大以及网络技术的进步，网民规模快速增长，网络的影响力已不可同日而语。

网民基数的进一步扩大为广告主寻找消费者及潜在顾客提供了更广阔的路径，同时也增强了广告主对网络媒体的信心，互联网已然成为广告主进行整合营销过程中重要的媒介渠道。

5. 网络广告市场结构多元化

近年来，网络广告的市场规模快速增长的同时，市场的集中度也在下降。传统门户网站不再是广告主进行网络营销的唯一选择,更多网络媒介的出现为广告主提供了新的网络营销通路,于是,中国网络广告的市场结构呈现多元化的发展趋势。

原有的品牌图形广告比重逐步下降,搜索引擎广告、富媒体广告等其他广告形式凭借其交互性、精准性等特点越来越受到广告主的青睐,比重逐年上升,并且预测在未来几年,搜索引擎广告、富媒体广告等其他广告形式在网络广告市场中所占的比重将继续上升,具有良好的发展空间。此外,我国已成为世界上互联网用户数量最多的国家,并且用户的互联网应用也呈现出多元化的发展趋势,这反过来又促进了网络广告市场结构的多元化。

另外,互联网用户对互联网使用的熟练程度也进一步增加,互联网的发展潜力被进一步开发,除了对于原有新闻信息的主要需求,社区、视频等网络服务也将进入一个新的发展阶段。高性价比的富媒体及视频广告将成为未来网络广告发展的主流形式。同时,网络广告市场细分也将快速发展,桌面软件、下载工具、网络游戏、网络杂志、即时通信、影音播放器等都能成为很好的广告投放载体。

(二)手机媒体产业的发展趋势

1.与其他媒体产业深度融合

手机媒体产业将与其他媒体产业进一步深度融合,这显著地表现在两个方面。

一方面,随着科学技术日新月异地发展,新旧媒体产业的融合趋势越来越明显。由于信息技术的网络性、系统性、渗透性、带动性和倍增性等特征,手机新媒体与传统媒体产业融合呈现出加速发展的态势。

手机媒体产业原属于电信产业。信息技术的发展,特别是宽带互联网的出现,再加上国家广电总局自上而下的体制改革及企业管理制度的创新,使电信产业和传媒产业边界逐渐模糊,在产业边界和交叉处出现了技术、业务、经济上的相互介入、渗透、融合，改变了原有产品的特征和市场需求，形成一种新型的竞争和合作关系，产生了手机媒体和传统媒体产业的融合。

在手机新媒体与传统媒体产业融合的过程中，彼此之间只有互相取长补短，才能达成理想的产业融合模式。手机新媒体可以依靠传统媒体的内容、资源、品牌和市场等固有优势；而传统媒体更需要借助于手机这个新兴媒体传播平台，将信息内容实时、便捷地传输给目标用户。

另一方面，随着4G技术的推广应用，尤其是移动互联网的异军突起，手机媒体产业将与网络媒体产业深度融合。

2. 三网融合将带来新的发展契机

随着电信网、电视网及宽带网三网融合的推进和实现，手机媒体产业将迎来新的发展机遇。在我国，由于各方利益冲突、层级管理观念制约，以及技术标准不统一、基础设施建设尚未完成等原因，导致三网合一在短期内难以顺利实现，也就致使手机媒体产业，尤其是手机内容产业在运营方面存在诸多问题。但是，在媒介融合的时代大背景下，三网融合是大势所趋，实现三网合一只是时间的问题。在三网融合不断向前推进的过程中，手机媒体产业将不断拓宽盈利渠道，创新盈利模式和运营模式，获得长足的发展。

3. 手机广告市场走向成熟

手机广告市场走向成熟的重要标志是广告与信息服务相结合。分众、定向、及时、互动是手机广告相对传统媒体广告的优势所在，在4G时代，这些优势将会得到更充分地发挥，手机广告甚至可能颠覆传统广告的定义。在美国广告协会的定义中，广告是指面向大众、付费用的宣传，其主要目的在于告知、说服和引导消费需求。而通过手机发布广告，借助手机的即时性、随身性、个人性和私密性等特点，广告信息可以演变为有针对性的信息服务，给用户提供按时提醒、有益的参考意见以及便利的整体解决办法。例如,当我们进入商业区时,就可接收到已提前定制的最新商品信息;当我们用餐时,就可看到周围餐馆的预定和折扣情况;当我们刚下长途火车时,就能收到酒店预订、车票查询订购的服务信息,等等。不知不觉中,手机开始变成贴心的信息指导员,手机广告的性质也在悄然发生改变。消费者把这类广告当作服务信息欣然接受,而手机广告也逐渐进入以用户为中心的移动营销阶段。

4. 手机广告市场监测体系逐渐建立

我国手机广告产业的下一步是"以用户为中心"的移动营销。但专业标准的缺位在很大程度上阻碍了移动营销的发展。同时手机广告在发展的过程中面临的许多问题也与手机广告专业标准缺失密切相关。只有尽快地制定出专业标准,使手机广告得到有效的监管及规范,才能加快手机广告的发展步伐,引导其持续健康地发展。因此,制定规范的手机广告专业标准就变得势在必行。

手机广告无声无息直接到达终端用户的发布特点使得广告主对广告效果监测的要求非常高。另外,由于手机广告的相关信息可被记录,也使得用户产生泄露个人隐私的担心,这些问题都要求手机广告构建更完善的市场监测体系。

(三)互动性电视媒体产业的发展趋势

1. 数字电视产业的发展趋势

综合我国的国情、数字电视产业的发展现状等多方面因素,可以预见未来数字电视产业将呈现以下几个发展趋势:

(1)数字电视增值业务前景可观。我国数字电视产业还有充分的发展和盈利空间。在逐渐调整、处理好产业链各方利益分配不合理、频道内容质量不高等问题后,我国数字电视的增值业务将继续朝纵深发展,未来的产业效益毋庸置疑。

（2）地面高清与直播卫星网络极大完善，产业化进程加快。

（3）数字电视产业竞争加剧，融合是大势所趋。

2.IPTV 产业的发展趋势

（1）运用差异化和专业化营销战略推广 IPTV 业务。首先要运用差异化的营销战略进行 IPTV 的市场推广。其次，还要运用专业化市场营销战略。

（2）多方合作、竞合共赢。广电和电信是目前我国 IPTV 产业的两大运营主体。双方在 IPTV 经营方面各有优劣。电信、广电双方应自发进行优势互补，以合作共赢的方式避免直接竞争，共同推动 IPTV 市场的发展。

（3）加快 IPTV 内容服务创新与增值产品开发。IPTV 产业要想获得长远健康的发展，内容服务创新和增值产品开发是关键一环。IPTV 节目内容的发展策略应该基于目标用户群体对节目内容喜好的深度分析来制定，应该注重内容的丰富与创新，以包括互动在内的差异化服务吸引普通电视用户自动转向 IPTV。

第三节　新媒体的跨域传播

新媒体的跨域传播是指在新媒体的背景下，由于多种终端介质的存在，内容生产和传播者（媒体）对某一内容进行横跨式的生产和传播。这种传播遵循了传媒产业和通信产业的主要经济规律，是新媒体内容传播的基本规律和必然趋势。就实质而言，跨域传播就是一种横跨式的传播方式，这种“横跨”在生产层面是指横跨内容的组织形态，在传播层面包括横跨窗口和终端。这种横跨，使一条单一的内容能够实现“波纹”效应，尽可能地拓展了传播范围。新媒体的跨域传播主要包括跨形态生产、跨窗口呈现及跨终端传播三个环节。

一、跨域传播的形成

跨域传播是在数字化的大环境下，媒体向多终端延伸背景下新媒体内容传播的一种必然趋势，也是内容商在激烈的市场竞争中的必然选择。它的形成主要基于以下几个方面：

（1）数字技术的出现。数字技术是一项与电子计算机相伴相生的科学技术，它是指借助一定的设备将图、文、声、像等各种信息，转化为电子计算机能识别的二进制数字“0”和“1”后进行运算、加工、存储、传送、传播、还原的技术。在数字技术的支撑下，信息内容可以根据各种终端需要“自由转换”，这就为多种内容形态的产生奠定了基础。

（2）媒体的多终端延伸。媒体内容的接收终端极大地突破了原有的终端范畴，各种固定终端尤其是便携式移动终端的不断出现，比如当前移动通信和手机终端的快速发展，使得媒体的多终端延伸范围大大扩展，这就使跨域传播成为必然。

（3）无缝网络的覆盖。当前阶段下，有线网、无线网、卫星网、互联网、通信网、广电网，各种网络纷纷出现并发挥各自的作用，它们一起形成了无所不在的泛在网络。这种泛在网络使人置身于网络之中，实现人在任何时间、地点，使用任何网络与任何人与物的信息交换。可见，泛在网络实现了对各种介质的传输和对多种终端的无缝覆盖，能够开展多重传播，为跨域传播创造了条件。

（4）资源的优化配置与共享。在市场经济体制下，市场机制是资源配置的决定性力量。资源是指社会经济活动中人力、物力和财力的总和，是社会经济发展的基本物质条件。在任何社会，人的需求作为一种欲望都是无止境的，而用来满足人们需求的资源确实是有限的，因此，资源具有稀缺性。市场经济体制更加看重资源的合理配置，这种环境刺激了新媒体的跨域传播。跨域传播可以优化配置和共享各类资源，如在人力、信息、设备、传输网络等资源利用上实现共享，降低传播成本，获得规模效益。对于单条信息，可以在网站、手机、报纸、杂志、电视等不同媒体和终端上采用不同的表现方式，综合利用和有效整合各种信息内容资源，改变各媒体和各形态单打独斗的局面。

（5）范围经济导致的单产品边际成本下降。范围经济指的是当企业联合生产多种产品时，其总成本低于分别生产这些产品时的成本之和，此时联合生产就存在范围经济性。这种范围经济导致的单产品边际成本下降也适用于媒体产业。对媒体产业而言，其范围经济性主要体现在：利用一个信息源，既能生产出传统媒体所需的内容，又能转化为新媒体所需的内容；在每一种媒体状态下，也能够演化为不同的内容形态，这样就会降低边际成本。如此一来，这也就促进了跨域传播的形成。

（6）对受众的无缝传播强化传播效果。任何一种传播形式和终端都有着各自的受众群体，跨域传播对多种媒体终端的覆盖，极大地扩宽了受众覆盖面，能够通过更多渠道、在更大范围内接触受众，提高市场占有率，强化传播效果。

二、跨形态生产

这里所说的形态主要是内容的组合方式和表现形式。它是一个相对的概念，即上一级的内容形态包含着下一级的形态，如电视的频道是一种形态，频道形态下又包含栏目、节目等下一级的形态。内容的跨形态生产指的是在一种基本形态内，按照不同的组合方式，将同一内容题材生产制作成不同的内容细分形态。

真正意义上的内容的跨形态生产是在新媒体阶段诞生的，尤其是互联网媒体和手机媒体出现以后。在新媒体时代，技术的发展和人们的需求使得新媒体在一种基本形态内衍生了许多新的形态组合方式。以下就以手机报为例进行相应的说明。

手机报是依托手机媒介，由报纸、移动通信商和网络运营商联手搭建的信息传播平台，用户可通过手机浏览文字、图片等多媒体形式的新闻。由于技术的发展，以及为了满足人们不同情境下的信息获取需求，作为当前中国手机媒体的一种主要内容形态，手机报又可以细化为不同的内容组合方式，如短信、彩信、客户端、WAP等不同形态的手机报，即手机报的子形态。

（1）短信（SMS）手机报。这种形态与传统报纸中的简讯非常相似，如中国电信的天翼快讯。它主要是针对非彩信终端用户，通过短信（一般在70字以内）的方式，向受众传播最新消息。内容主要是报道最新国内外重大事件，持续追踪最热的焦点动态，关注与百姓生活息息相关的国家政策，国内外最新财经、娱乐、体育动态，以及本地特色实用信息通告等。短信手机报提供的只是重大新闻信息的一个引子和内容概况，所以满足的是受众对信息的浅需求，当然它保证了新闻传播的基本特质——即时性。

（2）彩信（MMS）手机报。这是指以彩信的形式组合信息资讯并下发至受众的手机报。与短信手机报相比，彩信手机报可以组合文字和图片乃至语音视频等信息，篇幅较长（一般约5000～6000字），信息量较大；同时，彩信手机报既有导读，又有头条及新闻、财经、体育、娱乐等各种栏目，如遇到重大事件，还可下发短信形式的新闻短讯相辅助。可以说，彩信手机报的表现形式比较接近传统报纸的表现形式。彩信手机报既可以是综合性的手机报，如中国电信的新闻早晚报；又可以由一系列不同主题的手机报产品组成，包括时政新闻、影视音乐、体育竞技、生活休闲、科普教育、流行时尚、财经证券、游戏动漫等。当然，彩信手机报还具有互动功能，即为受众提供了发言的通道。

（3）WAP手机报。这是指通过WAP（手机报门户）展现各类手机报业务的手机报形态。WAP手机报可以完全展示彩信手机报中的内容，并能添加更为丰富的内容，同时还可进行更新，用户登录WAP后即可阅读。

（4）客户端手机报。这是指通过在手机上安装客户端软件向用户提供手机报内容的服务，如中国日报。通过手机客户端，用户可以随时随地浏览、下载、阅读手机报。客户端手机报的内容更为丰富，展现形式更多地表现为传统报纸的全真电子版，与传统的阅读体验最为接近。

从上述手机报的形态来看，与传统媒体状态下相对单调的内容表现形态不同，在新媒体状态下，内容生产可以表现为彩信、客户端、WAP 等形态，其中重大内容也可以表现为短信手机报，如果有视频内容甚至还可以体现为视听手机报。如此一来，原本单一的内容形态就变得丰富多彩，信息的覆盖范围也大大拓展了。

三、跨窗口呈现

窗口，本指开在墙上的窗形的口子，后来常比喻与外界相互往来、联系的单位、部门或地区。在计算机和手机系统中，窗口是指一种新的操作环境，不同的操作环境将计算机、手机的显示屏幕划分成许多框，即为窗口。窗口是用户界面中最重要的部分，它是屏幕上与一个应用程序相对应的矩形区域，是用户与产生该窗口的应用程序之间的可视界面。每当用户开始运行一个应用程序时，该应用程序就创建并显示一个窗口。每个窗口负责显示和处理某一类信息。用户可随意在任一窗口上工作，并在各窗口间交换信息。

就窗口的来源而言，主要有两类，一是计算机或者手机终端自带的窗口，二是根据各种需要后期开发的各种客户端软件的窗口。当前，客户端窗口最为流行，尤其是手机客户端。

客户端是指与服务器相对应，为客户提供本地服务的程序。一般安装在普通的客户机上，需要与服务端互相配合运行。在 PC 互联网领域，网页浏览器、电子邮件客户端、即时通信客户端等为网民打开了一扇扇窗口；而在移动通信领域，手机客户端更是风起云涌。相对于 WAP 浏览，手机客户端突破了网址登录输入等局限性，用户可以体验更强大的功能和更个性化的信息应用；商家可以抢占桌面，扩大用户覆盖范围，增强用户黏性。

手机终端上网在目前有两种最为流行的方式：一是基于传统 WAP 的方式，二是基于手机客户端的方式，二者结合形成“手

机客户端 + 手机媒体门户”的双核发展。手机客户端就是可以在手机终端运行的软件。也是无线互联网行业中一个重点发展的项目，具有重要的意义。从 2007 年以来，手机客户端开始大行其道。诸多的终端厂家、互联网运营商、移动运营商，都在大力发展视频、音乐、读书、股票、定位等各种客户端。通过这些客户端，用户可以快捷、方便地使用信息、影视、音乐、阅读、炒股、导航、搜索等服务。这些只是一些主要的或新兴的窗口，具体到某一类内容，其能够传播的窗口需要具体而论。比如手机报，在同一终端中，一条重大信息内容既可以通过短 / 彩信接收窗口进行传播，也可以依托 WAP 手机报门户进行展现；既能够通过链接方式在 WAP 网站的相关频道中进行信息传递，也能够在客户端中呈现。视频内容同样如此，同一条内容根据不同的窗口传播要求生产成不同的形态后，也可以分别在 WAP 门户、影视门户、Web 门户、客户端等窗口呈现出来，甚至通过链接在更多的窗口进行传播。

在新媒体传播的发展过程中，内容的传播还经历了从窗口化到版本化的过程。在窗口化的背后有一种更通用的产品设计原则，称为“版本化”。这是指用许多不同的版本提供传媒和信息产品。例如，针对影视节目可以制作高清晰度的版本和低清晰度的版本，分别收费。

版本化可从时间、数量和质量三个维度上来区分。所以说，内容提供者可以按照时效性、功能、舒适程度和速度等不同特性来区别产品。根据产品特性的不同分类，供应商可以设计产品系列。以报纸为例，为了适应这种版本化的趋势，需要根据不同形态和不同版本的特点编选内容，如分别用于纸质传播、网络传播和手机媒体传播等不同版本，以满足不同的需求。在新媒体时代，数字化技术的运用使得版本化的成本更低。

四、跨终端传播

在新媒体时代，信息内容可以跨越各种终端和媒体进行传播。不同的终端如纸质终端、电子终端、互联网和移动终端代表着不同的媒体特质，所以跨终端传播的实质就是跨媒体传播，是媒体内容在不同终端上的延伸。要给跨终端传播一个定义，可表述为整合成不同内容形态的信息，通过多种传播途径和接收终端，在不同的终端/媒体之间进行传播与互动的过程。它是媒介发展的趋势。

从上述这一定义可以认识到，跨终端传播主要包括两个层面：一是指不同内容形态的相同信息在同一媒体组织的不同终端/媒体之间进行整合传播；二是不同媒体组织之间资源互换与联合传播。

跨终端传播是媒介传播发展的一种重要现象与趋势，因此近年来颇受传播学界的重视。大众传播发展之初，媒体几乎都以传播的符号、介质和接收载体作为主要区隔，这样就形成了以文字为主的平面媒体、以声音为主的广播媒体及以活动影像为主的电视媒体。长期以来，无论是市场化早的国外媒体还是作为喉舌的国内媒体，大抵都是单终端和单媒体。到了20世纪70年代，传媒产业中就出现了整合及集团化的趋势。到八九十年代，通过兼并、联合等多种手段，在全球出现了包括新闻集团、时代华纳、维亚康姆、贝塔斯曼等在内的一大批传媒产业集团。随着技术的发展和竞争的加剧，国内媒体为了节约成本，有效地提高信息传播的覆盖率，逐渐将同一信息内容进行跨领域的传播。从20世纪90年代初期开始，传媒产业开始了市场化运作。我国也开始了集团化和跨区域跨媒体运作历程。20世纪末，改革转向了广电行业。进入21世纪以来，国家开始鼓励出版、发行、电影等企业集团跨地区经营；鼓励中央、省级报业集团、广电集团跨地区经营，提出广电集团可以兼营报刊、图书、音像电子出版、电影生产；电影集团可以制作广电节目，与电视台办电影频道；报业、出版、发行集团可以强强兼并；有条件的国有书报刊、印刷企业可以加入报业、出版、发行集团等。伴随着国家的改革，国内出现了很多跨媒体经营领域的传媒集团，但直到数字技术引发的新媒体时代，跨终端传播才真正实现。

跨终端简单来说就是相同内容在不同终端之间的发布。这种跨终端的传播在互联网和手机等新媒体终端出现以前，主要表现为内容在传统的不同接收载体之间的传播，如报纸内容在期刊或者广播电视载体上的传播，或者是广播电视的文字内容在报刊等载体上的传播。新媒体出现后，跨终端传播主要表现为传统媒体的内容在新媒体终端的延伸。这种延伸主要分为两个阶段：首先是利用传统媒体原创的内容，以原有媒体为主体向不同新终端传播。纸质媒体内容出现网络版，在各媒体网站传播。其次是以新终端尤其是互联网终端为主体，向手机等新的移动终端延伸。互联网终端是属于信息传播的“实时”终端，在传播上不存在时间的延迟问题。它能够呈现更多的、传统媒体终端所无法涵盖的丰富内容；它还构建了媒体与受众的互动通道。总之，在互联网及多媒体的发展下，信息内容开始进行多终端的传播。这种传播形势使现有的各类相互独立的媒体将走向融合，形成一个以宽带网络为核心的，集信息采集、编辑、发布、存储及交换于一体的，整合各种传播媒介的综合平台。2006 年，新浪和凤凰卫视合作，在新浪上开辟凤凰卫视专区；腾讯拍拍凭借腾讯 QQ 庞大的 QQ 用户与拍拍网深度合作。2008 年，百度推出电台联盟，半年后，已有中央人民广播电台、中国国际广播电台等 13 家国家级电台和国内近 30 个省市的近百家电台加盟。通过百度电台联盟，广大网民能够实时在线收听全国各地及海外的优秀广播节目，并通过网络进行互动。

总之，伴随着技术和市场需求的发展，不同终端和媒体之间的交叉与融合逐渐成为一种趋势，媒介之间的界线日益模糊，新的传媒产业格局形成。一条信息、一类终端的线状传播已经过时，新媒体时代属于多终端时代，一条信息、全面传播的面状传播是信息传播的主导。

第四节 “三网融合”环境下的新媒体业态

一、“三网融合”的概念及其发展

我们正在卷入一场全球性的从模拟技术到数字技术[①]的重大技术变革中，数字技术正在深刻地改变着我们的工作方式和生活方式。其中，三网融合正是数字技术改变我们生活方式的基础。所谓的三网融合，也就是将我们电信网、广播电视网和互联网融合在一起，形成一个包含着这三大网络内容，且支持包括数据、话音和视像在内所有业务的信息传播业务的网络系统。但需要注意的是，三网融合并不是单纯的三大网络的合一，而是指这三大网络业务的融合[②]。

“三网融合”并不是一个新鲜的概念，早在20世纪90年代，发达国家就已经提出了这一概念，他们或者通过政策推动电信业和广播电视业的融合，或者通过推动网络融合技术的发展和业务融合来带动三网融合。

就我国来说，“三网融合”的概念最初出现在政府“十五”规划和“十一五”规划中，直到2010年国务院召开常务会议专门讨论三网融合，并推出《推进“三网融合”总体方案》后，我国“三网融合”的实践才有了明确的指导。在《推进“三网融合”总体方案》关于“三网融合”实施路径和时间安排的引导下，概念先行多年的“三网融合”工程在我国才得以进入实质性的推进阶段。此后，我国的“三网融合”速度加快，在2010年以后，随着微博、微信等媒体的兴起，主流媒体的舆论危机不断加大，网络用户规模不断扩大，在这一时期伴随着传统媒体的日渐衰落，网络媒体快速崛

① 数字技术是指将各种信息（包括图、文、声、像等），转化为电子计算机能识别的二进制数字“0”和“1”后进行运算、加工、存储、传送、传播、还原的技术。

② 马为公，罗青．新媒体传播[M].北京：中国传媒大学出版社，2011：155.

起。为了不被市场淘汰，不少传统媒体开始顺应媒介技术发展的趋势，与新媒体融合。2014 年，中央全面深化改革领导小组第四次会议审议通过《关于推动传统媒体和新兴媒体融合发展的指导意见》，这使我国媒体融合驶入了快车道。此后几年，我国传统媒体的新媒体产品发展呈井喷态势，在坚守、深耕微博平台的同时，大力拓展微信和新闻客户端。“新媒体排行榜”的数据显示，传统媒体官方层面建立的微信公众号约达 3 万，移动客户端达七八百个。媒体组织形式也发生了显著变化，“中央厨房”“中央编辑部”“拆小灶建大灶”等“统一采购、分类加工、集中分发”的媒体融合生产平台纷纷投入使用。2015 年，第三届中国新兴媒体产业融合发展大会上发布了由新华社出品的《中国新兴媒体融合发展报告》，该报告认为，我国媒体融合正迈向纵深。[①] 同年，国务院下发了《三网融合推广方案》，在总结试点经验的基础上，加快在全国全面推进三网融合，推动信息网络基础设施互联互通和资源共享。2017 年全国各地的三网融合不断深入，各省均具备面向全省用户提供交互式网络电视（IPTV）业务的网络能力，我国的“三网融合”全面进入践行阶段。

二、“三网融合”环境下的传媒产业

“三网融合”的不断深入势必触动整个中国传媒业的神经，带来的不仅有技术的变革，还有业务、市场、终端、组织、行业规制，乃至媒介形态的变革。在这种情况下，媒介的产业边界不断消融。

在传统的产业模式中，各产业均存在一定的边界。例如，通信业和广电业就由于各自技术不同造成传输网络及其终端设备的专用性和分离性，其信息服务内容尽管存在个别交叉情况，总体上每种内容却分别与其分配网络和终端相对应，因此可以明显看到所存在的产业边界特征。而随着“三网融合”的推进，传媒

① 强荧，戴丽娜．新闻传播学理论前沿：在媒体融合的视阈下[M]．上海：上海社会科学院出版社，2016：5.

产业的边界不断发生消融，出现产业融合现象。一方面，在“三网融合”的作用下，媒体信息技术的应用范围不断扩展，传统媒介的生存形态和传播形态都发生了改变，呈现出融合的态势。报纸的数字化之路，电视的数字化和网络化发展，广播媒体的数字广播等，网络媒体表现出跨媒体平台属性的特质，进而影响和加速了传统大众媒体媒介边界的消失和生存形态的混一，呈现大众媒体的数字化融合之路①。另一方面，由于以“三网融合”为基础的现代信息技术的快速发展，不同的媒介形态开始“融合”在一起，产生“质变”，形成一种新的媒介形态，如电子杂志、博客新闻等。这些新产生的媒介表现出明显的“全媒体”特征，它们包括一切媒介及其有关要素的结合、汇聚甚至融合，不仅包括媒介形态的融合，还包括媒介功能、传播手段、所有权、组织结构等要素的融合。

此外，由于“三网融合”的作用，媒介会在技术、业务、平台、机构、市场等多方面发生融合现象②。

从技术融合上来看，随着各种媒体的数字化进程不断发展，其必然结果就是各种媒体的界限越来越模糊，每一种媒体都在向过去不属于自己的领域延伸，在这个延伸过程中，它们采用的技术越来越相似甚至会变得一致，其功能也越来越趋同。

从业务融合上来看，一方面，随着“三网融合”的推进，媒体间的合作、互动不断加强，就目前来看，报网互动、台网互动等都是最常见的媒体合作、互动方式，但这些方式只是媒体合作的起步，随着新媒体的快速发展，新一代数字报纸、网络电视、手机报纸等具有融合性的媒介产品是其合作的进一步深入和拓展。另一方面，随着“三网融合”的推进，融合性新闻会逐渐出现，这是一种将文字、图像、声音、视频等手段结合起来，在平面媒体、网络媒体、手机媒体等多种媒体平台上形成多形式、多角度的新闻报道，更是业务融合的深层表现形式。

① 张金海，程明，李小曼．报业数字化生存与转型研究：基于产业发展的视角[M]．武汉：武汉大学出版社，2010：302.
② 谭云明，郑坚．新闻编辑学[M]．武汉：华中科技大学出版社，2016：3 - 4.

从平台融合上来说，在“三网融合”的推动下，各种媒体内容的传输平台越来越趋向一致，如现在很多媒体内容都汇流到网络上，但这种汇合带来的将是平台的“先合后分”的局面，即各种媒介产品都将汇流到网络（在未来可能还会有超过今天的互联网或移动互联网的更好的平台出现）中进行传输，而后又分散到各种不同的接收终端中，这样仍然可以保持媒介产品的多样化。

从机构融合上来说，媒介融合过程会逐渐带来相关机构的融合，它首先表现为媒体集团内部机构之间的整合，包括各个部分职能的调整，相关工作人员思维方式、工作方式的调整，整个工作机制的变革。此外，媒介机构的融合还表现为过去彼此独立的传媒企业之间的合作或融合，它需要机构各方互做让步，以这个新共同体的利益与发展目标为追求，因此它的挑战性更强。

从市场融合上来说，由于“三网融合”的作用，各种媒体产品有了共同的数字化平台基础，从而使多种媒体的产品集中到一个共同渠道中成为可能。业务形态的整合，也将原来属于不同媒体的传媒产品汇聚在一起，形成了一个大的媒介市场，原有的媒介边界日益模糊。在这种情况下，媒体开展传媒业务，会根据受众的需求进行组合与分装，这种组合可以取决于传媒机构这样的传播者，但未来可能更多地取决于受众。可以说，市场融合的结果并不是产品的单一化，而是更加多元化、个性化。

三、“三网融合”环境下新媒体的发展

由于“三网融合”的推进，不同媒体和传播形态间的竞争，也从原来的以“竞争”状态为主，转渡到以“合竞”状态为主。信息量的爆炸式增长和传播手段的多样化增生，已经使得任何一家媒体、任何一种媒介，都不再可能垄断所有的新闻信息资源，更不可能做到面面俱到、事事优秀，媒介必须融合在一起，以“合竞”取代“竞争”，以“双赢（或多赢）模式”取代“单赢模式”，才能适应现代传媒产业的发展趋势。在这种情况下，新媒体作为一组数字

信息，依托信息技术成果，在融合了人际传播和大众传播特点的信息呈现方式的同时，以其即时性、互动性、可视性、平等性等特点和优势实现了“所有人对所有人传播”的信息流，成为当前科学传播的新形式和重要渠道，受到人们的喜爱，得到了快速发展。由于本书其他章节关于新媒体内涵、发展、优势、形态等的分析已有很多，因此这里就不再赘述，这里主要探讨一下新媒体与媒介融合的关系。

首先，许多新媒体形态本身就是“媒介融合”的产物①，如在手机媒体群中，手机报纸是手机媒体与传统报纸的融合，手机广播电视则是手机与广播电视的融合。又如，在网络媒体群中，网络报纸是互联网与传统报纸融合的结果，网络广播电视则是互联网同传统广播电视融合的产物。可以说，很多新媒体都是一些传统媒体与新媒体在形态和内容等方面的融合。

其次，“融合”是新媒体的生存方式和发展条件。不管是以网络和手机为代表的新兴媒体，还是以巴士传媒、楼宇电视等为代表的新型媒体，它们都是在不断融合中得到突破性发展的。融合能够带来新的业务模式和盈利模式，将为新媒体产业的发展提供强大动力。例如，4G 技术的实现和应用带来了互联网与手机的融合，带来了手机新媒体形式的丰富，手机网游、微信、移动应用层出不穷，大大丰富了新媒体的形式和内涵。

最后，新媒体是推进媒介融合向前的主体力量。从目前的媒介融合实践来看，媒介融合的主要类型集中在两个层面：一是传统媒体与新媒体的融合，二是新媒体之间的相互融合。传统媒体与新媒体的融合是新媒体兴起后，新旧媒体相互学习、相互竞争的必然结果。传统媒体面对新媒体的蓬勃发展和广泛竞争，不得不转向新媒体，通过与新媒体相融合来争取新的发展契机和发展空间；新媒体之间的融合则是不同新媒体之间竞争与博弈的结果，也是未来媒介融合的重要发展趋势。无论是传统媒体与新

① 宫承波．新媒体概论 [M].4 版．北京：中国广播电视出版社，2012：317.

媒体的融合,还是新媒体之间的相互融合,其主体力量都是新媒体。这主要是由新媒体产业发展模式与媒介融合的密切关系决定的——媒介融合是选择新媒体产业发展模式的关键“变量”。

第三章　新媒体环境下传统媒体的转型

新媒体在极大地开拓了人们的视野、方便了人们的日常生活与社交的同时，也给传统媒体带来了巨大挑战。但是，挑战也意味着机遇，因此传统媒体必须迎难而上，在充分发挥自身传播优势的基础上，积极与新媒体融合，切实实现自身的转型发展。

第一节　新媒体与传统媒体的关系

新媒体与传统媒体之间既进行着激烈的竞争，相互之间又进行着补充。两者之间的竞争来自市场，在市场的优胜劣汰中新媒体和传统媒体在互相拼搏中存活下来，而且它们本身的优势和用户习惯并没有让其中一方落败；两者之间的补充表现在，传统媒体有着很高的资源占有率，在互联网还不普及的地区，占据主导位置的依然是报纸、广播等传统媒体。具体来说，新媒体与传统媒体的关系，可以通过两者之间的联系与区别来进行详细阐述。

一、新媒体与传统媒体的联系

新媒体与传统媒体的联系，具体来说是通过以下几个方面表现出来的。

（一）新媒体与传统媒体是共生共存的

目前，不论是新媒体还是传统媒体都花费了大量的精力建设各自领域的内容和通道，但受“木桶短板效应”的制约，未必能在两个领域都取得理想的效果。因此，当前新媒体与传统媒体的生存状况可以用“共生共存”四个字来概括。具体来说，新媒体与传统媒体的共生共存是通过以下两个方面表现出来的。

1. 新媒体的发展需要建立在对传统媒体的继承基础上

传统媒体在信息传播过程中虽然存在不少的劣势，但其在一段时间内是难以被完全取代的。这就决定了新媒体要想获得发展，必须建立在对传统媒体的继承基础上，毕竟传统媒体所具有的内容优势是无法在短时间内被动摇的，而且受众更为信任传统媒体所传递的信息的质量。

2. 传统媒体需要借鉴新媒体的传播特点来完善自身

面对新媒体的冲击，传统媒体要想延续自身的生命力，必须适当对新媒体的传播特点进行借鉴。比如，借鉴新媒体传播的互动性特点，电视、广播可以通过插播热线等来实现与受众的互动，报纸可以引入读者直接参与的评论栏目等。

新媒体与传统媒体的共生共存，要求二者根据各自优势，各负其责，以便在促使传统媒体实现原创价值的同时，使新媒体的影响力也能得到不断的提高。

（二）新媒体与传统媒体是交叉融合发展的

在当前，新媒体与传统媒体的发展呈现出交叉融合的趋势，这具体表现在以下两个方面：

（1）传统媒体为了使自身变得更为强大，已将触角延伸到网络空间，注重通过网络传播进一步提高自己在传统领域的内容优势，如新华网、央视网等。

（2）新媒体与传统媒体的结合，催生了一些新的媒体形式，如网络与电视的结合出现了网络电视等。

（三）新媒体与传统媒体经常传播共同的信息

新媒体和传统媒体都属于媒体的范畴，它们都通过各自的媒介形式向受众传递着多样化的信息，而且在很多时候，二者传播的信息是相同的，且相互之间能够形成互补。这在2008年对于“5.12大地震”这一事件的报道中有着比较全面的体现。在报道这一事件时，新媒体的声音非常全面、新颖、及时、细致，但是携带的大量冗余信息让人觉得不舒服。过滤系统亟待完善，而这些也是新媒体在社会上备受指责的最重要的原因之一。传统媒体方面，电视广播倒是表现得非常专业。不过传统媒体毕竟资源局限，CCTV新闻频道的消息仍然是以文字信息为主。相比互联网上的“五花八门”“各执一词”，传统媒体的信息报道非常严谨。这也使互联网上的各类应用发挥了更大的优势，方便观众了解更多情况。

二、新媒体与传统媒体的区别

新媒体之所以能称之为“新”，是因为它有传统媒体所没有的特征。也就是说，新媒体与传统媒体之间是有一定区别的，这具体表现在以下几个方面：

（1）新媒体出现的时间相比传统媒体来说要晚很多，但是新媒体的发展潜力却是不容忽视的。

（2）新媒体相比传统媒体来说，拥有更广的信息传播范围、更大的信息传播数量和更强的信息传播能力。

（3）新媒体相比传统媒体来说，在信息传播上更为公平，而且能使用户更为容易地参与到信息传播之中，即与用户有着较强的互动性。

（4）新媒体与传统媒体所依赖的应用平台的技术手段是不同的，其中新媒体大多依赖于数字化信息技术，采用数字化的编码形式。

（5）新媒体相比传统媒体来说，有着更为多样化的形式、更加方便的使用渠道，而且灵活性强、流动性大，庞大的信息量满足用户群体的需求。不过，新媒体所传播信息的准确性和可靠性相比传统媒体来说要差一些。

(6)新媒体与传统媒体的传播渠道呈现一定的差异，其中新媒体是利用数字、信息化的技术手段通过各种数字渠道来传输；而传统媒体都是依靠人力、脑力的成果渠道进行传输。

(7)新媒体与传统媒体的接收终端是不同的，其中新媒体的接收终端呈现数字化、多样化的形式，在接收时更加便捷、方便，不受区域的限制，如移动设备、PC 等；而传统媒体的接收终端不仅会受时空限制，而且呈现形式单一。

总之，在当前的时代，新媒体与传统媒体是共存共荣的，而且新媒体是无法取代传统媒体的。

第二节　新媒体对传统媒体的冲击与影响

随着互联网技术、移动终端设备等的迅速发展，新媒体对传统媒体形成了巨大的冲击与影响，具体表现在以下几个方面。

一、新媒体打破了传统媒体的垄断地位

在传统的媒介环境下，报纸、广播、电视一直在传媒界保持着“三足鼎立”的状态，占据着绝对的垄断地位，信息的选择权、发布权及主要流向等也都被它们所控制。而随着新媒体的不断出现，传统媒体在整个媒介领域的占有率不断降低。如此一来，传统媒体原本在信息传播中所具有的垄断地位也被打破了。

二、新媒体改变了传统媒体的传者与受众关系

在传统媒体时代，传者与受众之间的区别与界限是十分明显、严格的。传统媒体时代的传者主要包括政府、企事业单位或团体以及记者，他们处于整个信息传播链条的最上游，掌控绝大部分信息内容，能够以其经济、政治和职业优势在很大程度上控

制媒体,并能左右信息传播的方向,是媒介信息传播的绝对主导者。相比之下,受众的地位则要低得多,而且他们几乎只能被动地接受信息。由此可以知道,传统媒体时代的传者与受众之间的关系是十分不平等的,这导致受众几乎完全失去了对信息的选择权。

不过,在新媒体出现后,这种情况发生了重大改变。新媒体时代,受众地位得到了迅速提高,他们不再仅仅是信息的被动接受者,更成为信息传播的主动参与者和信息内容的制作者。因此,新媒体时代的受众实际上已成为主动的“用户”。在此影响下,传者与受众的界限变得越来越模糊,传者即受者,受者亦是传者,二者是相互联系、相互渗透的。

三、新媒体影响了传统媒介生态格局

媒介生态是“媒介系统作为整个社会系统的子系统,其内部组成要素之间,以及其与社会系统之间形成的相对持久的互动状态,不仅包括媒介系统内部各媒介与媒介实体之间的互动,还包括媒介与人、媒介与社会之间的互动”[①]。在新媒体产生之前,大众媒体(包括报纸、杂志、广播、电视等)形成了较为稳定的传统媒介生态格局。而新媒体的产生,不仅对传统媒介生态格局造成了强烈影响,而且推动了新的媒介生态环境的形成。具体而言,新媒体对传统媒介生态格局的影响主要表现在以下几个方面。

(一)影响了传统媒介种群格局

媒介种群指的是在特定时间内占据一定的媒介场域、运营模式大体相同的同类媒介的集合体。媒介种群并非是固定不变的,而是处于不断的发展变化之中,并且在不同的时空内会呈现出不同的媒介种群格局。随着新媒体的出现,传统的媒介种群格局受到了较大冲击,这主要是通过以下两个方面表现出来的。

① 官承波．新媒体概论[M].4版．北京：中国广播电视出版社，2012：283.

1. 出现了日益多元化的媒介种群

在传统媒体时代，大众传播媒体在经过长期的竞争与磨合后，基本形成了较为稳定的媒介种群格局，其中较大的媒介种群有报纸、杂志、广播和电视。同时，这四类较大的媒介种群还可以细分为一些具体的、小的媒介种群。比如，广播媒介种群可以细分为新闻广播、音乐广播、交通广播、儿童广播等。虽然说传统媒介种群也处于发展变化之中，但其在一定时间范围内是相对稳定的，即使有所变化也是很小的，而且变化的速度是十分缓慢的。

但是，自新媒体产生后，传统媒体时代的媒介种群格局发生了重大改变，并呈现出多元化的发展方向。具体来说，新媒体的兴起，不仅使得由若干小的细分种群构成的网络媒介种群、手机媒介种群、户外新媒体种群等新的媒介种群不断出现，而且赋予包括传统媒体在内的媒介生态以后现代的文化精神，媒介种群由此变得相对活跃和不稳定，不断有新的媒介种群产生，媒介种群也因此呈现出更加多元化的局面。

2. 媒介种群向一体化发展

在传统媒体时代，各个媒介种群在媒介角色、传播功能等的定位上是有所不同的，虽不可避免地存在交叉渗透现象，但总体来说分工定位十分明确，要进行合作、合并或融合是比较困难的。而在新媒体产生后，包括传统媒体在内的几乎所有媒介都借助于数字技术等新媒体技术实现了全面数字化。如此一来，不同的媒介种群之间进行融合便成为可能。此外，新媒体借助于多媒体技术，成为对不同媒介种群进行整合的重要平台。在这一平台上，不同媒介种群得以相互融合，传统媒介种群之间的边界也变得日益模糊。从这一角度来说，媒介种群呈现出向一体化发展的重要趋势。

（二）影响了传统媒介产业格局

在媒介生态格局的构成中，媒介产业格局也是一个不容忽视的重要组成部分。所谓媒介产业格局，就是媒介产业的整体发展状态以及不同媒介产业的互动格局和相互关系。在传统媒体时代，传统媒介产业已经形成了相对稳定的发展格局。而在新媒体崛起后，传统媒介产业相对稳定的发展格局从根本上被打破，这主要是通过以下几个方面表现出来的。

1. 传统媒体产业链被重构

新媒体在产生后，开始对传统媒体的受众资源进行瓜分，并在产业层面对传统媒体的市场份额进行挤压。在此影响下，传统媒介产业为了实现进一步发展，不得不对其产业链进行延伸和重构。具体来说，在新媒体出现之前，传统媒体产业链主要由媒介、广告主、广告商和受众组成，产业链条较短，信息产品在整个产业链条中的迂回程度较低，由此导致媒介产业的生产过程过于"独立"，不利于整合媒介生态内外部的资源，也不利于社会分工的发展和整体产业链价值的最大化。而在新媒体兴起之后，传统媒体为了与新媒体相竞争主动融于新媒体。如此一来，传统媒体产业链一方面向原产业链上游延伸，在内容产品的生产上增设内容提供商、服务提供商或专门的内容、服务生产环节，注重内容服务的生产和创新，尤其注重其内容资源的再加工和多次利用，将媒介的内容服务生产功能与平台中介功能分离开来；另一方面向原产业链下游延伸，增设内容和服务产品发布推广的新平台或新载体，并利用已有的受众或用户资源进行信息产品的"精准营销"。

2. 传媒产业结构不断转型

新媒体产生后，在一定程度上推动了整个传媒产业的结构升级，具体表现在以下几个方面：

（1）新媒体的出现使得技术创新在传媒产业发展中的作用日益凸显，在此影响下，传媒产业越来越重视向技术创新型产业的方向发展。对于传统媒体产业来说，面对技术要素重要性的日益提升，如何平衡内容与技术的发展将成为影响其产业发展战略的重要因素。

（2）新媒体的传播特点使得传统媒体受众的需求结构发生了深刻改变，即从被动接受型受众转变为主动索取型受众。如此一来，传媒产业供需结构也发生了重大改变。

（3）新媒体的出现使得传媒产业的盈利结构被改变。在传统媒体时代，传媒产业的盈利模式是较为单一的，主要通过广告来盈利。而在新媒体崛起后，传媒产业的盈利模式呈现出多元化的发展态势，除了广告，内容售卖、提供增值服务等都成为包括传统媒体产业在内的传媒产业的盈利手段。

3. 媒介产业呈现出集群化发展趋势

在传统媒体时代，已经出现了媒介产业集群现象，但那时的媒介产业集群主要表现为大型媒介集团的组建和发展。可是，这样的媒介产业集群方式并没有促使媒介实体之间真正实现产业链的有机组合或深度合作，而是仅仅停留在内容或地理位置上的联系上。而进入新媒体时代后，媒介产业实体之间的联系日益充分，整合的形式也越来越有深度。在此影响下，传统媒体时代媒介集团内部的松散联系状态得以改变，媒介产业集群化发展呈现出广阔的发展前景。

（三）影响了传统媒介社会互动格局

传统媒体时代所形成的社会互动格局，随着新媒体的兴起发生了重大变化，这具体表现在以下两个方面。

1. 媒介对社会系统进行映射的能力得到很大提升

媒介对社会系统进行映射，主要表现在媒介对社会现状的描述、对社会问题的反映和对民众呼声的表现等方面。在传统媒介时代，传统媒体虽然也能够在很大程度上对社会生活进行反映，但由于媒介主导权被少数人掌握着，因而在对社会系统进行映射时，往往是不充分的，甚至可能出现虚假的现象。而在新媒体产生后，信息传播的主导权从少数“特权阶层”扩展至全体媒介用户，并支持媒介与用户、用户与用户之间进行信息互动。如此一来，媒介系统映射社会系统的能力便得到了极大的提升。

2. 媒介反作用于社会系统的能力得到很大提升

媒介系统的运作状况，对于整个社会系统有着重要的影响。如果它运作得好，那么就会对整个社会系统起到促进作用；反之也会阻碍甚至抑制整个社会系统的正常运转。这便是媒介对社会系统的反作用。

事实上，传统媒体对社会的反作用已经十分明显，如能够发挥舆论引导和监督等作用。到了新媒体时代，传统媒体的社会功能得到了进一步强化，但这种强化作用并不是原有功能的无条件延续，而是渗透进了新媒体的内在特质和精神品格。一方面，新媒体自身拥有广泛的用户，且与用户保持着前所未有的紧密互动关系，因此更能起到联通社会与信源的作用；另一方面，新媒体通过技术手段与传统媒体相融合，并潜移默化地改变着传统媒体的信息内容生产与传播方式，使新媒体的信息传播效果与信息反馈的效率大大提升，从而促使媒介对社会的反作用力得到大大的提升。

四、新媒体改变了传统媒体的传播内容

新媒体对传统媒体传播内容的改变，主要表现在以下两个方面：

（1）在传统媒体时代，传统媒介所积累的内容资源也是极为丰富的，但传统媒介生产制作内容的人力物力有限且需要相关人员具有较高的专业素养，再加上生产制作内容会花费较高的成本，因而其内容资源特别是单个媒介实体的内容资源还是有限的。在新媒体崛起后，这一状况发生了改变。新媒体将各种传统媒体的既有内容资源都收集到一个统一平台中，再加上新媒体的用户可以自主地生产出大量的原创内容，从而大大拓展了媒介内容资源的边界。

（2）在传统媒体时代，内容产品多是由具备专业素质的媒体

从业人员所制造的，因而不仅质量较高，而且有较强的权威性。而到了新媒体时代，内容的创造呈现出草根性、碎片化的特点，而且内容的质量是良莠不齐的。因此，很有必要对新媒体的内容进行有效的监管。

（3）在传统媒体时代，所使用的媒介符号主要有文字、声音、图像等，而且每一种传统媒体都有其特定的主要传播符号，如文字和图片是报刊的主要传播符号，声音是广播的主要传播符号等。而在新媒体产生后，媒介进行信息传播所使用的符号内容及其表现形式得到了极大的拓展，出现了以简单图片为表现手段的QQ 表情、以标点符号的组合应用为表现形式的语言文字替代符号等多种新兴媒介符号。

五、新媒体冲击了传统媒体的传播方式

新媒体在产生后，对传统媒体的传播方式产生了明显冲击。在传统媒体时代，媒介处于一方独大的中心地位，甚至可以左右整个信息传播流程。此外，传统媒体时代的不同媒介在进行信息传播活动时，相互之间基本上是独立的，不会互相干涉。可见，传统媒体的传播方式是单向的、封闭的、单一的。而新媒体产生后，不仅传统媒体的既有信息传播方式受到了严重冲击，而且整个媒介环境的信息传播模式都受到了深刻影响。如此一来，信息传播方式在整体上呈现出以下几个鲜明的发展趋向。

（一）信息传播的双向化

传统媒体的信息传播，最为显著的一个特征便是单向性，即信息传播者对原始的信息资源进行编辑、加工、剪辑，使其成为可供发表或播出的内容产品发送给受众，而受众只能被动地对这些信息予以接受。此时，受众虽然能通过热线电话、读者来信等途径对所接受的信息进行反馈，但反馈的速度以及反馈的效率都是很低的。直到新媒体产生后，互动、双向的传播方式逐渐跃居媒

介生态中的主流。在这样的媒介环境下，“受众”已经不复存在，取而代之的是“用户”或“参众”——“用户”代表新媒体的使用者对媒介的主动使用，“参众”则意味着用户对新媒体及其内容或服务的主动参与，二者都是新媒体双向互动传播方式的结晶。

（二）信息传播的多媒体化

传统媒体在进行信息传播时，所采用的媒体形式多是较为单一的；而新媒体在进行信息传播时则可以对多种媒体形式进行综合运用。比如，电视媒体虽然实现了声像合一，但是无法定格、回放、快进和重播，也不能提供文字和图片内容供受众阅读；而在互联网上，用户既能读、又能听、又能看，可以尽情享受多媒体带来的信息盛宴。在这种情况下，多媒体化便成为信息传播的一个重要趋向。

事实上，除了新媒体，传统媒体的信息传播也呈现出多媒体化趋向。比如，传统媒体在传播内容上，开始注重对媒介符号的综合运用，像是报纸越来越重视对图片的应用及版式的视觉效果；在传播技术上，开始注重利用新兴技术对自身落后的传播方式予以改变，并积极增强自身进行多媒体信息传播的能力。

（三）信息传播的网络化

在新媒体时代，信息传播的网络化主要是通过以下两个方面表现出来的。

1. 网络技术在信息传播过程中的运用越来越广泛

在新媒体崛起后，网络技术在信息传播过程中的运用越来越广泛。在此影响下，整个媒介系统的信息传播方式和价值观念都发生了深刻变化。

具体来说，在当前，各种媒介纷纷与网络技术联姻，信息传播的网络（技术）化倾向日益显现。比如，电视媒体同网络技术的结合形成了多层次的传播互动态势，这其中既包含“电视的网络化”，即传统电视台纷纷“上网”，以客户端、网站、播客等形式创建自己的网络门户，又包含“网络的电视化”，即传统电视在终端设备、互动界面、播出形式等方面结合网络技术，形成诸如数字电视、IPTV 等传统电视“变种”，改变了传统电视原有的单向信息传输方式，转而成为网络化的、双向互动的信息传播模式。此外，网络技术在信息传播过程中的广泛运用，使得媒介系统越来越重视“技术”及其创新，甚至产生了过分崇拜的不良倾向。

2. 信息传播网络的范围得到了很大拓展

人类的信息传播活动从其本质上来说，是呈现出各种信息流动而成的复杂的网状结构。在传统媒体时代，报刊、广播、电视等传统媒体处于这一网状结构的绝对中心位置，广大受众则散落在这一网络的各个角落，处于被支配的绝对弱势地位，建立在这种信息传播体系之上的传播结构是一种辐射式网络。而新媒体崛起后，随着其所具有的全息特性（即网络媒体、移动媒体、互动性电视媒体等不同新媒体形态之间以及新媒体与其他媒介、新媒体与社会系统之间具有的相互依存、相互作用、相互影响的互动关系）让既有的以单个媒介为中心的辐射式网络转变为多元中心的交互式网络结构。需要特别指出的一点是，这种交互式网络所涵盖的范围是十分广泛的，不但包括各种新媒体之间以及新媒体与用户之间的信息交互，还包括新媒体与传统媒体之间、传统媒体之间、传统媒体与受众之间的信息交互，更包括整个媒介系统同经济、政治、文化等各个社会系统之间的互动。

第三节　新媒体环境下广播媒体的转型

以互联网和数字技术为基础的新媒体，以其良好的交互性和消息发布的及时性，使得广播这一传统媒体进行了革命性的转型。在这一过程中，广播媒体始终要对新媒体的市场变化动态进行即时跟踪与研究，并要不断吸收新媒体优势，结合自身业务做出合理的战略调整，以确保自己能够走得更远。

一、新媒体环境下广播媒体转型的原因

互联网技术所引发的传播革命以及新媒体的快速发展，导致广播媒体的生存空间更加狭窄，市场份额也逐渐被蚕食。在这种形势之下，广播媒体必须要进行转型。具体而言，在新媒体环境下，促使广播媒体发生转型的原因主要包括内因和外因两个方面。

（一）新媒体环境下广播媒体转型的内因

在新媒体环境下，导致广播媒体发生转型的内部原因主要有以下两个。

1. 广播媒体的创新受到了政治导向的限制

我国传媒业自诞生以来，始终是作为党和政府方针的宣传手段而存在的，因此我国传媒产业的发展便深受政府部门颁布的各项政策和制度的制约。这就决定了广播媒体在转型的过程中，必须要在考虑市场经济要求、遵守市场规律的同时，高度重视国家的意识形态需求，以确保广播新闻的传播具有正确的导向。广播媒体所特有的政治性功能，不仅大大阻碍了广播产业属性的开发，而且导致广播媒体无法突破既有管理体制的瓶颈，影响了广播媒体的进一步发展与创新。

2. 广播频道内容的重复现象增多

随着广播频率专业化（即在市场内在规律与听众需求的基础上，广播电台按照某个特定频率单位对广播内容进行归类，以充分确保广播新闻的内容和频率风格能够满足新媒体环境下听众的特定需求）的发展，广播节目的市场竞争力得到了一定的增强。但是，广播频率专业化也引发了明显的频道内容重复现象，从而

导致广播电台出现极为尴尬的内部发展困境。

（二）新媒体环境下广播媒体转型的外因

在新媒体环境下，导致广播媒体发生转型的外部原因主要有以下几个。

1. 媒介融合趋势要求广播媒体进行形式与内容的创新

对于传统广播媒体来说，内容无法及时跟进是发展的一个重要制约因素。在当前媒介融合的趋势下，多媒体广播能够更主动地对传播形式与传播内容进行选择，还可以根据具体的传播内容选择更合适的传播渠道，从而促使信息传播的效率大大提升。这就要求传统广播媒体必须对自身的形式与内容进行创新，以不断提高受众对广播媒体的满意度。

2. 新媒体要求广播媒体进行传播途径转型

广播是无形的，它只能依靠声音传播，具有不易保存的特点；广播是以声音传播为主的，在传播时受众往往无法寻找到现成的传播来源，因此广播传播的内容非常有限，而且在信息传递时有一定的时间限制。此外，受众在听取广播信息时，通常不处于专注倾听状态，加之广播声音无法重复播放，因而受众容易在信息接收过程中发生误解；受众在听取广播信息后往往不容易深刻记忆，加之声音信息传递时间长，受众难以在碎片化时间内了解事件的全程。广播及其传播的特点，严重制约了广播媒体在新媒体时代的发展，迫切需要广播媒体进行传播途径的转型。

3. 新媒体的冲击导致广播媒体的收益减少

在新媒体时代，随着新媒体工具的不断出现及其所带来的海量信息、高质互动特色与强时效性，广播媒体受到了严重冲击，出现了受众大量分流的现象。在广播受众分流的情况下，广告商为了获取最大化的利润，在投放广告时往往会更倾向选择消费能力更强的群体市场，即将新媒体或电视等传统媒体作为主要的广告投放场所。如此一来，广播媒体的广告收入便不断降低，其弱势地位愈加凸显，可持续发展也受到了严重阻碍。

二、新媒体环境下广播媒体转型的策略

我国的广播事业自20世纪70年代初期开始起步，其间经历了诸多波折，逐渐获得蓬勃的生命力。但是，随着新媒体的不断出现，广播媒体受到了严重冲击，亟须进行积极转型。具体而言，在新媒体环境下，广播媒体可以采取以下几个有效的策略来促进自身的转型。

（一）积极转变经营理念，开发并抢占听众市场

在新媒体时代，广播行业要想获得可持续发展，必须摒弃传统“大众传播”这一发展理念，并切实树立起“分众化传播”这一发展理念。这是因为，随着资源的日益丰富，听众获得了更多的选择权，继而导致弱势媒体组织的听众大量流失。面对这一情况，广播媒体必须稳定一批忠诚度较高、质量好、中小规模的听众，以保证频道的生存以及组织的日常运作。此外，广播媒体需要通过细化受众来为节目增色，保证传播质量，继而在媒体市场中占据一定的地位。具体来说，广播媒体可通过以下几个途径来实现这一目的。

（1）广播媒体要在对人力资源与媒介资源进行合理利用、对节目进行精准定位的基础上，对分众市场进行有效开发。广播媒体要想制作出高质量的内容，必须以专业化人才以及发达的媒介资源为依托，即广播媒体的从业者要具有专业化的素质、能力以及广阔的人脉等，同时广播媒体要积极地与其他媒体进行有效合作。

（2）广播媒体要在尽可能保留原有用户的基础上，积极开发新的分众市场，并在此基础上实现对原有结构、理念的提升与改良。

（3）广播媒体要在深入了解受众对节目需求的基础上，开发出新的、具有创意的节目来获得更多的受众，继而在媒体市场中占有一席之地。

（4）广播媒体要积极对原有的运行机制进行创新，对原有的组织结构、业务流程等进行再造，以更好地适应媒体市场的发展与变化。

（二）明确自身定位，增强核心竞争力

在当前媒体市场竞争日益激烈的环境下，广播媒体要想切实实现转型，还必须在明确自身定位的基础上，不断增强自身的核心竞争力。具体来说，广播媒体必须清楚自己的角色定位，深刻认识到自身所具有的独特资源，并要对这些独特资源进行数字化转化，实现资源数字化管理、个性化利用；必须积极利用“云技术”，将众多的音频、视频等资源存储在“云端”，实现广播节目点播服务；必须强化广播内容的思想内涵，以观点制胜，即广播的内容应有独特的视角和富有深意的观点，能够正确引导舆论导向；必须注重节目形态的创新，不断优化节目的悦听程度，以迎合越来越广泛的受众口味。

（三）积极利用网络渠道来发展自身

网络的出现，使得世界各地的信息资源都能得到高效率的整合。在当前，越来越多的传播媒体都借助于网络来发展自身，广播媒体也不能置身事外。网络介入广播媒体，打破了广播媒体在不同地区间传播的限制性因素，使其获得了更多的听众。同时，广播媒体通过对网络的运用，可以进一步拓宽自身广播素材的搜集面，也能提升自己的影响力，确保广播活动的涉及面和覆盖范围。相信在未来，广播媒体在充分利用自身强大公信力和内容生产能力的同时，积极借助并发挥网络渠道的优势，可以促使自己不断形成新的生产力。

（四）积极打造播音主持品牌形象

对于听众而言，主持人的声音是其获取信息的唯一途径，而且其在对广播活动或广播节目进行评价时也主要依据的是自己的听觉，因此，主持人自身的形象以及言语等在很大程度上影响着听众对广播媒体的忠诚度。因此，广播媒体需要促使主持人形成自己的个人魅力和个人特色，提高受众对主持人的辨识度和认可度，继而打响主持人的品牌。

需要注意的是，打造主持人的品牌是一个长期的过程，需要广播媒体和广播节目给予主持人一定的发展空间，也需要广播媒体和广播节目注重对主持人的培养。

（五）不断加强与新媒体的有效合作

在新媒体时代，广播媒体要想实现有效转型，必须注重与新媒体的合作。具体而言，广播媒体可通过以下几个途径与新媒体进行合作。

1. 利用新媒体的信息资源来丰富广播信息

新媒体相比传统的广播媒体来说，有着明显的技术与资源优势。不过，对于广播媒体来说，如果能对新媒体的资源优势进行充分利用，就能够获得新的发展机遇。具体来说，就是广播媒体要从新媒体海量的信息库中获取有价值的信息，并注意对这些信息进行核实、补充与整理，最终将这些信息传播给听众，获得听众的认可。

2. 积极利用新媒体的互动资源来提高听众的参与性

在现阶段，社会冲突仍然存在且亟须进行有效解决。面对这一形势，我国需要搭建一个能够满足大众各抒己见、表达利益诉求需要的社会舆论环境，即搭建激发受众广泛参与的平台是当前新媒体发展中的一项重要任务。对于广播媒体来说，其管理机制较为严格，开放性程度不高，因而听众参与广播节目的机会并不多。而在新媒体环境下,广播节目可以利用微信、社交网站、微博等途径来进行制作,进而在听众、频率与节目间构建良好的交流机制,并在节目中体现出大众的各种言论与看法。如此一来,听众参与广播节目的积极性便会大大增加、对节目的接受度和认可度也会不断提高,而广播媒体在社会上的影响力也会进一步提升。

3. 积极利用新媒体的途径资源来扩展广播渠道

广播媒体可以利用新媒体的途径资源,来推动自己广播渠道的扩展。首先,广播媒体可以与移动互联网进行融合,积极发展移动网络广播,这不仅有利于其扩大覆盖范围,也有利于其构建新型的传播机制。其次,广播媒体可以借助于微博等新媒体传播机制来进行视频报道,以使自身具有可视性。

(六)加大宣传力度,提高市场影响力

随着时代的进步和科技的发展,新的传播媒体不断出现,而且单靠某个人或某一类组织的力量便将所有信息都网罗在一起变得越来越不可能。在这样的形势之下,广播媒体要想获得更多的公众支持,必须积极与同行进行竞争。具体而言,广播媒体在不断了解受众需求、提高节目质量的同时,也要注意加大宣传力度,使听众有更多的机会来了解广播媒体和广播节目。如此一来,听众便可能在高强度的听觉轰炸中对广播节目产生兴趣,广播媒体也能进一步提高自己的市场影响力。

这里需要特别指出的一点是,广播媒体在对自身进行宣传时,可以采取开展线下广播活动的形式,如广播节目与广大听众面对面交流、组织听众朋友大聚会、联合商家合作各类营利或非营利的活动等。这类线下的广播活动有广播团队和广大听众参与进来,二者面对面进行细致的交流和沟通,产生感情共鸣,遥远的声音近在耳边,熟悉而又陌生的主持人站在面前,参与者通过线下的接触对广播节目团队有了更深的了解,在以后收听广播时

他们会时时回忆起主持人的形象和动作，主持人的形象变得立体和鲜活起来，更能够对节目产生依赖感和情感共鸣，受众会在情感共鸣中成为节目的铁杆粉丝。此外，广播媒体在组织开展线下活动时需要明确自身的定位，结合自己的长处，关注社会最新动态，关注百姓民生问题，以便在听取群众心声的同时有效地凝聚人民群众，从而创造更好的社会效应。

第四节　新媒体环境下电视媒体的转型

近年来，随着国民经济的蓬勃发展以及互联网行业的迅速崛起，网络视频、手机 App、大数据等一众新兴产业逐渐兴起，新媒体的用户数量也不断增加。在此形势下，电视行业的传播格局产生了诸多变化，也面临发展的瓶颈，亟须进行转型。

一、新媒体环境下电视媒体转型的原因

新媒体环境下，促使电视媒体进行转型的原因主要有以下几个。

（一）电视媒体自身的发展需求

对于电视媒体来说，其革新与转型可以说是始终在进行着，具体表现在以下几个方面：

（1）电视媒体只有不断地通过机制改革来对现有的资源进行全面整合，继而不断地创新电视节目，才能使自身始终具有一批忠诚的观众。

（2）电视频道的数量不断增多，用户在对电视频道进行选择时的自由度越来越高。面对这一情况，电视媒体若不紧跟时代的发展要求以及根据电视观众的需求进行改革与发展，则弱势的电视频道将很快被市场所淘汰。

（3）随着全球化的不断深入，国内外电视媒体的接触也不断增多。应该说，海外电视媒体的冲击、外国电视节目版权的营销以及国内外电视媒体的通力合作，能够促使我国电视媒体不断进行有效的转型发展。但是，这也会削弱中国电视节目的竞争能力和自主创新能力，继而对我国电视媒体的发展带来更大的压力。因此，我国电视媒体进行转型发展是势在必行的。

（4）电视媒体自身存在一些缺陷，需要通过转型来进行弥补。电视媒体的发展从总体上来说是有不少缺陷的，如电视节目具有时长限制；电视节目的制作过程十分复杂；无法满足观众获取两个或多个同时播放的电视节目等，这些都严重制约了电视媒体的进一步发展，急需采取有效的措施进行解决。

（二）电视观众被分流

自20世纪60年代以来，我国电视媒体获得了迅速发展，而且在发展的初期就成为了当时最有效和最丰富的信息资源媒介，深受人们的喜爱。由于电视节目的播出具有一定的时限性，因而在很大程度上影响着人们的生活习惯。但是，随着人们不断增长的个性化需求以及网络视频的出现，人们对电视节目的忠诚度有所下降，逐渐减少了在电视节目方面的时间分配，在网络视频方面投入的时间越来越多。

与此同时，随着互联网的日益普及，优酷、搜狐视频、爱奇艺等视频网站的大规模崛起，也在很大程度上削弱了传统电视行业的优势。这些视频网站通常会通过上传广泛而多样化的电视剧、电影、电视节目等资源，设立会员制等来吸引观众，这其中就包括大批的电视观众。根据中国互联网络信息中心发布的第39次《中国互联网络发展状况统计报告》，2017年网络视频用户规模达5.79亿人，较2016年增加了约6500万。当前，网络视频和视频网站正凭借其得天独厚的竞争优势进一步分流传统电视媒体的受众，使电视媒体的用户关注度不断降低。

总的来说，网络视频和视频网站的出现，使得电视媒体的受众逐渐被分流到视频网站上。这一现象不仅严重地影响了传统电视的收视率，而且严重地制约了电视媒体的广告收入，迫使电视媒体必须积极进行转型寻求进一步发展。

（三）媒体市场竞争日益激烈

在新媒体环境下，不同媒体间的市场竞争越来越激烈。电视媒体要想在激烈的市场竞争中获得一席之地，抢占发展机遇，必须高度重视自身的创新。与此同时，电视媒体的内部也存在着十分激烈的市场竞争，上至中央电视台，下至地方性电视台都是竞争对象。因此，电视媒体要想获得进一步发展，必须加大专业人员的引进力度、从多角度探索与其他媒体的融合与协作等，以不断提升自身的传播效果，并在激烈的市场竞争中占据一席之地。

二、新媒体环境下电视媒体转型的策略

对于电视媒体来说，要想在新媒体环境下切实实现转型，确保自身的可持续发展，可以采取以下几个有效的策略。

（一）高度注重内容资源

电视媒体相比新媒体来说，在渠道、功能等方面并不存在优势，但是优质的内容资源是最大的竞争力。因此，电视媒体在未来的转型过程中，必须高度重视内容资源，即以内容为中心，将内容作为信息传播的关键，努力打造出受观众欢迎的、形式多样的、允许观众参与活动的电视节目，继而形成强大的吸引力。此外，电视媒体在对内容资源进行传播时，要特别注意以下几个方面：

（1）电视媒体要突破电视的单一频道，将节目的传播渠道扩展到各种电子终端设备上。这就要求电视媒体在选取节目内容时，必须充分利用各种终端的网友所发布的信息，采取比较有吸引力的信息资源，将其作为节目的互动话题，以便对受众产生强大的吸引力。

（2）电视媒体在传播内容资源时，必须注意改变内容资源的宣传方式，注重节目内容的内涵化及其生动性、趣味性，以激发受众的感受，提高受众的关注度。

（3）电视媒体要注意对内容资源进行全面整合和深入挖掘，以确保所传播的内容具有较高的价值。

（4）电视媒体要注意实现内容的多渠道和重复利用，将制作的节目进行跨媒体传播，以实现内容资源的最大化利用。

（5）电视媒体要注意构建跨媒体内容数据库，积极为各种新媒体提供其所需要的数据信息资源。这不仅有助于电视媒体与新媒体进行密切的合作，而且有助于提高电视媒体的价值。

（二）积极建立电视品牌

通常来说，每种商品都具有自己的品牌，而消费者对该种商品的使用情况，将逐渐形成这一产品的品牌，消费者对产品的满意程度也决定着品牌影响力的好坏，影响着企业在市场中的竞争力。因此，企业在发展的过程中都十分注重以品牌为竞争核心，积极开展品牌化经营战略，以获得更多的利润。

对于电视媒体来说，其在发展的过程中也需要积极开发自己的品牌，以便能够在激烈的媒体竞争中获得自己的市场，处于领先的地位。如此一来，电视媒体便能获得更多观众和广告商的青睐，继而获得更大的效益。需要注意的是，电视媒体要创立自己的品牌，会经历较长的一段时间，而且电视媒体在创立品牌时可以通过台标、电视节目的版块名称以及电视台的主持人明星化等方面来进行。比如，台标要具有创新性，能够让人引发联想，还能够让人容易识别和记忆，如江苏卫视的台标形状如同荔枝，让人有一种清新的感觉，并且因此很形象地赋予它“荔枝台”这样一个贴合外形的昵称；电视节目的板块名称要切实以内容为基础，并要能够让人们一目了然，便于在网络媒体中进行广泛传播；电视台的主持人应进行明星化发展，以便借助于明星效应，吸引更多的观众关注主持人所主持的节目。

总之，电视媒体在未来的转型发展中，必须要高度重视品牌的建立，以便获得较好的发展前景，获得更多的利润。

（三）坚持“产品为王”

当前，我国电视媒体市场的竞争日益激烈，但电视节目的创新能力却不断降低。不少电视台为了在短期内获得更高的利益，选择了扎堆模仿热门节目的“捷径”，如在江苏卫视的节目《非诚勿扰》获得成功后，其他的电视台纷纷模仿，出现了《情花朵朵开》《爱情保卫战》《转身遇到TA》《完美告白》等类似的婚恋交友类节目，但这些节目在播出后大多因缺少新意和特色，很快便被市场淘汰了；有些电视台收购国外热门节目的版权，但在运作过程中未能有效实现内容的精品化和专业化，因此很容易被其他节目所超越。这就决定了电视媒体在未来的转型发展中，必须注重以产品为王，即以受众对电视节目的需求为依据，积极构建原创性节目，继而全面提升自己的竞争力。

总之，电视媒体在未来的转型发展中，必须不断地摸索与创新节目类型，以便能够成为市场的“宠儿”，获得更多有较高忠诚度的观众。

（四）积极与网络媒体进行融合

在当前，互联网的发展已成为不可逆转的大趋势，因此电视媒体在未来的转型发展过程中，必须积极与网络媒体进行融合。具体而言，电视媒体要高度重视与以下几个网络媒体的融合。

1. 与视频网站进行融合

由于视频网站具有很多电视媒体没有的优势，如资源丰富、节目可以循环播放等，因而电视媒体在未来的发展中要积极与视频网站进行融合。在这一过程中，电视媒体应以自身发展优势为基础进行融合，并要积极构建融合发展战略，利用视频网站的新技术创造新优势，继而推动电视媒体的全面发展。具体来说，就是电视媒体要注重官方视频网的建设,并要采取有效的措施来维护自身所具有的视频网络版权,继而确保自身能够获得更多的观众。

2. 与社交媒体进行融合

微博、微信、社交网站等都属于社交媒体,其在当前的新媒体环境下呈现出蓬勃发展的趋势。因此,与社交媒体进行融合也是电视媒体发展的一个重要方向。对于电视媒体与社交媒体的融合,以下两种模式可以予以借鉴:

(1)构建互联网官方网站。比如,英国电视巨头 BBC 在其官网上大力推广共享理念,允许用户根据自己的想法改造 BBC 官网的页面设置或重新排版网站上提供的新闻内容,甚至构建自己专属的博客。在这种共享理念的传播下,用户向 BBC 输送了大量的影像资源与图片信息,BBC 也成为备受全球用户关注的网站。

(2)与互联网共同合作,构建融媒体平台。美国电视大亨 CNN 积极与社交网络服务网站 Facebook 进行合作,以方便用户点击链接实时上传各种视频信息。

3. 与移动终端进行融合

随着移动互联网的发展以及手机、平板等移动终端的不断升级,移动互联网终端已成为当前互联网飞速发展的一个重要力量,且移动互联网终端的应用占比不断扩大。此外,在当前用智能手机与平板电脑等移动终端观看网络视频的受众数量呈现明显的递增趋势,观看网络视频的时间也有所提升,因此,电视媒体在未来的发展中,也要积极与移动终端进行融合,真正用小而轻的工具满足用户碎片化时间需要,继而获得尽可能多的用户。比如,英国的 BBC、美国的 FOX 电视台、我国的湖南电视台等,为了让更多的用户观看自己的节目,开发了相关的播放器、移动 App 等。

（五）有效调整电视产业的结构

面对新媒体的不断发展扩张，传统电视媒体要想获得进一步发展，必须不断进行产业结构的调整，实施产业链战略，以保证在媒体领域的领先水平。

就当前而言，电视媒体的顺利运行离不开六个产业环节：第一环节是内容的供应商，一般由电视台提供专业的电视媒体内容；第二环节是节目运营商；第三环节是平台运营商，是电视媒体的运营平台；第四环节是节目的受众，是享受电视媒体服务的人群；第五环节是网络运营商，主要提供移动和固定网络资源等；第六环节是终端提供商，主要提供手机、电脑等智能终端设备。这几个产业环节密切相连，便构成了复杂的产业链，从整体来看，产业链的基础和关键仍然是处于最上面的内容提供商，因为整个行业的发展都是围绕提供的内容进行的。而网络运营商则是整个产业链发展规模扩大的关键所在，是运营渠道的主要提供者，也是传统电视媒体融入互联网、形成新媒体发展的必然结果。

深入分析当前我国电视媒体的产业链可以发现，每个环节的主要目的都是创造利益，而我国现在的产业链利益分配却出现了失衡的状态，产业链的利益分配不均衡的现象，在很大程度上导致整个产业链的发展不协调，相互之间的分工合作也出现了问题，无法发挥出原有的整体效应。因此，要想使电视媒体的产业链发挥出整体的效果，提高整体产业链的水平，就要处理好各利益关系之间的利益分配，建立科学的分配机制，实现产业链内部的合作共赢，加快产业链的发展和平衡。

（六）更新电视媒体的盈利模式

在传统的电视媒体中，卖广告和卖电视节目内容一直是其主要的盈利模式。很明显，传统电视媒体的盈利模式是较为单一的。

同时，卖广告这一盈利模式使得不少电视媒体都受制于广告商，不得不延长广告的播放时间，或是强行播放广告等，严重影响了观众的观看体验。因此，这一行为导致不少观众产生了逆反心理，不仅对广告产品有所不满，而且对电视媒体也有诸多情绪。如此一来，电视媒体便流失了不少忠诚观众。

面对这一现实，电视媒体在未来的发展中，必须积极转变自身的盈利模式，即积极打破依赖广告和冠名的模式，努力培养观众付费观看的习惯。不过，这一盈利模式是很难在短时间内实现的。

（七）积极培养、有效管理电视新媒体人才

对于电视媒体来说，其要在新媒体环境下获得进一步发展，必须注重电视新媒体人才的培养。在这一过程中，电视媒体要特别注意人才是否具有专业的电视媒体知识技能；是否能积极关注民生，融入社会中，与时俱进地成为社会的真实传播者；是否能熟练、灵活地运用新媒体中的各种先进设备；是否具备较强的创新意识、充足的服务意识等。

电视媒体在对人才进行培养时，还要做好对人才的管理工作。不合理的人才管理很容易导致人才的流失，继而导致电视媒体的后续发展缺乏动力。就当前来说，我国现在的人才管理方面存在很大的不协调现象，管理机制落后及没有正确的奖惩措施都很容易造成人才的流失。因此，积极探索人才的管理方式，也是电视媒体在未来发展中要予以关注的一个方面。

第五节　新媒体环境下报业的数字化转型

新媒体的出现与发展，在导致报业的市场份额逐渐萎缩的同时，也为报业的发展带来了前所未有的机遇，即促使报业积极进行数字化转型，重视发展数字报业。所谓数字报业，就是“用数字

技术改造和装备传统报业，实现传统报业体制、流程与形态的再造”①。其是一项系统工程，需要扎根于传统报业强大的原创内容的沃土进行发展，最终重塑报纸出版业的行业边界和表现形态，建立起新的数字报业价值链和商业模式。

一、新媒体环境下报业数字化转型的意义

对于传统报业而言，其在新媒体环境下积极进行数字化转型有着十分重要的意义，具体表现在以下几个方面。

（一）能够确保报业媒体的可持续发展

在新媒体环境下，传统报业若是止步不前，很可能会被淘汰。因此，报业媒体要想获得可持续发展，必须积极推动报业的数字化转型。之所以说报业的数字化转型能够促进报业媒体的可持续发展，原因有以下几个：

（1）报业的数字化转型适应了时代的政治环境变化，能够得到党的支持以及民众的用户。

（2）报业的数字化转型适应了经济环境的变化，促使传统报业积极融入经济环境的大潮流，并因此为依据来优化自己的盈利模式。

（3）报业的数字化转型适应了社会环境的变化，即能够使报业的新闻呈现方式不再仅仅是纸质，而是能够通过移动终端及时掌握新闻要点。这有助于报业进一步获得用户的认可和接受。

（4）报业的数字化转型促使报业的用户群体进一步扩大，这其中既包括不断巩固的原有用户群体，也包括从其他的新媒体中抢夺的用户群体。

（5）报业的数字化转型能够进一步扩展报业的市场空间。传统报业的市场空间局限于新闻内容和广告内容的发布，广告作为主要利润来源，主要集中在房产、汽车等行业类型。而传统报业

① 石磊．新媒体概论[M].北京：中国传媒大学出版社，2009：203.

在进行数字化转型之后，可以改良现有的广告投放结构，增加原有的广告类型，以此吸引更多类型的广告投放；同时，数字化带来的市场运作的新思路，为传统报业数字化产品的发行注入了新的思想和理念；甚至，数字化转型之后的传统报业，如有运行良好、丰富的新闻素材和完善的分销渠道，还可以在数字化媒体市场份额中占得一席之地。

（6）报业的数字化转型有助于其与各行各业的企业进行合作。传统报业要想获得可持续发展，必须注重与各行各业的企业进行合作。而数字化转型为传统报业在寻求更多的市场空间的同时提供了新的思路，使得传统报业在数字化相关合作中能适应与其进行结合，有助于传统报业的进一步向前发展。

（7）报业的数字化转型能够促进报业现有资源的优化配置，甚至可以说报业的数字化转型本身就是对原有资源的一种重新划分和整合。而报业资源的优化配置，必然会推动报业媒体的进一步发展。

（二）能够推动报业媒体产业的升级

报业的数字化转型，能够促使传统报业的各环节产业链进行优化重组，从而促使全新、智能的数字化产业链产生，这具体是通过以下两个方面表现出来的：

（1）报业进行数字化转型，不仅仅意味着内容体系和分销渠道的扩张和延伸，而且意味着其自身产业结构的进一步优化与升级。在进行数字化转型的过程中，报业能够以现有的环境背景、国家的方针政策以及自身发展的实际来搭建新的内部组织，而且可以通过对旧的、老化的业务模块的淘汰以及新的、具有市场前景的产业内容的研发，达到合理布局产业链的目的。

（2）传统报业的产品链是由信息收集——新闻出版——新闻发布等环节所构成的。其中，新闻内容的收集和后期加工制作是根据对线索的查找和选择，通过对记者采集回来的新闻素材进行编辑、排版，文字校正，然后编排成册，印刷出厂。而新闻的发布就是产品（报纸）的贩卖过程。从信息流的角度来讲，传统报业一直处于信息流传播过程的上游阶段。而传统报业在进行数字化转型后，将不再处于信息流传播的上流位置，而是变成服务提供商，直接服务于浏览信息的用户。这就要求传统报业必须高度重视产品内容，注意对产品内容进行严格把关；要注意扩充营销模式和渠道，以便获得尽可能多的忠诚受众。

（三）能够扩大报业媒体的社会影响力

传统报业作为舆论发声的出口，其目的并不仅仅是为了盈利，还需要承担起一定的媒体社会责任。因此，在对报业媒体的整体实力进行衡量时，社会影响力是不容忽视的一个因素。而传统报业在进行数字化转型的过程中，社会影响正在逐步加强，因此说报业的数字化转型能够扩大报业媒体的社会影响力。这具体表现在以下几个方面：

（1）报业进行数字化转型，能够改变其在新闻报道上的滞后性，实现“及时发声”。新闻发声的及时性，改变了传统报业对于新闻报道时间滞后性的限制，也改变了传统报业对于空间范围有限的制约，还改变了传统报业对于新闻发布内容的局限性，这对于提升传统报业的社会影响力有着举足轻重的作用。

（2）报业进行数字化转型，能够有效实现新闻报道渠道的丰富化，促使信息在传播的过程中增添活力，通过不同平台进行新闻报道的传播，加深民众对新闻传播的接受程度，提升其在社会中的影响力。

（3）报业进行数字化转型，能够使用户在接触到传统报业媒体推出的电子化产品之后，更直观地对传统报业有更深层次的认识和赞同，从而加深对传统报业品牌的认可，巩固传统报业的品牌地位和社会影响力。

二、新媒体环境下报业数字化转型的实现路径

面对新媒体的不断崛起及其影响力的不断增大，报业必须积极进行数字化转型。具体而言，新媒体环境下报业数字化转型的实现路径主要有以下几个。

（一）要切实树立起数字化转型的理念

对于传统报业来说，要想真正实现数字化转型，必须切实树立起数字化转型的理念。同时，传统报业在树立数字化转型理念的过程中，要特别注意以下两个方面：

（1）要真正摒弃“媒体本位”的传统观念。这里所说的“媒体本位”观念，主要是以媒体为中心，通过单向的方式进行传播，媒体在数据进行收集、加工和传播过程中是垄断的。而在新媒体环境下，如果还一味地坚持以媒体为本位的观点，那么肯定是会被行业的发展所淘汰的。因此，传统报业在发展过程中，必须放弃“媒体本位”的观念。

（2）要切实建立“以用户为中心”的数字化转型理念。传统报业只有切实以用户为中心，把用户的体验和满意程度作为发展重点，才能真正实现传统报业向数字化转型的发展，提高自身的传播效益。

（二）要重视优化内容集成

报业在进行数字化转型时，主要的核心竞争力就是信息的内容。如果信息内容不够科学完整，那么报业的数字化转型是不可能成功的。因此，报业在数字化转型的过程中，必须注重对信息内容的收集和整理，优化资源，让新闻信息更加能够让用户接受和支持。

报业在数字化转型的过程中，还要注意对报业数字转型产品的内容进行重新选择。这是因为，随着社会的不断发展，人们的

工作生活节奏不断加快，压力也不断增加，城市规模也在扩大，这样一来用户使用产品的时间减少，导致报业在发展过程中遇到一些问题。所以报业在数字化转型过程中应该调整内容的结构，来满足用户的需求和习惯。同时必须要不断创新发挥本企业的独特性，借鉴学习先进的技术和优秀的传播方式，取长补短，来推动媒体的发展，从而不断建立健全数字产品的结构，来提高经济的整体效益。

（三）要积极拓展渠道，完善渠道集成

由于传播方式的重要性在不断代替内容的重要性，没有好的传播方式再好的内容也无法传播出去。因此，报业在数字化转型过程中必须重视渠道的拓展与完善。通常而言，报业数字化产品如果有优秀的平台支撑，那么可以利用其来提高曝光度和活跃度，从而让商品占有一定的优势，提高收益，更好地把风险降到最低。因此，报业在数字化转型的过程中必须积极拓展媒介渠道，建立起数字信息综合开发处理平台、数字信息发布平台、数字产品营销平台和数字产品客户服务平台，以平台为纽带创新业务组合，实现数字化生存。

（四）要积极提升内容的质量

对于报业来说，内容生产始终是一项十分重要的内容，而且以传统和信用为基础竭尽全力收集的信息是报纸最大的财富。这就要求报业在进行数字化转型的过程中，必须高度重视内容的生产，不断提升内容的质量以及内容的价值。同时，报业在数字化转型的过程中，要尽可能使自己成为“数字内容提供商”，并向生产、经营、服务、消费领域全面拓展，通过技术装备的现代化、出版载体的现代化、出版内容的数字化，不断推动产业升级，增强在多元传播格局中的影响力和竞争力。

第四章 新媒体新闻传播的方式与特征

新媒体自诞生之后便突破了传统大众传媒的线性传播模式，传播过程由“点对面”的传播转变为以“点对点”的人际传播为主，同时结合大众传播、群体传播等传播形式。本章即对新媒体新闻传播的方式与特征等内容进行简要分析。

第一节 新媒体新闻传播的方式

新媒体新闻传播的方式主要有四种，即大众传播、分众传播、人际传播和群体传播，本节即对这几种传播方式进行简要阐述。

一、大众传播

大众传播是新媒体新闻传播中的重要方式，其中，门户网站的新闻传播是大众传播的一种，其方式比较类似于传统媒体的新闻传播，之所以这样说是因为其具有以下几方面的特点：

（1）门户网站可以对新闻进行议程设置。例如，可以通过把新闻标题设置于网页的上端来强调其重要性，可以通过配图片和配视频的方式强调其重要性，也可以加大加粗标题的字号强调其重要性。另外，还可以设置专版，把相关新闻的所有体裁整合在一起，这种版面的安排和新闻元素的配置，是议程设置的手段，可以像传统媒体一样，影响受众的判断。

（2）门户网站新闻网页中的内容基本都来自传统媒体。因为门户网站要保证自身的影响力和声誉，对新闻的专业性有一定的要求,对发布的新闻有一定程度的把关。门户网站新闻编辑的基本编辑手段是拷贝加粘贴。

虽然门户网站新闻传播的方式与传统媒体新闻传播的方式比较类似,但它也有其显著的特点,主要包括以下几方面:

(1)新闻网页上以标题吸引受众,以超文本的方式供受众阅读。在网站的新闻网页首页上,只有一行行的标题,然后用超链接的方式链接文本。在文本的下方,又会出现多个相关话题的超链接。这样的方式有别于传统媒体的线性阅读方式,可以让读者按需阅读相关信息。

(2)互动性较强。在门户网站的每条新闻的下方,都会设置网民评论的窗口,网民在这一地方可以评论、跟帖等。网民除了看新闻外,还可以看其他网民的评论,并且可以参与讨论。新闻和网民的评论可以结合起来,传播的内容和影响都会随之扩大,所以说其具有互动性非常强的特点。

(3)讲究整合。门户网站非常讲究对各类新闻进行整合,具体来说主要包括以下几方面:

首先,整合不同的传统媒体的新闻。所谓整合不同的传统媒体的新闻,是指新闻网站可以从全国的报纸中选择他们认为有价值的新闻,而不是只专注一家之言。

其次,整合不同体裁的新闻。所谓在专版上整合不同体裁的新闻,是指对于某些网站认为非常重要的新闻,网站会制作专版,把消息和新闻评论、深度报道以及视频报道整合在一起。

再次,整合不同类别的新闻。所谓整合不同类别的新闻是指新闻网站会对新闻进行细分,比如分为国内和国际,分为财经新闻、体育新闻、娱乐新闻、社会新闻,然后把相关的新闻整合到不同的类别下。这种整合同时也是一种细分。

最后,整合多媒体表现形式。所谓整合多媒体表现形式,是指网站可以用多种手段,如文字、图片、音频、视频等综合表现一个新闻事件。

视频网站也是大众传播的一种重要方式,它目前已经成为网络上的主流内容形式。视频网站包括电影、电视剧、电视节目、音乐电视以及网民自己拍摄上传的原创内容等。视频网站在新闻传播中已经占据了重要的地位，这主要表现在以下几个方面：

（1）网民自由上传自拍短片，使自己的所见所闻可以传播到全世界，相比于文字来说，更具真实性、可信性、直观性。

（2）视频网站所具有的分享功能十分强大，网民感兴趣的视频，可以进行病毒式的传播，非常易于造成热门话题，并掀起舆论热潮。

（3）视频网站对电视传播的冲击非常大，它不仅能够覆盖传统电视难以照顾到的信息空位，而且能够提供受众不可能在电视上看到的与主流价值观不合的视频资料，从而引起网民的惊叹和大量围观，甚至会引起舆情的变化。

二、分众传播

分众传播也是新媒体传播的重要方式之一，其中，手机报是其典型的传播形式。

目前，手机已经是一个相当普及的通信工具，由于手机技术的飞速发展，手机逐渐负载了媒体的功能，如手机可以实现文字、图片、音频和视频的多种媒体功能，并且可以实时地进行传播。由于手机用户的迅猛发展，手机媒体的地位也越来越重要，甚至被称为“第五媒体”。手机报作为手机媒体的重要形式，其具有自身的优势及一定的劣势，下面对其进行简要分析。

（一）手机报的优势

手机报的优势主要体现在以下几方面：

（1）由于手机具有便携性，用户可以利用等车、乘车、就餐前后等零散时间阅读短小精悍的手机报，打发时间的同时接收新闻资讯。

（2）手机报的微缩性，使用户在繁忙的生活节奏中，不需要自己去过滤庞杂的新闻信息，可以接收手机报这种已经由编辑过滤好的信息。

（3）手机报可以方便地让用户参与互动。用户可以随时编辑短信，对手机报上的信息进行反馈和评论。

（二）手机报的劣势

除了具有一定的优势外，手机报也具有显著的劣势，概括来说主要包括以下几方面：

（1）手机报上的新闻基本是当天报纸新闻的微缩，一些手机报编辑往往是把报纸新闻报道的导语直接拿过来作为手机报的新闻，这样就使手机报新闻完整性缺失，因为传统媒体新闻报道的导语往往由部分要素构成。所以，手机报目前的新闻编辑水平还有待提升。

（2）手机报上的新闻是快餐式的新闻，缺乏深度。

（3）手机报的图片和音视频，会因为用户手机的质量而影响效果。如果用户的手机像素不高，那么显示出来的图片就会不够清晰，加之手机屏幕大小的限制，所以手机报的阅读效果并不是特别理想。

（4）由于手机报的盈利模式也基本都是从广告收益中获取，所以，手机报不可避免要加上广告。本来手机报的容量就有限，再加上片段的广告，会影响用户的阅读体验。

未来社会，满足读者群体的定向需求，充分发挥手机报的信息定制功能，从用户的个性需求角度出发组织新闻内容，将是手机报比较广阔的发展之路，具体来说可以做到以下几方面：

（1）由于手机用户都是采用实名注册，所以手机报可以根据用户的特点进行定向传播，根据用户的资料细分用户市场，从而从大众传播转向分众传播，这种传播效果会更加有效。

（2）手机报可以制定分类信息供手机用户订阅，例如综合新闻、经济新闻、都市快报、时政要闻等，满足不同用户的个性需求。那么在手机报的盈利上，也可以更加精准定位，为商家更为精确地寻找到目标消费群体,从而使发布的广告信息也容易被用户接受。

三、人际传播

博客、网络聊天等都属于人际传播的范畴。

(一)博客

博客是一种网络日志,是个人发表新闻评论的一种方式。博客在新闻传播中,可以进行一对多的传播,其传播范围是没有限制的,而且有可能进行全球传播。博客有鲜明的个人性,个人可以比较自由地发表对新闻事件的看法或评论,由于博客的个人写作特点,博主可以在博客上对新闻事件尽情地进行深度剖析。由于博客的个人性和分享性,意见领袖很容易产生。意见领袖通常会以博客为阵地,引领部分舆论。除了意见领袖对新闻的强势传播之外,博客中爆出的新闻线索也很容易引来围观和评论,如果这个新闻线索足够吸引大家的眼球,此新闻线索的传播就会非常快。

(二)网络聊天

网络聊天是一种实时交流的传播。聊天时的话题通常会紧跟新闻时事热点,聊天者纷纷发表看法或评论,并且与他人实时交流。在聊天中,新闻传播的速度很快,但是范围不广,仅限于线上聊天者的即时分享,而且话题的转移也非常迅速。话题的发出者一旦没有得到聊天者的呼应就会放弃该话题。如果同时出现几个话题,聊天者只能专注于其中一个话题,才能顺利地进行聊天和讨论,而其他话题就会被舍弃。对某个能够激发群体聊天热情的话题,也会出现热烈的讨论,但是限于谈话总在屏幕上迅速地流动,对新闻事件不可能做深入地分析和评论。而由于话题总是处在转移之中,屏幕上的聊天信息总是处于滚动之中,聊天者很容易忘记自己曾经说了什么或者他人曾经说了什么，且由于聊天的信息相当庞杂大量，聊天者基本没有精力和时间进行聊天记录的回溯。所以聊天在进行新闻传播的时候，容易停留在浅表层次而且极易被忘记。

四、群体传播

论坛、虚拟社区等属于群体传播的范畴。

（一）论坛

论坛作为一个开放式的公共空间，适合传播新闻和探讨公共话题。一个新闻事件可以被作为主题发帖讨论，如果事件备受关注，在发帖和跟帖中，网友都能发布对新闻事件的看法，并且可以实时在线交流讨论，有助于深入地探讨。但也存在一些显而易见的局限。

（1）网络用户在论坛活动时都是匿名的状态，所以他们发言时对自己的言辞不负责任，容易夸大其词，也容易在论坛上对意见不合者进行言语攻击，从而难以保持客观、冷静、理性的新闻传播立场。

（2）谁在论坛活动的时间最久，出现的频率最频繁，发言的时间最多，谁就容易成为论坛的主导者或意见领袖，所以在论坛里经常呈现的场面是所有人都在高谈阔论，喜欢发言的人很多都不具备专业的知识，所以提供的信息并非都是有用的。

（3）由于论坛发帖者众多，有价值的新闻信息有时候会被大量的灌水帖淹没，而失去传播的力量。

（二）虚拟社区

虚拟社区是近几年来比较火爆的网络虚拟社会群体，如微博、贴吧网、开心网等。这些社交网站实行的是通过朋友来找朋友的方法，使网民在这些网站中找到属于自己的社交圈和归属感。在这些社交性网站上,网民们可以有自己的主页,建立朋友群,上传文字、照片、音乐和视频,或者和朋友们一起玩在线游戏。在新闻传播方面,除了通过写日记和记录来发布信息之外,这些网站还开发了转帖功能,通过好友的转发来传播某个热点新闻事件。由于社交网站上朋友圈相对来说比较稳定,所以对新闻热点事件的转发也容易得到跟随和响应。通过这样的群体传播,新闻事件的传播速度也是相当快的。但是,也由于朋友圈的相对独立和稳定性,在这样的虚拟社区,要形成比较大规模的群体行动也较困难。

第二节　新媒体的传播特性与传播优势

一、新媒体的传播特性

从信息传播的角度,与传统媒体相比,新媒体的传播特性主要表现在以下几方面。

(一)即时性

在信息的传播过程中,如果通过传统大众媒体进行传播,信息需要把关、审核,然后将信息转化为文字、图片、影像等制作成媒体内容。不同的媒体内容还需要通过不同的渠道进行发行,并且媒体内容一旦确定就很难改变。很多的环节导致了信息从采集到传播的过程十分漫长,信息的传播往往滞后,无法满足受众需求。在信息反馈方面,传统的反馈方式也是需要较多的时间进行处理,通过很多环节才能到达传播者。而新媒体缩短了信息传播从发送者到接受者的时间距离,甚至实现了信息的“零时间”传播,即在信息发送的同时就可以接受到信息,两者之间几乎没有差异。已发送的信息也可以即时地进行更新和扩展,所有反馈的信息也可以通过以互联网为基础的各种新媒体进行即时传播,从而形成了信息传播的即时互动，使信息交互传播突破时间限制。由此可见，新媒体具有传播的即时性特点。

（二）广泛性

新媒体以互联网为信息传播的载体，其所能提供的海量信息是传统媒体无法比的。由于互联网信息传播采取无限超链接技术，信息的载体再没有界限或者篇幅的限制。任何的信息，无论是新闻传播、知识传播、人际交流，还是商业信息传播，从理论上说都可以在互联网这个平台上无限传播下去。因此，无论从信息传播的广度和深度等任何角度来看，新媒体都远远胜过了传统媒体。所以说，新媒体具有传播内容广泛性的特点。

（三）交互性

新媒体不再只是传播者对受众的单向传播，两者之间的信息交流是双向和互动的，传播者可以是受众，而受众也可以是传播者，即传受一体性。另外，信息传播内容和形式不再是单方面的控制，每一个参与者都可以对信息传播发挥一定程度的控制，这样使得传播过程更加平等和公正。专业的信息采集和编辑技术变得可以让每一个人都能学会，人们可以利用这些技术制作出图片、文字、影像、动画等来传播信息。这些信息被传送到互联网的平台上，通过一定的渠道进行传播，这些传播并不需要太多的成本和资源。

（四）高度共享性

高度共享性是新媒体的一个重要特点，集中体现在网络媒体方面。随着网络的扩张，大众传媒在塑造价值观念、强化公众意识、反映和引导社会舆论等诸多方面发挥着巨大的作用。

（五）超时空性

以互联网为基础的网络新媒体的出现不仅扩大了信息传播

范围，而且实现了跨越时空的信息覆盖。也就是说，在任何时候，在任何地点，对于任何人来说，都可以获取别人能够获得的任何信息。这种信息的获取方式不会因为时间的变化或者地点的变更而发生改变。互联网信息传播的出现从技术上解决了信息无处不到的问题。

（六）多媒体性

在新媒体时代，无论动态、静态信息，还是文字、声音、图像信息，都可以在计算机网络上传播，实现了在一个传播载体上的多媒体传播。一个媒介作品可以是利用各种软件形成的文本、图片、声音、影视而组成，也可以制作出逼真的虚拟信息进行传播。新媒体同时创造了在同一平台上的多种传播方式。在计算机互联网平台上，各种信息不仅可以通过门户网站进行传播，还可以通过博客、社区、微博、即时通信、电子邮件等进行传播，传播渠道大大增加。

（七）平等性

普通人能够实时实地利用随手可得的新媒体打造自己的传播平台，探讨自己设置的议题，并交流自己的观点，发布自己的声音。在进行信息交流的时候，没有任何一方比另一方更高贵，自以为掌握控制权的一方如果一意孤行往往会遭到多数人反对，最后失去话语权。

二、新媒体的传播优势

与传统媒体相比，新媒体的传播具有显著的优势，概括来说主要包括以下几方面。

（一）速度快

新媒体比以往任何媒体在传播速度上都要快得多。新媒体缩短了信息传播时间，甚至实现了信息的“零时间”传播。在信息的传播过程中，如果通过传统大众媒体进行传播，信息的逐级审核，信息转化为文字、图片、影视等表现形式，报纸、电视新闻等的制作发行，各个环节都会延长信息的传播时间，使信息呈现出滞后的情况。在信息反馈方面，以书信、电话等传统手段进行反馈，反馈信息的获知也往往是延迟的。但通过互联网、手机等新媒体，任何信息只需要经过简单的处理和加工，就能迅速地进行传播和扩散，甚至可以说，信息获取时间和传播时间可以同时进行。利用新媒体，任何信息可以在极短的时间内传至任何一部联网的信息终端。即时通信服务完全消除了交流双方之间在时间上的间隔，使信息交互传播突破了时间限制。

（二）信息传播量大

新媒体信息传播集中了大量的信息，联结了无数个庞大的数据库。从总体上看，网络媒体可供利用的信息是“源源不断”和充分的。新媒体网络没有时间和空间的限制，限制新媒体的容量的因素仅仅是计算机的存储空间和网络的带宽，这两者都很容易千万倍地扩大。理论上讲，只要满足计算条件，一个新媒体平台即可满足全世界的信息存储需要。

除了大容量之外，新媒体还有“易检索性”的特点：新媒体可以随时存储内容，无论你在哪个新闻网站阅读新闻，你所看到的相关信息链接都是非常丰富的。

第三节　新媒体新闻传播中传统媒体的角色和作用

目前，新媒体传播虽然凸显出了强大的力量，但其仍然存在一定的局限性，有待突破，在此情况下，传统媒体在新媒体新闻传播中的角色和作用是值得重视的。综合新媒体新闻传播的过程和态势，传统媒体在其传播过程中主要扮演以下角色。

一、母体

由于国家有相关的规定，网站没有采访权，所以网络新闻基本没有原创内容，网站的编辑可以修改标题，整合内容，但是其内容来自传统媒体的采访和报道。传统媒体在新媒体新闻的传播过程中，像一个庞大的母体，提供了丰富的信息源泉。例如手机报从目前的发展情况来看，它只是利用手机作为平台，对报纸上的原创内容进行精简压缩整合的微型报纸。再比如网络社区的群体传播，传统媒体上发布的信息内容，会通过社区成员的发帖讨论成为热点话题。

二、催化剂或放大器

新媒体新闻的传播过程中有一部分新闻信息的发布者和传播者是草根网民，传统媒体在这部分新闻传播的过程中失去了传播主体的地位，此时，传统媒体在这部分信息传播过程中处于一个中间介入的位置，先由信息源头通过新媒体发布传播到接受者，然后传统媒体介入，起到一个催化和放大的作用，然后传达到受众，再进入新媒体传播的这样一个循环传播模式。在这样一个传播模式中，传统媒体变成了一个传播链条中的节点。究其原因主要包括两个方面：

（1）传统媒体的议程设置能够强化受众对其传播信息的认识。

（2）传统媒体仍然是广大受众最信任的媒体，传统媒体接收到新媒体的信源并予以验证探析，更能强化受众传播此信息的信心和热情。

三、掌舵人

网民的自传播还存在相当多的局限。例如，在新媒体新闻事件的传播中，网民以狂欢的态势传播新闻，焦点容易转移，太多的非理性因素。当众声喧哗，莫衷一是，事件从高潮逐渐衰减却还没有一个主导方向的时候，这说明网民的力量，这种底层的传播并没有起到决定事件发展方向的作用，很多网民会感到疲惫和迷茫。在这个时候，传统媒体利用议程设置，就能比较轻易地扭转传统媒体作为事件传播的催化剂的地位，从而左右事件发展的方向，影响舆论。

作为网民活动空间的新媒体，其在公共领域的作用长于促进参与和辩论，弱于引导，对传播方向和内容的控制力很容易丧失，且商业利益至上，以吸引眼球为目的。从这一点来说，至少在目前，网民在新媒体空间策划时日持久的集体行为是较难实现的，这给主流媒体留下了施展传播策略的空间。主流媒体能更专业更理性地实践传播理论，主流媒体不仅可以在传统媒体上实施议程设置，也可以通过新媒体，例如开通官方实名微博设置议题的方式来进行议程设置，从而引导舆论，控制媒体事件的发展。

四、把关者

所有的信息都需要把关人，没有把关人，就会谣言四起，假的信息会泛滥成灾，而真的信息却又容易让人觉得真假莫辨，心生疑窦，久而久之，信息的真实性会损害媒体的生命力。所以新媒体也需要把关人，这个把关人需要由专业资质和水准的传统媒体来承担。但新媒体的把关人与传播媒体相比具有显著的区别，这主要表现在以下两方面：

（1）把关的范围不同。传统媒体在本媒体所有的信息发布之前都要进行把关，而对于新媒体新闻，量多且驳杂，限于时间、人力、物力，传统媒体不可能全部进行把关。传统媒体只能把关一部分信息，而这部分信息，一定是热点信息，引起的关注最多，产生的影响最大。传统媒体主要对这类信息进行把关。

（2）传统媒体不可能在新媒体信息发布之前把关，但是可以在新媒体信息发布之后并且引起众多关注之后进行把关。这是由新媒体的特性决定的，但也是必不可少的。虽然时间上滞后，但是并不等于不需要或不必要。

第四节　新媒体传播的主体构成

一、主权国家

（一）新媒体与传播控制

新媒体的出现及其在国际传播领域中的广泛应用，使得过去的管控模式发生了变化，主权国家的地位弱化，而国际组织、公民个体在传播中的地位上升。但这并未改变国家的主体地位，而更多地体现为发达国家从制度和意识形态上约束国际化的本国新媒体组织，并通过后者间接推行其国际传播战略。这种间接控制方式的“非政治化”伪装，配合信息自由流动话语的合法化，使得弱势国家在维护本国信息主权、限制外来信息方面受到更多限制。福特纳就认为，“将信息提供给无法得到信息的人，也是实行社会控制的一种手段”①。另外，新媒体全面覆盖、深度渗透的特征使得外国信息能够直接抵达目标国受众个体并产生影响。在传统媒体时代，单向灌输的传播模式使得他国受众处于倾听与被告知的状态，参与感低而距离感强。新媒体时代的交互性使得他国受众也可以通过这一平台发布自己的消息，从而产生更强烈的参与感与认同感，忽视貌似中立的新媒体平台背后的控制力量。南方国家国内制度建设的不足又放大了新媒体在传播上的不可控性，使发达国家通过新媒体渠道进行传播更为简便。

① 罗伯特·福特纳．国际传播：全球都市的历史、冲突及控制[M]．刘利群，等译．北京：华夏出版社，2000：28.

（二）新媒体与话语霸权博弈

新媒体带来的传播便利是不容置疑的，在渠道过剩的情况下，知识成为决定国际博弈胜负的关键。根植于强大的知识生产能力和创新能力，西方国家拥有稳固的话语霸权，可以用对自己有利的方式解读事实和观念，有选择性地进行诠释。新媒体带来的畅通的传播渠道使得这些话语的扩散更为广泛，相较于传统媒体，新媒体是推行知识垄断的更好的工具。而且在基础设施建设上，这种传播方式也是不平等的。实际上，更先进的社会信息机制需要更高的社会成本支撑，而大部分发展中国家受限于经济实力而不具备完善的新媒体设施，对西方企业存在严重的技术依赖。但是，新媒体毕竟极大地拓宽了传播渠道，欠发达国家也有机会利用这一新兴的传播方式改善自己在国际传播中的不利处境。为了达到这个目标，发展中国家应做到三点：

（1）学会利用发达国家的媒体发出自己的声音。

（2）加紧建设自己的新媒体国际传播体系。

（3）最重要和最根本的一点，是加强自己的知识生产能力建设，在知识的基础上，通过媒体传播打破西方的“知识垄断”。

（三）新媒体与虚拟地缘政治

新媒体的传播把传播的构建能力扩展到社会的细微缝隙之中，形成了强有力的冲击力。文化人类学研究突出了世界上文化存在的多样性，不同民族的不同选择形成了不同的文化价值观。由于存在着文化多元性和不同的文化模式，必须采用本土化策略来进行全球化跨文化传播。伴随着文化和信息的产业化过程，跨文化传播与文化产业整合在一起，形成了借助文化信息产业来实施地缘经济与政治利益的文化地缘政治。而这种文化地缘政治又与国际政治的演变密不可分。

在全球化背景下，传统的国际政治由“现实政治”转向了“媒介政治”“心灵政治”“赛博政治”以及“网络政治”。在符号、文字、纸质和电质等传播媒介的演变过程中，每一种新媒介的出现都改变了人们的生存方式以及对世界的认识，更使国际政治权力具有新的形式与特征。传播不仅是社会的建构，更是政治的、文化的建构。对于新媒体而言，它既是一种新兴产业，成为国家的经济增长点，同时又成了一种政治工具。作为产业，其形态、内容及传播力水平体现了一个国家在社会、经济、文化等方面的发展潜力，势必成为国家发展的支柱性产业。作为政治工具，新媒体发挥的作用更多地体现于传播的建构层面。新媒体传播的一个重要作用就是把不同的建构投射于最细微的社会缝隙，可以说，新媒体的发展与分布程度决定了民族国家在传播世界体系中的位置。“文化地缘政治”成了在全球化传播语境中描绘国家间博弈的更具说服力的概念：以建构地理位置分散或聚集为形式、以成员共享文化价值观为内容、以政治效果（国内的或国际的）为目的的影响施加机制。而新媒体正是这种地缘政治借以发挥作用的最有效的工具。从长远来看，新媒体网络传播虽然具有消解民族国家物理边界的趋势，但国家间政治并不因此而消失，而将以新的形式出现于网络之中。

二、国际组织

在新媒体强劲崛起的浪潮中，国际组织也迅速跟上了新媒体变革的步伐，依托新媒体平台实现了自身传播效力的扩张和提升。无论是政府间国际组织，还是国际非政府组织，在谋求实现全球范围内的协同合作，以更好地解决全球性或区域性的政治、经济、文化、环境等全人类共同面对的问题时，都不能回避其自身传播影响力的问题，即如何通过有效传播在更大范围内更深远地将组织的诉求传递给组织成员及相关目标群体。在传统媒体时代，国际组织的行动往往基于跨越国境的国际信息流动，而国际信息流动又受制于主权国家的出境、入境信息控制的政策管制，因此国际信息自由流通总是受到阻碍，国际组织的传播效果也不是很好。而随着新媒体应用技术的发展和普及，传统的信息传播效力得到了质的提升，特别是基于全球互联网进行的信息流动使得跨越国境的国际信息流通成为可能，而国际组织也因此拥有了在国际范围内更高效和更大范围地进行诉求、推广主张和做出行为的平台。

联合国是当今全球最大的、最具代表性的、拥有最多社会职能的政府间国际组织。它就是积极应对新媒体带来的传播变革而实现了自身影响力的进一步扩大。[①]联合国建立的官方机构网站通过六种语言向世界宣扬其维护和平和促进发展的宗旨；其开设的多媒体新闻频道能让全世界网民跨越疆域限制，及时地了解联合国的行动，其网络直播功能使人们能够即时直观地了解联合国的重大决议决策的发布。而随着社交网站和微博等新媒体形式的爆炸式普及，联合国也积极结合此类新媒体应用，使更多的网民能够更为迅捷地听到来自联合国的声音，如发布联合国信息的联合国电台已经开通了Facebook及Twitter，联合国网站中的资讯可以通过一键式分享的形式发布到用户所加入的社交网站，从而吸引更多的人来关注联合国。此外，联合国下设机构更是积极地利用新媒体平台来传播自己的声音。

欧盟作为最具代表性的区域性政府间国际组织，也非常重视其在新媒体时代的战略发展。在信息传播方面，欧盟强调打破国境边界、协调行动，从而增强欧洲信息文化产品在全球范围内的影响力，因而，欧盟委员会制定了大量指令和规则来规范欧盟内的信息传播行为。在新媒体时代，欧盟更是凭借新媒体平台加强欧盟政治文化的传播，提升欧盟在国际传播中的影响力，并通过对既有信息政策的基于新媒体新特点的修订，来保障新媒体在欧盟范围内的更有效发展。

与政府间国际组织相比，国际非政府组织往往处于一种边缘

① 关世杰．国际传播学[M].北京：北京大学出版社，2004：408.

和弱势的地位，其诉求的推广和行动的展开不具备强制力和约束力，而仅仅依靠成员对共同关注议题的价值共识。因而，如何更好地传播非政府组织的价值观和理念，寻求更广泛的认同和参与，对于非政府组织而言意义重大。新媒体传播具有迅捷性、广泛性、灵活性，非政府组织可以更容易有效地进行跨越国界的信息传播，能够更大范围地推广、宣扬自身的诉求。特别是对于涉及某些敏感议题的非政府组织而言，灵活多变的新媒体传播有利于突破一定程度的信息管控和封锁，从而使得相关议题的讨论能够得到继续和推广，并对议题涉及问题的解决起到推进作用。国际非政府组织的新媒体传播主要通过组织官方网站的推广以及联合社交网站、微博等丰富的新媒体形式。

三、传统媒体

（一）印刷媒体的新媒体化

目前，技术的发展使人们获得信息的渠道更加广泛，尤其是网络的出现，信息承载量大、时效性强、传播速度快等特点使其当之无愧地成为时下年轻人信息渠道的首选，而传统印刷媒体在新媒体的冲击下，则显得有些过时，无法迎合受众需求。传统印刷媒体为了摆脱新媒体发展所带来的困境，面对受众群体的多元化、分散化、碎片化和个人化趋势的压力，同时又要进一步提高企业的利润、扩大企业的品牌知名度、增加信息传递和影响力的辐射范围，与新媒体融合、采用多种传播形式覆盖更多受众，便成了不可回避的途径。于是，出版社开始做电子书，开展线上阅读、手持阅读。杂志和报纸也纷纷把阵地搬上网络，制作自己的网站。

传统印刷媒体目前需要实现的就是由单一媒体向综合性媒体、由立足本土到面向国际、由传统媒体向现代媒体的转变。积极地与新媒体进行融合，利用新媒体具有的优势促进自身发展，已经是传统印刷媒体维持自身生命力的普遍做法。正如广播、电影、电视等出现之后，印刷界面对分化后的市场必须重新定位一样，如今的传统印刷媒体又迎来了一次挑战和机遇。

（二）电子媒体的新媒体化

以广播媒体和电视媒体为代表的电子媒体在新媒体时代到来之时，也纷纷制定新的发展战略，以求在新一轮媒介变革中取得有利地位。具体的做法是，力求实现“三个转变”：传统媒体向现代媒体的转变；单一媒体向综合媒体的转变；对外广播（对外宣传）向国际传播的转变。

电视媒体，如英国BBC利用数字转换技术进行了广播电视的产业调整，使所有的频道和频率都实现数字化，以便为用户提供交互式、网络化的集成平台。再如美国CNN（有线电视新闻网）设立的一个公民新闻网站，它鼓励人们提供新闻内容，用户还可以投票选择新闻故事。许多大型跨国媒介集团旗下的电视媒体更是通过制定新战略、应用新技术、整合新平台，获得了巨大的收益。

广播媒体的新媒体实践也引人注目。世界主要国际广播媒体争相开辟互联网平台进行广播，将传统的短波国际广播扩展为无地域限制的互联网。包括BBC、美国之音、法国国际广播电台、俄国之声、日本NHK等国际广播电台都先后开设了多语种网站，向用户提供文字、图片、音频、视频等多方式的资讯服务。值得一提的是，英国BBC还为用户提供互联网下载广播节目的服务。

（三）通讯社的新媒体化

从1835年第一家成功的通讯社——法国的哈瓦斯社创办至今，通讯社已经有180多年的历史。在这一百多年的历程中，通讯社总是不惜代价，更新设备，采用最新的传播手段。每一次新手段的采用，都使通讯社业务发展产生一次飞跃。然而近年来，随着以计算机和互联网为核心的信息传播技术的迅猛发展以及全球化所带来的政治、经济与社会的融合，通讯社受到新闻业竞争及互联网技术的双重冲击，其发展面临前所未有的挑战。

首先，通讯社所采用的“一对多”的发稿模式使得其提供的内容趋于“标准化”，与媒体用户越来越多的对个性化服务的追求相矛盾。为保证自身特色，很多媒体对通讯社电讯稿的采用大大减少，更多的是选择自采稿件。

其次，随着信息传播技术的发展，不断涌现的新型媒体使得通讯社原有的独特优势弱化甚至丧失。电视在新闻事件发生的同时进行现场直播，打破了通讯社新闻采集所谓的“快”；网络上每天不间断更新的新闻信息使通讯社新闻提供“全”的优势不复存在。

虽然网络信息具有容量大、形态多样、迅速及时、可在全球传播和自由互动等特点，但也很容易泥沙俱下，往往呈现泛滥、无序和不稳定的状态。通讯社还拥有明显的优势：新闻原创性、公信力和专业水准。因此，技术发展为通讯社带来挑战的同时，也为媒介产品的多媒体化提供了可能。通讯社所提供的新闻内容从文字新闻、图片新闻到图表、音视频，再到集图文与音视频为一体的 multi-media product，都很好地适应了网络时代人类信息沟通方式的变化。因此，通讯社要牢牢把握其在国际新闻领域的优势地位，以在“全媒体”时代站稳脚跟。

四、新媒体机构

在新媒体技术的浪潮中，产生了一系列新媒体形态的组织机构，如雅虎、苹果、MySpace、Facebook 等。这些新媒体组织机构在将新媒体技术进行全球传播的同时，也开始了自己的跨国经营与国际传播。通过采取本土化战略、联合经营战略、多元化战略等，新媒体组织机构积极地进行海外扩张，抢占国际市场。除此之外，新媒体也为个人传播提供了创新平台。概括来说，新媒体组织机构的自传播主要表现在以下三个方面。

（一）国际扩张与本土化战略

雅虎网站在日本的成功很大程度上便得益于本土化战略。为了进军日本市场，雅虎采取了“完全日本化”的战略，从产品设计到业务开发，均符合日本网民以及市场的需求。例如，设计深受日本网民青睐的信息密集的首页，建立雅虎日本视频、社交网站 Yahoo Days、娱乐新闻网站 Netallica，提供仅适用于日本的无线应用软件，开设网络银行业务等。此外，雅虎日本通过并购或收购的方式，整合众多本土的广告公司、信息处理公司、市场研究公司以及地图软件制造商等。

（二）合纵联盟

互联网的跨时空性、平台性、互动性等特征使得信息的流动变得无边届，基于互联网这一平台而产生的网络新媒体则乘着互联网高速发展的东风和无边界的特性，在全球扩展和全球传播的道路上高歌猛进。今天网络技术的发展已远远超越了人们的想象，Web2.0 时代的新媒体则表现出了更加强烈的全球“扩张欲”。在新媒体全球扩张的大趋势下，面临着来自全球市场的竞争压力，除了愈发地倾向于本土化外，还有一个趋势愈发成为很多新媒体公司的选择——广泛合作，结成战略联盟，实现与合作伙伴的共赢。如 2010 年 2 月 19 日，美国司法部同意了微软与雅虎公司的交易——收购雅虎的互联网搜索业务，并且结为搜索联盟。

合纵联盟能够使参与其中的新媒体组织分享彼此的资源优势，从而巩固自身在竞争激烈的新媒体市场中的地位，扩大市场份额，期望达到 1+1 ＞ 2 的效果。

（三）技术无边界与市场无边界

在新媒体集团国际化的进程中，尽管本土化和战略联盟策略强有力地推动了企业的迅速成长，但开发新技术产品以及改善服务质量才是提高集团自身核心竞争力的根本所在。互联网的“无国界性”,使得新媒体产品拥有可以直接到达全世界用户的先天优势,任何资源都可以为全球共享。新媒体组织机构就基于网络优势,将自己的触角积极地伸向新市场和新领域。通过这种商业活动,新媒体集团不仅可以整合全球资源,开发更优质的产品,还可以获得丰厚的利润,扩大自身的影响力。

广泛参与新市场竞争,扩展经营领域,开发能被全世界受众普遍接受的产品,已成为新媒体公司走向国际化,实现无边界发展的重要战略。未来新媒体公司已经完全主宰网络空间和虚拟世界,正大刀阔斧地走向与传统媒体融合的时代,报纸、广播、电视、互联网和手机的互融互通,将带给新媒体一个千载难逢的发展契机。

五、个人

在新媒体时代,国际传播行为无论从形式到内容都发生了根本性的变化,而一个不容忽视的重要变化就是传播主体的改变。国际传播主体是国际传播信息内容的发出者,是对国际传播过程产生直接影响的重要因素。随着新媒体时代的到来,国际传播主体的发展也从一元化向多元化过渡。而这些年来,随着国际交流的频繁以及互联网的兴起和广泛使用,个人正在成为影响国际传播的越来越重要的因素。

互联网的出现,打破了以往“传播者为中心”的传播模式,使国际传播中的传受关系发生了根本性的改变,形成一种交互式传播。在新媒体技术的支持下,接收信息者同时可以传播信息,“传者”与“受者”的界定越来越模糊。而新媒体使用的低成本和低难度又降低了传播准入的门槛。拥有网络终端产品的个人,其所在国家只要接入国际互联端口,就可以参与国际传播了。

个人主要是利用网络论坛、BBS、博客、播客、社交网站、网络视频和网络手机等进行国际传播的。例如,著名的国际性社交网站 Facebook 就有一个相当庞大的用户群，来自不同国家的注册用户可以相互交流、传播信息。

客观来说，个人成为国际传播的主体之一，意义非常重大。获知信息的渠道大大增加了，听到了更多来自非传统媒体的声音，更重要的是，公民的主体意识、参与意识越来越强了。在“舆论同化”现象依然盛行的国际环境下，网络时代的到来，给世界舆论的多样化提供了契机。个人的国际传播力已经不可小觑，甚至已经成为影响国际舆论的一个重要因素。

第五章　新媒体传播内容的生产与编辑

新媒体与传统媒体相比,最大的不同便是信息的无限丰富性。但是,新媒体所拥有的这些无限丰富的信息,在绝大多数情况下都处于一种失衡状态,从而导致人们在选择信息时很容易出现混乱。为了尽可能减少这一现象的发生,很有必要对纷繁芜杂的新媒体传播内容进行生产与编辑。

第一节　网络新闻稿件的判断与选择

客观世界每时每刻都在发生大量事实,但这些事实并未都通过新闻媒体传递给观众,绝大多数事实在传递给受众之前已被过滤掉了。这一过滤的过程,就是新闻判断与选择的过程。由于网络新闻稿件的判断与选择是网络新闻编辑的重要内容,在很大程度上决定着网络新闻的质量,因为对于网站来说必须做好网络新闻稿件的判断与选择工作。

一、网络新闻稿件的判断

在一般情况下,网络媒体每天面对的稿件量是十分巨大的,而且这些稿件的来源是极为多样化的。网络新闻编辑要将这些稿件中有重点、有价值的挑选出来,必须提前制定对网络新闻稿件进行判断的准则。具体而言,对网络新闻稿件进行判断的准则有以下几个。

（一）国家的法律、法规

在对网络新闻稿件的内容与价值进行判断时，国家的法律、法规是最根本的一个判断准则。也就是说，任何一篇网络新闻稿件中都不能出现危害党、国家和人民的安全与利益，破坏国家统一、民族团结和社会稳定，泄露国家秘密，涉及煽动、诽谤、侮辱、造谣、教唆犯罪、传播淫秽、侵犯隐私权等的内容。一旦网络新闻稿件中出现这样的内容，网络新闻编辑必须毫不犹豫地将其剔除，以免导致无法挽回的后果。

网络新闻稿件的来源是极为多样化的，网络新闻编辑在对其进行判断时，必须把握好国家的法律、法规这一重要准则，慎重进行筛选。特别是在审查网民创造的内容时，更要高度重视，因为网民没有经过专业的写作训练，没有条条框框约束，再加上对于国家法律、法规、政策等的了解不够深入，因而很容易出现一些不该出现的问题。

（二）新闻价值规律

网络新闻稿件首先是新闻稿件，因此网络新闻编辑在对网络新闻稿件进行判断时，必须遵循新闻价值规律，即根据新闻价值要素对网络新闻稿件进行判断，通常来说要素越丰富价值就越大。具体而言，新闻价值要素主要由以下几方面构成。

1. 重要性

新闻价值的重要性主要是通过两个方面表现出来的：一方面是新闻事实在客观上对受众的影响程度以及受影响受众的数量；另一方面是新闻事实对社会生活的影响程度、影响范围、影响时间等。网络新闻编辑在进行选稿特别是二次选稿时，必须要切实重视新闻事实的重要性。

2. 时新性

时新性指的是新闻事件是新近发生的，内容是人们并不了解的,发生后以最快的速度被新闻报道出去。通常来说,新闻事实的发生与公开报道之间存在一定的时间差,这些时间差越短,就能保证新闻事实有越高的价值;新闻内容在公开报道之前被越少的人知道,报道后就越能引起人们的注意,其所具有的新闻价值也就越高。

3. 趣味性

随着生活节奏的加快、生活压力的增大,人们在浏览信息时也越来越注重寻求娱乐、放松思想。在网络新闻排行榜中,趣味性新闻一般都是网民浏览量较高的新闻。可见,新闻的趣味性越来越受到人们的重视。虽然说趣味性新闻在某种程度上满足了受众的要求,但是趣味性并不意味着煽情和低俗性。因此,网络新闻编辑在刊登趣味性新闻时,一定要把握好尺度。

4. 显著性

这一新闻价值要素主要是针对新闻报道客体来说的,即新闻客体在社会生活中的地位与知名度越高,在社会上产生的影响力越大,新闻价值就越大。过去,传统媒体将显著性主要定位为领袖人物、社会精英和重大、突发社会事件,但在网络新闻的报道中,显著性的范围得到了进一步扩展,不仅涵盖前者,还包括网络草根、意见领袖、民生新闻和对社会产生很大反响的社会新闻。

5. 接近性

这一新闻价值要素主要表现为新闻事实与新闻受众的内在关联性。通常来说,新闻事实与受众的距离(既包括地理上的距离,也包括心理、职业等方面的距离)成反比,即新闻事实与受众的距离越近,新闻价值越大,反之则越小。

(三)网络传播规律

网络新闻编辑在判断网络新闻稿件时,网络传播规律也是必须要遵守的一项重要准则。具体而言,网络传播规律主要有以下几个。

1. 真实性

新闻的生命从根本上来说就是真实，非真实的新闻传播可能会造成严重的后果，因此不论是传统媒体还是网络媒体，真实性都是其必须要遵循的一个基本新闻传播规律。这里所说的事实，包括信息中涉及的事物是客观存在的，信息的各个要素都是真实的。

网络使得新闻发生与传播所间隔的时间越来越短，在这一情况之下，网络新闻编辑几乎没有时间对新闻的真实性进行核对。当所传播的新闻是虚假的时，其很容易造成广泛的社会危害和恶劣的社会影响。因此，网络新闻编辑在采用稿件时一定要高度重视新闻的真实性，对新闻进行严格把关。

2. 权威性

在面对重大事件发生时，网络新闻信息几乎会呈现井喷式爆发的现象。面对来自方方面面的信息，网络编辑在选稿时会无所适从，选择权威媒体、权威来源、权威人士的文章、稿件、言论可以帮助编辑提高选稿效率，减少对新闻价值的误判。

3. 时效性

时新性是传统媒体在判断新闻稿件时特别强调的一个方面，而网络媒体在判断新闻稿件时更为注重的是时效性。为此，网络新闻编辑首先要建立抢发新闻的意识，尽量做到即时监控通讯社发稿、外电外报稿件，实时关注论坛、博客和微博的新闻稿件。在选稿上，既要选择最新发布的、新闻事实发生时间距离公开传播时间差最小的稿件，也要关注到第一时间已发布过但又有了实时更新的新闻，同时从保证新闻准确性角度考虑，要及时修正和删除一些已选择并发布的新闻稿件。此外，在考虑新闻选稿时效性的同时，也要注意对及时与准确的关系进行有效处理。

4. 实用性

在当前，信息的实用性越来越受到网民的重视。比如，网络上的股市行情信息可以帮助人们投资，计算机动态可以帮助人们了解最新的计算机硬件和软件知识等。因此，网络新闻编辑在对网络新闻稿件进行判断时，应有意识地向实用性资讯倾斜。

（四）网站自身要求

网站对新闻进行登载、转载都必须具有一定的资质，就当前来说具有资质的网站主要有两类：一类是官方新闻网站；另一类是商业网络媒体。这两类网站在背景、身份、使命、所承担的责任等方面存在一定的差异，这就决定了它们在对网络新闻稿件进行判断时所依据的标准也会有所不同。比如，中央级的重点新闻网站和省市级的地方新闻网站，在对时政类新闻进行判断时前者侧重于宏观的、全局的、战略的新闻报道，后者侧重于地方的、区域的、中微观的新闻报道。

二、网络新闻稿件的选择

网络新闻稿件的选择是网络新闻的一项重要的工作内容，不仅影响着网络新闻的质量，而且影响着网站的信誉。

（一）网络新闻稿件选择的流程

网络新闻编辑在对稿件进行选择时，通常要经过以下几道程序。

1. 粗选

在当前，网络新闻编辑在对稿件进行粗选时，常用的是“机器自动抓取＋人工手动选择”的方式。所谓“机器自动抓取”，就是借助抓取软件自动从各供稿源抓取新闻到稿库。抓取前设置抓取时间、关键词，标识被抓取的网站等，综合性门户网站基本每5～10分钟就抓取一次，只要被选对象有新闻更新，抓取软件都能即时发现并抓取到本网站，然后自动配置到各相关频道。网站还可以设置专门的初稿编辑部，由初级编辑或助理编辑负责本网站所有稿件的初选，并将初选的稿件归类到不同的频道。不过，自动抓取新闻稿件虽然有较高的效率，但其准确度还不够，很容易出现重大新闻被遗漏的现象。因此，网站在采取新闻稿件自动抓取方式的同时，还运用了人工选取方式，这对于保证所抓取新闻的质量有着重要的作用。

2. 精选

这是对网络新闻稿件进行高级选择的过程，也是选择网络新闻编辑选择稿件最为关键的一步。互联网能存储海量信息，但不是每一条新闻都能被网民浏览到，因为承载重要新闻的空间是有限的，网民的视线也是相对集中的，要想让一些重要的、有价值的、涉及相关话题的新闻让网民第一时间看到，就需要对上一阶段选择的新闻稿件进行有选择地编排和发布。

在这一选择过程中，网络新闻编辑要根据稿件的新闻标准、社会标准、网站自身的标准及法律、道德标准、新闻自身等对稿件进行选择，同时要注意对稿件的新闻价值进行判断、对稿件的表达方式进行选择、决定稿件所放置的位置等。通常来说，一般的新闻稿件经过精选就可以直接上网了。

3. 更新

通常来说，网站在一段时间内需要对新闻进行更新，否则会被受众厌烦。再加上网站的信息量是不断增加的，如不能及时地对过时的、无用的信息进行删减和重组，则很容易造成网站信息的庞杂和失控。编辑要在尽量短的时间内对新闻信息进行更新，尤其是首页新闻。网络新闻即时性的特点使得一些虚假或者错误的新闻出现在网上，及时地更新新闻信息就可以避免让更多网民看到，实现对新闻的再一次筛选。

(二)网络新闻稿件选择的要求

网络新闻编辑在对稿件进行选择时，需要遵循以下要求。

1. 要从多个来源选择网络新闻稿件

就当前而言,网络新闻稿件的来源主要有四种。一是网站的"粘贴"稿件,即网络新闻编辑通过搜索引擎,在其他网站搜索到适合自己传播的稿件,通过"粘贴"等方式,在自己的网站上进行传播。二是网络媒体原创的稿件,即网站编辑自己采写的稿件和网站自己的固定自由撰稿人所撰写的稿件,其中自由撰稿人的稿件对事件的分析一般比较透彻,因而能帮助网站赢得比较高的点击率。在当前,这类稿件越来越受到网络媒体的重视。三是职业新闻工作者的稿件,即中青在线、CCTV 网站、人民网传统媒体的稿件和通讯社的稿件,具有形式专业、来源可靠、真实性高、内容针对性强等优点。由于这类稿件是为传统媒体采写的,因而网络媒体在转载时需要对稿件进行一定的选择与修改,并注明报道来源。四是网民的稿件,其包括两种情况:一种是团体或者个人采写的稿件及其他形式的来稿,具有针对性强、时效性较强、语言比较通俗易懂等特点,但真实性需要核实;另一种是网民在论坛、BBS、新闻组及个人博客等地方发表的稿件。

网络新闻稿件来源的多样化,要求网络新闻编辑要尽可能从多个来源选择网络新闻稿件,以便增强网络新闻的丰富性和多样性。

2. 要选择具有真实性的网络新闻稿件

网络新闻编辑在选择稿件时,真实性是其必须要予以高度重视的一个方面。通常而言,在判断网络新闻稿件的真实性时,可具体从以下几方面着手:

(1)通过稿件的来源来判断真实性。通常来说,本网站原创稿件质量容易得到保障,可以直接采用;转载国内传统媒体稿件,质量也比较高,但应注意选择与本网站有签约协议的媒体的稿件,在选择社会新闻时一般的地方小报、都市类报纸的稿件要谨慎选用;看稿件是媒体首发还是转发,若为转发还需要找到源头以保证稿件的质量,不能轻易使用来历不明的信息。

（2）通过稿件的内容来判断真实性。查看稿件的信息要素是否齐全，如事件发生的时间、地点、人物、原因、过程等；查看稿件中的引语、背景资料等，最好能交代清楚可靠的来源；查看与分析信息的细节，保证信息准确。

（3）通过审查网站来判断真实性。如果要转载网络媒体的稿件，就要注意查看该网站是否具备新闻网站的资质，同时要注意对这类网站的原创稿件、论坛、博客、网友留言稿件等慎重选择。

（4）通过同一新闻的多个报道源头来判断真实性。通常来说，重大突发事件如地震、矿难、医疗卫生、食品安全等公共新闻，要寻找更多的新闻源，查看是否来自权威的消息，然后再判断稿件的真实性。

3. 要选择具有权威性的网络新闻稿件

网络新闻编辑在选择稿件时，要尽可能选择具有权威性的网络新闻稿件。通常来说，网络新闻编辑可以从新闻刊载媒体、新闻内容的提供者、新闻稿件中的人物，或者是信源即出处权威（如新华网、中央人民广播电台等），或者是新闻信息的发布者权威（如公安局、药监局、国家质检总局等），或者是新闻稿件中的人物权威等方面来判断稿件的权威性。

4. 要从社会效果角度考虑选择网络新闻稿件

网络媒体借助于互联网的超时空、强互动的特性，成为网络信息的集散地和社会舆论的放大器。比如，《新闻记者》杂志每年选评一次年度十大假新闻，虽然“入围”的大多是传统媒体报道的新闻，但网络媒体是一个重要的“帮凶”，一些小报小刊的报道正是因为网络编辑的选稿而被网民浏览到并广为传播，原本不为人知的新闻经过网络的转发、分享与互动迅速放大，扩大了传统媒体假新闻的传播速度和传播范围。这就决定了网络新闻编辑在选择稿件时，必须站在社会效果的角度，慎重选择热点新闻，慎重地推荐新闻。

网络新闻编辑要切实站在社会效果的角度来选择稿件，应特别注意从社会效果角度判断稿件价值及选择稿件，慎重考察稿件的社会效益，摒弃以假新闻、低俗内容、社会效果为代价换取流量、换来广告的不健康做法，辩证地看待访问量、点击率与社会效果之间的关系，提倡“绿色”点击、“绿色”访问量，树立以“高质量的流量”吸引“高端广告、高效广告”的理念。

5. 要从网民心理和行为习惯出发来选择网络新闻稿件

网民在面对网络新闻时，是否会点击、浏览，除了取决于网络新闻的价值和品质，还取决于网络新闻是否与网民的心理和行为习惯相符合。虽然说网络新闻编辑选择新闻稿件时，不能一味地迎合网民的口味，但深入了解网民的网络行为特征，掌握网民的想法和心理，创造出健康、有序的网络环境，进行针对性的网络选稿，还是非常有必要的。而且，从网民心理和行为习惯出发来选择网络新闻稿件，往往能够产生更好的传播效果。

（三）网络新闻稿件选择的注意事项

网络新闻编辑在选择稿件时，除了要遵循上面所说的选择要求，还要特别注意以下几个方面：

（1）网络新闻编辑在选择稿件时，应拓展稿源渠道，多考虑视频类新闻，并将视频新闻与文本新闻融合，达到真正的多媒体报道。

（2）网络新闻编辑在选择稿件时，要尽量考虑稿件的多元性，即将不同观点、不同角度、不同来源的新闻都应纳入选稿范畴，特别是一些社会争议性强的热点、焦点新闻和问题，更要通过多元化的选稿来帮助网民获得一个相对完整的认知。

（3）网络新闻编辑在选择稿件时，当真实性与时效性、趣味性等发生冲突时，要始终将真实性放在第一位。

第二节 手机媒体的新闻编辑

在当前,手机已经成为集通信、音乐、视频、数据、游戏、支付、阅读、摄像(影)等功能于一体的智能终端。与此同时,随着无线通信技术与计算机技术、信息网络技术的紧密结合,手机媒介得到了迅速发展。手机媒体能够给受众提供新闻信息,而且手机媒体因其具有高度的便携性和互动性等特征,越来越成为人们浏览新闻的重要媒介。因此,手机媒体的新闻编辑在当前受到了越来越多的关注。

一、手机媒体新闻的内涵

(一)手机媒体新闻的含义

所谓手机媒体新闻,就是“以手机为发布终端和传输渠道,以手机报、手机网、手机电视和手机新闻客户端为表现形态,运用文字、图片、视频等手段对新近发生和正在发生的事实进行的报道和评论”①。

(二)手机媒体新闻的特点

手机媒体新闻的特点,具体来说有以下几个:

(1)时效性强。手机媒体新闻不受编辑周期限制,新闻形式多为滚动式新闻,即跟踪新闻事件的发生、发展,实时滚动播出。

(2)阅读方便。手机与电脑、电视相比,小巧且携带方便,便于人们随时阅读新闻。此外,用户借助于手机媒介阅读新闻时,能够以个人的具体情况为依据,或是阅读新闻标题、阅读新闻导

① 詹新惠.新媒体编辑[M].北京:中国人民大学出版社,2013:229.

语，或是阅读详细新闻及深度报道，或是超链接阅读相关新闻和新闻背景等。在遇到突发事件时，手机还可以像网站一样实现新闻的动态传播。

（3）文体丰富。手机媒体新闻有着十分丰富的文体结构，既包括传统报纸的文字、图片，还包含声音、动画、视频等。此外，手机媒体新闻的文体结构具有多层次性，涉及标题新闻、导语新闻、详细新闻、相关新闻等。

（4）互动及时。手机媒体新闻的用户可以借助于短信等多种方式与手机新闻编辑进行有效互动，以更快地获得自己想要的新闻。此外，手机新闻编辑通过与用户的及时互动，能够对用户起到一定的舆论引导作用。

二、手机媒体新闻编辑的原理

手机媒体新闻有一套不同于网络新闻的编辑原理，具体内容如下。

（一）小屏幕与精约式编辑

现在的手机屏幕相比以前来说要大了很多，但终究大不过电视、电脑屏幕，而且大多数手机屏幕仅为5.5英寸或6.0英寸。手机屏幕的局限性，使得手机媒体新闻的编辑受到了直接影响。为了在有限的屏幕空间展现尽可能多的新闻信息，简明、精练、扼要的精约式编辑就成为手机媒体新闻编辑的重要原理。

手机媒体新闻的精约式编辑，具体来说是通过以下几个方面表现出来的：

（1）手机媒体新闻通常会制作“标题新闻”“导语新闻”“一句话新闻”，用简短的几十个字甚至十几个字写出新闻事件的五要素，文字精练，一目了然，很少有水分，在同样的时间里能够让用户获取尽可能多的信息，并基本掌握新闻的要义。

（2）手机媒体新闻的文字较长时，通常要进行分页，保证单屏显示的内容适度、适宜。

（3）手机媒体新闻为视频新闻时，通常视频的时间被控制在3～5分钟之内。若是视频的时间过长，则需要通过剪辑的方式进行缩短，或是将其分拆为几个短视频。

（4）手机媒体新闻在某些时候，可以采用对热词、关键词进行超链接的编辑方式来简约呈现。

（5）手机媒体新闻多采用标题列表式或标题+摘要式排列，采用的图片也多为像素低的小图，以保证页面的简约，方便用户快速浏览内容。

（6）手机媒体新闻由于受到手机存储空间的限制，往往需要控制每天、每次新闻的更新量，只能是挑选出最精练、最重要的新闻推送给用户，其他的新闻则尽量不做成手机媒体新闻专题。

（二）移动便携与实时式编辑

移动性和便携性可以说是手机最鲜明的两个特点，而且手机的这两个特点决定了手机媒体新闻可以实时进行更新和发布，用户也可以随时对新闻进行接受与浏览，甚至是随时随地观看图文和视频的现场直播。因此，实时式编辑也是手机媒体新闻编辑的一个重要原理。

手机媒体新闻的实时式编辑，要求手机媒体能够在第一时间对重要、重大、热点、突发等新闻进行发布与更新；也要求手机媒体新闻的编辑能够在第一时间关注用户在手机新闻后的跟帖和留言，并实时编辑处理这些内容。

（三）多形态与分类式编辑

手机媒体的形态有很多，有手机短信新闻、手机报、手机视频、手机网、手机新闻客户端等，而且每种形态的手机媒体新闻都有其独特的特点和局限性，如手机报有字数限制，手机视频受制于当前的移动互联网速率有播出时间的限制，手机网受制于手机存储容量有内容编排的限制，手机新闻客户端有不同操作系统配置的限制等。因此,在将同一条手机新闻发送到不同手机媒体上时,需要做到有针对性的分类式编辑。

手机媒体新闻的实时式编辑,要求手机媒体新闻编辑必须了解、掌握不同手机媒体形态的特点、传播规律和编辑要求,有必要在编辑手机媒体新闻时切实考虑到不同手机媒体的用户群特点,以确保手机媒体新闻获得最佳的传播效果。

(四)高度依赖与推送式编辑

在当前,绝大多数手机用户都患有“无手机恐慌症”,即当手机断电或没有信号时,用户会因与外界失去联系而产生焦虑情绪。这表明,用户对手机有着高度依赖的心理。虽然这是一种用户心理现象,但从新闻传播角度看,这就是一种定向关注,适宜于手机媒体新闻做推送式编辑。

所谓推送式编辑,就是基于信息推动技术,以数据挖掘、自然语言处理以及互联网等多门技术为支持,将合适的信息推送给合适的人。当推送的新闻能够对用户的需求予以满足,或是与用户自身需要有较高相关性时,用户便会有意识地对这些新闻进行关注。如此一来,手机媒体新闻传播便收到良好的效果。

(五)个性化与定制式编辑

手机媒体是一个极具个性色彩的媒体,用户通过对手机机型、手机桌面、手机铃声等的选择与设置展现着自己的个性。因此,在进行手机媒体新闻编辑时,必须要与用户的个性化需求相符合,为此必须尽可能为用户提供多种定制服务,做到分众传播。这里还需要指出的一点是,手机媒体新闻为用户提供的定制服务要允许用户进行修改和退订。

三、不同形态手机媒体的新闻编辑

手机媒体的形态有很多,这里着重阐述一下手机报新闻、手机视频新闻和手机新闻客户端的编辑。

（一）手机报新闻的编辑

手机报就是对若干条新闻进行选择、整合与编辑，然后制作成彩信的格式发送给用户。

1. 手机报新闻的编辑流程

在对手机报新闻进行编辑时，通常要经过以下几个环节：

（1）栏目设置。对当前手机报新闻的栏目设置进行分析可以发现，其基本上对传统报纸的内容分类和版面设置进行了沿袭，即采用了“一般栏目＋特色栏目”的模式。其中，一般栏目多为“导读”“国内、国际新闻”“社会新闻”“文娱新闻”“体育新闻”等；特色栏目则各有特色，如中国移动早晚报的特色栏目是“天气”“副刊”等服务性、文艺性栏目，央视手机报的特色栏目是“CCTV 节目”“CCTV 幕后”“CCTV 俱乐部”等。

（2）选取新闻。手机报对新闻进行选取时，多用类似报纸的编辑方式，即在发送时间之前的规定时间完成选稿工作。在这一过程中，以下几个方面要特别予以注意：第一，要提前明确选稿范围，或是从合作媒体的稿库中选择，或是以本媒体的内容为唯一稿源。第二，要根据新闻价值要素来判断、选择新闻，并要注意新闻的及时性、重要性、接近性和趣味性等。第三，要尽可能使选取的新闻在类别、数量等方面都达到均衡。第四，在选择新闻图片时，要尽可能挑选中景、近景等带有细节的图片，不宜选用大场面的全景图片，以便影响辨认。

（3）编辑新闻。在对手机报的新闻进行编辑时，需要包括导读标题、正文标题和正文三个部分。一般来说，这三个部分都有字数限制，导读标题和正文标题字数一般要求控制在 12 个字以内，正文字数在 500 字以内。导读标题有的会加上特殊符号或标明类别的文字，正文标题与正文之间有特殊的分隔符号。

在编辑手机报的新闻时，最主要的工作便是对标题和新闻进行改写，即将报纸的双行题、多行题、虚题改成单行实题，将网络的长标题改成符合手机报字数的短标题。导读标题尽量做到新闻要素齐全，要考虑吸引力和引导性。正文标题因为是和正文同时出现的，内容不需要面面俱到，只要体现新闻中最有价值的一点即可。此外，手机报新闻由于受制于字数的限制，不宜采用导语＋正文的模式，而是将导语与正文合二为一，融为一体，也可以写出超长导语；手机报新闻为了方便用户在手机屏幕上的阅读，编写中应尽量多用短句，少用长句，多用陈述基本事实的实词，少用主观评价的形容词、副词、虚词等。

（4）策划专题。这里所说的策划专题，包括两种情况：一种是针对可预知的新闻事件提前策划各类专项手机报，如两会手机报、国庆特刊等；另一种是日常手机报制作中特别设计的一个重点报道。

在对手机报的专题进行策划时，最为重要的一点是以手机用户的特点和阅读习惯为依据，对新闻资源进行调配，设置特色栏目，将原创采集与编辑整合，新闻报道与信息服务、短讯快讯与深度报道、媒体与手机用户互动等紧密结合，通过内容设置和形式创新，开展好双向互动交流传播，以便用户能够更为容易地接受新闻内容。

（5）组织互动。对当前的手机报进行分析可以发现，其很少会有互动性的栏目和策划，这在一定程度上影响了与用户进行密切的交流。因此，在编辑手机报新闻时，最好增加互动环节，设置互动类栏目或调查，如发起新闻议题、手机调查、手机竞猜、留言评论等。

2. 手机报新闻的编辑规范

在对手机报新闻进行编辑时，必须遵循一定的规范，具体如下：

（1）手机报新闻的制作技术规范。手机自身的特点，决定了在编辑手机报新闻时必须遵循一些制作技术规范：第一，手机报的标题字数通常要控制在9个字,正文单行字数控制在12个字,一屏显示6～8行,照片长宽按照4∶3的比例进行缩放。第二,手机报要有统一的名称,并要在固定的位置显示。此外,手机报的名称可以制成模板,以方便多次运用。第三,手机报的栏目设置要清晰,同时栏目名称要简明扼要,并用“【】”“[]”等特殊符号加以标注,以更好地引起用户的注意。第四,手机报的导读要精心设计,必须融合当期手机报内容的精华。从某种角度来说,手机报的导读在根本上影响着用户的阅读兴趣。第五,手机报正文标题独立占一行,尽量确保用户浏览时没有拆行。正文与标题之间用分隔符来隔开,正文字数每帧控制在800字以内,以3～4篇新闻为宜,每篇字数控制在200字以内。第六,手机报要有“封面”和“封底”,其中“封面”中应涉及一条热点新闻、一张全幅图片、封面新闻的标题、日期、天气等;“封底”中主要涉及服务性的手机报订阅方法介绍、超链接和手机报品牌形象标识等内容。

(2)手机报新闻内容的规范。第一,手机报新闻内容要严格遵守党和国家对当前宣传工作的指示要求,对不能报道的新闻坚决不报,对适度报道的新闻要掌握尺度分寸,对敏感问题的报道要符合统一口径。第二,手机报新闻内容要从政治、思想角度把好新闻的选择关,留意新闻中的观点、议论、提法,确保符合国家法律法规,符合党的方针政策,不犯政治性差错。第三,手机报新闻内容要考虑手机报的覆盖面和影响力,从社会效果角度把好新闻的选择关,保证信息来源的权威性。突发性的重大题材事件采用权威稿源,慎用外媒、地方媒体和非官方媒体的消息。

(3)手机报新闻图片的规范。第一,手机报每期搭配的图片以3～4张为宜(包括封底和正文图片),图片的格式应为jpg格式,且要具有较高的像素。第二,手机报新闻图片必须与新闻正文有密切关系,以便和正文形成互补性。第三,手机报新闻图片要尽量选取中景、近景、特写等表现细节的,避免大全景图片而使主题看不清楚。第四,手机报新闻图片不可包含血腥暴力或色情内容。

（二）手机视频新闻的编辑

在当代手机媒体新闻的传播中，提供直播、点播、下载等方式的视频新闻成为一个新的形态。手机视频新闻以电视媒体或视频网站各频道、各栏目的新闻和资讯为基础，既有网络视频新闻的延伸，也有基于手机终端的特色，并且能满足用户随时随地订阅收看个性化视听节目的需求。因此，手机视频新闻在当前日益受到重视。通常而言，在对手机视频新闻进行编辑时，需要经过以下几个环节。

1. 明确业务

不同类别的视频业务对编辑的要求不同，因而确定业务类别是手机视频编辑基础而重要的工作。通常来说，这项工作需要从网站拥有的资源、具备的资质和投入的力量来确定。与手机视频新闻相关的业务包括电视节目直播、电视视频点播和下载、视频节目搜索、视频新闻上传和分享、电视节目预订和收藏、自制视频节目、电视台和视频节目集成等。在具体编辑手机视频新闻时，既可以选择大而全的手机视频新闻业务模式，也可以偏重单一的手机视频服务，这需要依据手机视频新闻的编辑者自身所具有的实力来决定。

2. 设置栏目

在设置手机视频新闻栏目时，应遵循少而精的原则，并要以大众化、普遍性的一般栏目为基础，以体现亮点和风格的栏目为特色，总体数量以 6 ～ 8 个为宜。如若想多设置几个栏目，需采取伸缩式的两行编排，可以用触屏滑动，可以用下拉菜单，也可以用新窗口弹出。

3. 编辑新闻

在编辑点播类视频新闻时，重点而基础的工作是剪辑、编辑和编档。此外，在编辑点播类视频新闻时，要充分考虑到手机屏幕小、资费成本高以及收视环境复杂等因素，尽可能选择、编辑与制作具有较强针对性的点播类视频新闻，并且在内容上应偏重于新闻性（注重时效性）、娱乐性（注重可视性）等，在时间上以 3 ～ 5 分钟为宜。对于没有字幕的视频新闻，还应该考虑加上字幕，以方便用户在嘈杂的移动环境中收看。

在编辑直播类手机视频新闻时，需要完成解码、编码、转码和必要的审核等工作。具体来说，首先要将直播的电视信号或者现场直播的音视频信号进行数字化处理，以达到手机电视直播对节目源数字化的要求，然后按照手机能够播放的格式以及无线网络条件进行再编码。在播出之前，还可根据需要对节目进行审核和播控处理，随时接通和阻断节目信号进入流媒体平台。一切转码和审核工作结束后，直播节目就可以进入流媒体服务器完成节目流媒体化，这样用户就能以流的方式收看。最后节目被传输、上载到移动运营商网关。整个过程基本是自动完成的，编辑在其中所发挥的作用就是对内容进行必要的审核和把关。

4. 策划专题

在面对重大新闻、突发新闻和重要新闻时，可以根据新闻价值和用户关注度编辑、制作出可点播的视频新闻专题。手机视频新闻的专题制作是比较容易的，主要是将多来源、多片段的同类视频集中到一起，形成一个图片 + 文字的新闻列表，方便用户集中浏览某一类新闻的视频。同时还需要为专题制作一个手机版的题图，形成一种强势效应。

（三）手机新闻客户端的编辑

手机新闻客户端是随着手机 App 应用的发展而出现的一类手机新闻传播新形态，重在满足手机用户在移动状态下实时浏览新闻和资讯的需求。在当前，手机新闻客户端因新闻内容全面综合、简约精炼，新闻更新快速，能够即时推送，新闻互动多样化，方便用户实时分享，更容易满足用户本地化、个性化的需求，易于用户简单、便利地操作等特点，受到越来越多手机用户的欢迎。在此影响下，手机新闻客户端的编辑也越来越受到重视。此外，手机新闻客户端有一套适宜移动互联网传播规律的、自有流程的编辑方式和方法，编辑对象包括客户端整体框架的设计和日常新闻资讯。

1. 手机新闻客户端整体框架的设计与编辑

在对手机新闻客户端整体框架进行设计与编辑时，可具体从以下几方面着手：

（1）明确客户端的类型与定位。明确客户端的类型与定位，是设计与编辑手机新闻客户端整体框架时首先要明确的一个方面。

就当前而言，手机新闻客户端的类型主要有平台类新闻客户端、媒体类新闻客户端、实时新闻类客户端和综合类新闻客户端。其中：平台类新闻客户端需要考虑新闻源的开发、整合和版权问题；媒体类新闻客户端需要考虑利用原创资源、与媒体其他数字平台打通的问题；实时新闻类客户端需要考虑如何在第一时间推送最重要、最新鲜的资讯问题；综合类新闻客户端需要考虑内容定制与实时新闻的平衡，建设服务于两种模式的综合性技术后台。

在明确了手机新闻客户端的类型后，就需要对客户端的定位予以确定。比如，同为媒体类客户端，有的定位为忠实于原媒体，从内容到分类几无二致；有的定位为从原媒体内容中挑选特色和精华，显现出一定程度上的区别；有的则重新打造栏目，定位为对原媒体内容的重新整合和编排；还有的定位为细分类新闻客户端，即只是原媒体的某一个栏目或节目，内容简单而专一。此外，客户端的经营模式（即收费或免费）也是在对客户端进行定位时必须要考虑的一个因素。

（2）设置栏目和互动。平台类新闻客户端不需要对栏目设置问题进行考虑，但要考虑订阅的分类和互动的设计。在订阅分类上，除了一般性的“新闻”“财经”“科技”“体育”等大众类别外，还要考虑用户的个性需求，提供细分化的类别和内容，如“星座”“本地新闻”“假日出行”等。在互动设计上，需要接入多类社会化媒体，提供充分、便利的互动和分享应用。

媒体类新闻客户端来对栏目进行设置时，必须充分考虑到自身的定位，可以把原媒体的栏目和版面直接搬移到客户端上，可以突出特色和重点，也可以根据需要重新组织内容、重新设计栏目。

实时新闻类客户端在进行栏目设置时，必须将出发点定位在全面上，即需要设置较为全面的栏目。这有助于手机用户根据自身需要定制栏目。

综合类新闻客户端既要考虑订阅内容的主题分类，也要考虑实时新闻的栏目设置。

（3）编排版式优化用户体验。手机新闻客户端的版式设计应以简洁明了、操作简易为原则，以充分利用好手机触屏和滑屏技术为前提，以用户直观和方便浏览为目标。

2. 手机新闻客户端日常新闻资讯的编辑

在编辑新闻客户端的日常新闻资讯时，可具体从以下几方面着手：

（1）选取新闻。手机新闻客户端在选取日常新闻时，以下几方面要特别予以注意：第一，时效性。手机端新闻应充分发挥即时发布、即时获知的优势，对于重大突发新闻更应在第一时间选择、录入到手机端的内容管理系统，在新闻客户端平台率先发布并推送。第二，重要性。手机新闻客户端必须在有限的空间内，尽可能让手机用户获得最有价值的新闻。第三，均衡性。手机新闻客户端所提供的新闻，必须能满足不同手机用户的多样化需求。

（2）编辑新闻。手机新闻客户端在对新闻进行编辑时，往往会借助于自身设计的独立内容管理系统。但在这一过程中，以下两方面应特别予以注意：第一，在编辑新闻栏目时，要控制好标题字数（15个字以内）、摘要字数（两行30个字左右）、图片格式和尺寸、单页新闻数等。第二，在编辑新闻正文时，要修改删添，对图片进行裁切及撰写说明，对长文章尽量写出阅读提示，对评论较多的文章在标题下或栏目页的摘要中标注评论数，技术条件完备的手机客户端还可在文章正文中插入图片和视频。

（3）策划制作专题。手机新闻客户端的专题策划与制作都是比较简单的，通常而言，整个专题页面呈现为题图加新闻列表的版式，在新闻列表中一般分设新闻、图片、视频、评论、背景资料等基础性栏目，有的专题也会开设与主题相关的栏目。但是，新闻列表的版式很难让用户注意到专题里的小栏目，因此设置专题栏目要用技术手段尽量使栏目凸显出来，或者不用传统的新闻列表而采用滑屏的方式把栏目呈现在专题默认页中。

第三节　新媒体内容的获取、集成、分发与管理

内容是新媒体运营的基础，因此在新媒体的运营过程中，必须十分注重内容的运营。其中，内容的获取、集成与分发是新媒体内容运营需要经过的三个重要环节，而内容的管理则是新媒体内容运营的重要支撑。

一、新媒体内容的获取

新媒体内容运营机构在获取内容时，既可以使用媒体自己生产积累的内容，也可以从外部引进内容。具体来说，新媒体内容获取的途径主要有以下几个。

（一）媒体自制内容

由媒体安排专门的采编队伍，按照媒体自身的风格和需要去

获取信息、制作内容，便是媒体自制内容。在当前内容同质化竞争严重、内容版权费用持续上升的背景下，自制内容在新媒体内容管理中的地位不断提升。通常而言，媒体自制内容的产生需要经过以下几个阶段：

（1）策划阶段，主要是对制作内容予以确定。在这一阶段，媒体需要通过开展市场与用户分析、创意筛选等工作来确定制定内容。

（2）准备阶段，需要做好两方面的工作：一方面是为内容采集和制作做好人力、物力、财力等的准备；另一方面是做好内容采集和制作的计划，包括时间计划、资金计划等。

（3）制作阶段，主要是媒体对上一阶段制定的制作计划予以执行，即运用各种数字技术和工具，进行内容的制作和编辑。

（4）后期阶段，在制作阶段媒体完成的只是最终内容产品的一个雏形。而这一阶段媒体会通过进一步的调整和测试，将内容变成可直接发布的最终成品。

（二）内容交易

随着新媒体时代的到来，渠道的无限扩大需要海量的内容来填补，两者的供需平衡被打破，在这样的情况下，仅依靠媒体自给自足来维持内容供给，满足用户的内容需求已不可能。此外，对于许多新媒体来说，并非所有的内容都可以自制（如《互联网新闻信息服务管理规定》要求，针对时政类信息，包括有关政治、经济、军事、外交等社会公共事务的报道、评论以及有关社会突发事件的报道、评论，我国商业网站不具备新闻信息采编权，不得登载自行采编的新闻信息，应当转载、发送中央新闻单位或省、自治区、直辖市直属新闻单位发布的新闻信息），而且即使在可自行进行采编制作的领域，如娱乐、商业新闻或视频等，出于专业性、投入产出、自身条件等方面的考虑，自制内容总是不划算。此时，新媒体就需要从其他内容提供商处通过购买、合作等方式来获得优质内容，即通过内容交易来获得内容。具体而言，新媒体与其他内容提供商进行内容交易的方式主要有以下几种。

1. 从内容提供商处直接购买内容

新媒体在获取内容时，这一方式的运用也是比较广泛的。比如，新浪、网易、搜狐、腾讯等大型的门户网站，经常会从传统媒体（如报纸、杂志、电视等）和通讯社等内容提供商处采集新闻，而费用的支付形式主要有三种：一是以广告（通常是刊登内容页的广告收入）分成进行支付；二是以订阅费分成进行支付；三是一次性协议支付。

在当前，由于计算机爬虫程序等搜索引擎技术的出现以及我国版权保护措施的缺乏，新媒体可以自动从其他媒体页面抓取并整理信息。在此影响下，新媒体在使用传统媒体的内容时，很多情况下都是免费的。面对这一现象，传统媒体呈现出两种截然不同的态度：一种是对新媒体的此种行为予以默许，认为这种行为对于提升自身的用户流量、拓展自身的传播渠道、提高自身的影响力有一定的作用；另一种是强烈反对新媒体的此种行为，认为这种行为侵犯了其合法权益，影响了其订阅、广告等商业运营及其所带来的利益。

2. 从内容集成商处购买内容

当前的新媒体在很多情况下，并不会费力地、低效地逐一向每个内容供应商购买内容，而是会通过内容集成商这一中介，对内容予以大规模的购买。

内容集成商通过版权合作、购买等方式，能够将离散的内容聚合在一起，并对这些内容进行数字化转换、编目、存储、加工等一系列内容管理操作，以有效的计费系统与各新媒体平台达成合作。与此同时，内容集成商也会将内容分发的结果、用户的需求反馈至内容提供商，以为其生产后续的内容提供一定的参考。不过，内容集成商在当前的发展还不够成熟，且未制定统一的交易标准，因此还需要进一步完善内容集成商的发展，并对其进行有效的管理。

3. 与内容提供商合作成立子公司

新媒体内容的这一获取途径，不论是对新媒体来说，还是对传统媒体来说，都是一种共赢的方式。它能够使新媒体和传统媒体实现优势统合、资源共享。比如，腾讯网与地方报业集团合作成立了一系列以“大”命名的地方站点（腾讯·大渝网、腾讯·大秦网等）。

（三）用户原创内容

在新媒体内容的获取上，用户原创内容也是不容忽视的一个方面。新媒体开创了“所有人对所有人传播”的新型传播格局，在此影响下，普通用户不仅能被动地接收信息，还能主动地制作、发布和分享信息。如此一来，用户也成为新媒体内容的一个重要生产者。

用户在生产内容时，主要有两种方式：一是对已有内容以评论、转发等方式补充信息或线索；二是自行创建内容并主动传播。在当前，用户生产的内容越来越多，其在新媒体内容中所占的比重也不断提高。不过，用户由于所受的限制较少，因而其所生产的内容良莠不齐。对此，新媒体的运营者需要做好对用户生产内容的引导与整理。

二、新媒体内容的集成

新媒体内容集成就是新媒体“对多渠道获取的内容，通过产品化和业务化两个重要环节，使得原来零散的内容素材通过策划、编排和设计生成可以供用户使用的内容产品，同时这些内容产品还可以根据终端的类别、渠道的特性和用户的需求形成方便使用的业务类别”[①]。

① 周艳．新媒体理论与实务[M]．北京：中国传媒大学出版社，2014：44.

（一）新媒体内容集成的重要环节

新媒体内容集成的重要环节，主要有以下两个。

1. 内容素材的产品化

新媒体时代的媒体运营者在生产内容时，不再像以前一样只依据固定的、模式化的内容产品类型，而是注重对来源众多的各种内容素材进行重新的组合集成，使其成为更能与用户的需求相符合、更能实现内容资源最大价值的内容产品。也就是说，新媒体时代的媒体运营者越来越注重内容素材的产品化。通常而言，内容素材的产品化可通过以下几个途径来实现。

（1）以内容的类型为依据，将其细分为不同的板块，如新闻板块、娱乐板块、少儿板块等，然后对各版块现有的相关内容资源进行聚合与重整，使其形成一个专题。

（2）以主题为依据对内容进行产品化。比如，围绕"丝绸之路"这个专题，不仅可以在网上设置纪实节目，还可以加入与其相关的电影、电视作品及相关内容。这些内容原来是分散的，但通过相同专题的策划，它们能够有机融合在一起。

（3）以不同内容之间的关系为依据进行产品化。具体来说，就是通过综合运用点播、关联、推荐、评论等多种方式建立起内容与内容之间的联系，从而盘活内容资源。

2. 内容产品的业务化

所谓内容产品的业务化，就是改变以往内容产品线性播出模式，强调内容产品要与用户互动，要能够通过推送和关联等手段，增强用户体验，形成全新的业务模式，吸引用户来消费内容产品。

（二）新媒体内容集成的实现

对于新媒体来说，要想实现内容集成，必须借助于以下几个有效的手段。

1. 进行合理的内容策划

新媒体要对丰富而庞杂的内容进行重新聚合，此时需要充分发挥内容策划的作用。新媒体在进行内容策划时，不仅要把不同的内容资源聚合为专题，而且要通过综合运用点播、关联、推荐、评论等方式建立起内容与内容之间、内容与业务之间的联系，从而盘活内容资源。此外，新媒体在进行内容策划时，要注意引入产业链的思路，实现线上线下的联动，充分调动并有效整合产业链各环节的资源。

2. 进行科学的内容编排

新媒体在对内容进行编排时，应特别注意以下几个方面：

（1）要尽可能对内容进行非线性编排，即为用户提供一个容易使用的、界面友好的、可以快速访问内容的非线性呈现方式，对于用户快速、方便地浏览、搜索和选择所需内容具有重要作用。

（2）在对内容进行编排时，要切实考虑到不同内容之间的关联性。这不仅能使内容具有更强的整体感，而且能将存在关联的内容以组合的方式一起推荐给用户。

（3）要注意主动呈现或推送热点内容，这对于提升内容的关注度和收视率是十分有帮助的。

3. 进行易操作、人性化的内容设计

新媒体的内容界面从整体风格来说应是简单大方的，不要太复杂花哨。另外，内容界面的设计要尽可能简单化处理，确保界面操作能够在用户的控制能力之内，并能够减少用户的记忆负担。此外，新媒体的内容界面要注重美观。只有这样，新媒体的内容界面才能获得更多的忠诚用户。

三、新媒体内容的分发

在新媒体时代，内容平台中的内容产品将不再是供单一媒体“消化”，而是分发到广播电视媒体、网络媒体、移动媒体、户外媒体等网络和渠道。这不仅能解决渠道、媒体上内容的短缺问题，还能让单一的内容能够通过重复利用获得价值增值。就当前而言，新媒体内容的分发呈现出以下两个鲜明的特点。

（一）全渠道化

在传统媒体时代，由于受到媒体自身渠道的影响，内容的分发受到了极大限制，通常是各渠道只顾着自己的内容，而且不同渠道之间的内容无法实现共享。如此一来，内容分发的意义也就不存在。直到新媒体时代，内容分发才真正得以实现。这不仅使得内容资源以更快的速度、更大的规模在多种发布渠道中得以共享，而且促使内容的重复利用率得到了大大提高，继而产生了更多的收益。

由于不同渠道对内容的要求是不尽相同的，因而在进行内容分发时要注意根据渠道的实际特点进行一定的调整。

（二）跨终端化

在新媒体时代，内容的分发不再局限于某一类型的终端，而是同一内容能够在不同的终端进行传播。在未来，各种固定的、移动的终端会不断增多，新媒体的内容分发也将最终实现跨终端化，即内容在各个终端实现共享。

四、新媒体内容的管理

在新媒体内容的获取、集成和分发过程中，贯穿新媒体内容平台的还有一个重要的方面就是内容管理。新媒体的内容管理不仅能确保新媒体内容的安全，而且能促使新媒体内容的运营水平不断得到有效提升。在具体开展新媒体的内容管理时，以下几个方面要切实予以注意：

（1）新媒体在内容管理中要强调“媒介思维”，即要严格筛选内容，保障所传播内容的安全和健康，抵制恶俗内容，并要注意保护版权，以推动原创内容的不断发展。

（2）新媒体在内容管理中要引入媒体资产管理系统。媒体资产管理系统是对各种类型的媒体资料数据，如音视频资料、文本、图表等进行全面管理的综合解决方案，为的是实现内容的长期保持和重复利用。

（3）新媒体在内容管理中要做好内容监管工作。在新媒体时代，更多个人、机构和组织的内容被允许进入传播领域，为此，需要运用更多手段对内容进行严格的监管和把控，包括内容的安全性以及版权保护等，防止有害信息的非法侵入和传播。

第四节　新媒体广告的策划与运作

新媒体广告指的是“以数字传输为基础、可实现信息即时互动、终端显示为网络链接的多媒体视频上，有利于广告主与目标受众进行信息沟通的品牌传播行为与形态”[①]。新媒体广告要想获得成功，离不开周密的广告策划与运作。

一、新媒体广告的策划

新媒体广告的策划，对于新媒体广告活动能否顺利进行以及能否达到预期的广告效果有着重要的影响。因此，必须做好新媒体广告的策划工作。

（一）新媒体广告策划的含义

新媒体广告策划指的是以广告主的营销目标和广告目标为依据，充分利用新媒体及其广告受众的特征，对整个新媒体广告活动进行战略和策略上的规划。新媒体广告策划是一项复杂的

① 何倩，魏雄，何苗，等．实用新媒体简论[M]．成都：四川大学出版社，2016：119.

系统工程，而且对整个新媒体广告活动起着引领方向的作用。

（二）新媒体广告策划的原则

新媒体广告策划要想达到预期的广告效果，在策划过程中必须遵循以下几个原则。

1. 整体性原则

新媒体广告策划并不是孤立进行的一项工作，它是企业营销策划系统中的一个分支和重要组成部分，因而必须与企业的营销战略相符合、相配合，形成一个协调统一的大系统。此外，新媒体广告策划需要对广告调查、广告创意与表现、广告制作与发布、广告效果测定等各个环节进行有机融合，以推动这个新媒体广告系统发挥最大的作用。由此可知，整体性原则是新媒体广告策划过程中必须要遵循的一个原则。

2. 灵活性原则

这一原则指的是在进行新媒体广告策划时，必须要适应未来变化多端的环境与条件，策划中一定要增加动态、弹性的成分，考虑到诸多风险和可能，以便在后期能够根据实际情况及时作出有效的调整。

3. 目的性原则

在进行新媒体广告策划时，必须围绕着一个目的展开。也就是说，在进行新媒体广告策划之前，必须明确此次广告策划的目的，然后以此目的为依据，将广告活动的不同环节连接起来，以实现有条不紊的活动安排，有针对性地提出战略和策略，做到有的放矢。

4. 互动性原则

互动性强是新媒体最为鲜明的一个特点，这就决定了新媒体在进行广告策划时必须充分发挥新媒体互动性的特点，实现新媒体广告与受众的互动与沟通。如此一来，新媒体广告的受众能够进一步加深对广告的理解。

5. 创新性原则

这一原则指的是在进行新媒体广告策划时，必须充分调动起创意思维，大胆创新，以便能够在市场竞争中最大限度地吸引受众的注意，最终打动受众购买广告产品。需要特别指出的一点是，这里的创新不是天马行空、脱离实际的创新，而是建立在对品牌、产品、消费者深入洞察的基础上的创新。

6. 可操作性原则

新媒体广告策划的最终目的是要在新媒体广告活动的运作过程中进行操作，因此，新媒体广告策划的每一个具体的步骤和方法都必须是可以实际操作的。为此，在策划新媒体广告的过程中，要注意与企业实际相结合，并要选择实用性和操作性都比较强的广告创意方案、广告预算方案等。

（三）新媒体广告策划的内容

新媒体广告策划的内容，具体来说包括以下几个方面。

1. 新媒体广告目标策划

新媒体广告的策划需要以一定的广告目标来统领，因此在进行新媒体广告策划时，一项重要的内容便是确定广告目标。在确定新媒体广告策划的目标时，必须从实际的营销目的出发，既可能是为了配合新产品的上市，扩大产品的知名度，也可能是为了扩大市场份额，提高产品销量。此外，新媒体广告策划的目标往往并不是单一的，而是在不同的阶段会有不同的目标或不同的目标侧重。对此，进行新媒体广告目标确定时也要特别予以注意。

2. 新媒体广告目标受众策划

新媒体广告目标受众策划，事实上是明确新媒体广告要曝光给哪些人。新媒体广告目标受众策划要根据受众的生活习惯、消费行为、消费心理以及媒介接触行为及其特点等，做出具体的战略考虑和战术选择。而且,新媒体广告目标受众的精准度越高,越容易使新媒体广告实现预期的目的。

3. 新媒体广告主题策划

新媒体广告的主题是广告所要表现的中心思想,也是广告主通过广告试图向目标受众说明的基本问题。因此,新媒体广告的主题要从所宣传的商品、服务、企业和观念中找出能够调动目标消费者的兴趣、激发目标消费者欲望、说服目标消费者购买,并与其他的商品、服务、企业和观念相区别的理由。

在进行新媒体广告主题策划时,必须通盘考虑广告目的、受众的心理和行为等相关因素,并要根据受众的物质需求和精神需要制定对应的广告诉求重点,以便用户更好地接受广告所要表达的主题思想。

4. 新媒体广告媒介策略策划

新媒体广告媒介策略策划,就是明确与媒介计划相关的一系列具体问题,如选择哪个或哪几个新媒介进行广告投放,以及投放时间、投放区域、投放预算等。

5. 新媒体广告反馈系统策划

完整的新媒体广告活动势必包括广告效果的评估,所以在新媒体广告策划中,就要为效果评估的实现做好准备,预先策划好相关的反馈系统,方便新媒体广告主和新媒体广告代理商及时、准确地进行效果评估,以修正新媒体广告活动中的各种问题,指导下一阶段或下一次的新媒体广告活动。

二、新媒体广告的运作

新媒体广告的运作,对于新媒体广告的最终效果有着重要的影响。因此,必须重视新媒体广告的运作。此外,在新媒体广告的运作中,要特别注意以下几个方面。

（一）设计好的新媒体广告创意

创意是广告的灵魂，因而设计好的新媒体广告创意是十分重要的。所谓新媒体广告创意，就是在新媒体广告活动过程中，为达成特定的广告目标所开展的创造性思维活动，既具有艺术的特质，又具有营销活动的基因。

1. 新媒体广告创意的特点

新媒体环境下广告创意具体来说有以下特点：

（1）创意内容的丰富性。在新媒体中，由于新媒体的超链接的特点，一则广告可以承载的信息容量更为丰富，可以从不同层面不同深度建立与用户的关联。相应地，新媒体广告创意的内容也需要进行延展，不仅要考虑对第一级展示页面的创意形式，还应对用户点击进入后的下一级页面进行创意设计，比如如何采用更为新颖的方式链接相关信息、如何加强用户的参与度、如何与用户互动、如何与其他线下活动建立关联等，这都属于广告创意的新范畴。

（2）创意维度的多样化。新媒体广告在表现维度上，既可以涉及广告的展示方式，也可以考虑弹出方式、互动方式、响应方式等，而且每个维度上都有发挥创意的空间。

（3）创意手段的技术依赖性。附着于新媒体之上的广告创意与技术的运用是密不可分的，如二维码技术催生了以二维码为桥梁的互动广告等。

（4）创意平台的融合性。新媒体广告创意的这一特点主要表现在三个方面：一是新媒体广告可以利用各种技术手段，将不同媒体形式通过新媒体广告创意进行关联，并借助多种媒体的共同作用达成广告创意的价值提升；二是新媒体广告创意的隐蔽性越来越强，往往将广告信息融入内容和其他信息之中，使用户在浏览内容时潜移默化地受到影响；三是新媒体环境下的广告创意常常不是独立的广告作品的创意，而是一个整体营销事件兼广告活动创意。

2. 新媒体广告创意的原则

新媒体广告创意的原则为新媒体广告创意活动提供了兼具科学性与艺术性的行动准则，具体有以下几个：

（1）创新性原则，即在新媒体广告创意中，要注意呈现出新鲜独特的特点，拒绝平庸，拒绝因循守旧，给人以标新立异、出人意料的感觉。

（2）故事性原则，即在新媒体广告创意中，为了更持久地维持受众的注意力，激发受众的兴趣，以故事化的角度切入，或者在故事中植入广告的方式，以有效地减少受众对广告的回避行为。

（3）及时性原则，即在新媒体广告创意中，要注意与最新的信息、动态结合起来。

（4）互动性原则，即在新媒体广告创意中，要注意选择准确的渠道，提供及时的、富有乐趣的双向交流机会，并给予反馈的可能。

（二）做好新媒体广告预算

新媒体广告预算是指广告主对于某一计划期内，在新媒体领域开展广告活动的整体费用规划，包括广告费用额度、使用范围、使用方法等项目，是企业总体营销战略的重要组成部分。对于企业来说，做好新媒体广告预算，最根本的目的是以最少的花费取得最大的广告效果。通常而言，企业在进行新媒体广告预算时，可以借助于以下几个有效的方法：

（1）经验法，即企业经营者凭自己的市场经验，在综合考虑市场竞争状况、企业财务能力、上一年度的广告预算及广告效果等方面因素后，从而确定新媒体广告的预算方案。

（2）目标 / 任务法，即企业以自身的营销目标或销售任务为依据对广告目标和广告策略进行确定，并在此基础上计算出要达到这些目标所需要的总费用及具体分配方案。

（3）利润百分比法，即企业在实际获得利润的基础上，抽取一定比例来作为新媒体广告总费用。

（4）销售百分比法，即企业以前一年的销售额及当年的预计销售额为依据，抽取一定的比例来作为新媒体广告总费用。

（5）量入为出法，即企业以自身的实际财务状况为依据，在扣除了其他营销费用后，将多余的费用按一定的比例投入到新媒体广告宣传上来。

（6）竞争对手参照法，即企业参考竞争对手的广告情况对本企业的新媒体广告费用进行预算，并随着竞争对手广告费用的变化而有所调整。

（三）做好新媒体广告效果评估

新媒体广告效果评估指的是利用一定的方法、指标和技术，对新媒体广告效果进行综合评价的活动。对新媒体广告效果进行有效的评估，可以帮助广告主检验广告策划是否合理、广告创意是否有效、是否实现了预期的广告目标，并为下一阶段的广告活动积累经验。

1. 新媒体广告效果评估的内容

在进行新媒体广告效果评估时，应具体包括以下几项内容：

（1）新媒体广告在受众认知和受众心理上产生的影响，包括对广告信息、广告媒体、广告活动效果等多方面的考量。

（2）新媒体广告开展对广告主的销售业绩方面带来的影响。

（3）新媒体广告表现与新媒体广告目标之间的吻合度，以及广告媒体与目标受众的吻合度。

（4）新媒体广告的传播方式是否合理。

2. 新媒体广告效果评估的指标

新媒体广告效果评估的指标，具体来说有以下两个：

（1）展示类指标。展示类指标用以衡量新媒体广告传播范围的广度，主要包括页面访问量、独立访客数量、广告曝光数/可见曝光数（即广告投放页面的浏览量）等具体指标。

（2）效果类指标。效果类指标用以衡量新媒体广告发布后所产生的实际效果，主要包括广告点击数、广告点击率、广告到达率（即用户通过点击广告实际进入广告主推广页面的比例）、广告跳出率（即当用户点击广告进入广告主推广页面后，没有产生继续点击行为，而选择直接离开的比率）、广告二跳率（即用户通过第一次点击广告进入推广页面后，继续进行第二次点击行为的比率）、广告转化率（即用户在广告信息的影响下，通过点击广告进入推广页面，并产生了注册或购买行为，从普通的广告浏览者转化为注册用户或购买用户的比率）等具体指标。

第六章　新媒体传播的舆论引导与控制

长期以来，报纸、电视、广播等传统主流媒体一直担任我国政府新闻与宣传工作中的主角，尤其是在舆论引导方面更是占据非常重要的地位。但随着以互联网和手机为代表的新媒体的快速发展，新媒体传播以其开放性、交互性和自传播等特征，已经成为公众参政议政的新平台和舆论传播的新领域。对此，政府也应该要密切关注新媒体环境中的舆情动态，积极有效地实施舆论引导、控制。

第一节　新媒体舆论成为社会舆论的主流

新媒体舆论，是指在互联网、手机媒体等新媒体上传播的公众对焦点问题所发表的有影响力的意见或言论，亦是现实民意借助于新媒体的表达。近年来，我国相继发生的几件大事被新媒体聚焦并在“虚拟社会”上掀起了巨大波澜，引起现实社会的广泛关注，使人们开始关注新媒体舆论的影响力。新媒体已成为我国公众表达民意、讨论公共事务、参与经济社会及政治生活以及进行舆论监督的重要公共平台，新媒体舆论已经成为我国社会舆论的重要组成部分。新媒体舆论已从影响甚微的边缘走到了主流的位置，成为各类社会事件发展进程的重要影响因素和主流舆论的组成部分。

一、新媒体舆论的特点及存在的问题

新媒体所具有的开放、即时、互动传播等特性使新媒体舆论呈现出迥异于传统舆论的一些特征，如议题生成的自发性、内容的丰富性、传播空间的延展性、舆论主体的匿名性、意见汇聚的即时性、价值观念的多元性、意见表达的失范性，而且新媒体舆论传播中的“把关人”缺失，也容易导致舆论失控。

从近年来的情况看，新媒体舆论存在的不良现象主要表现在以下方面：

（1）谩骂与攻击。网络的匿名性及隐藏性使网民对于他人的攻击和谩骂成为一种多见现象。

（2）发布虚假信息。由于网络信息发布的便利性，以及网络信息审查与传统媒体的信息审查存在巨大差异，导致网络上虚假信息发布非常容易。

（3）大量民事侵权。新媒体舆论侵权既有侵犯人身权的，也有侵犯财产权的。在网上未经同意公布当事人的姓名、电话、地址等个人信息，干扰了当事人的生活安宁并侵犯了其隐私权。网络并不是法律的真空，新媒体舆论中存在的侵权行为同样要承担相应的法律责任。

二、新媒体舆论的管理

新媒体舆论是时代发展和社会进步的产物，这就注定了我们必须积极应对而不能消极回避它。对待新媒体舆论，既要发挥新媒体舆论的积极作用，又要把它的负面影响降到最低，需要做到以下几点：

（1）管理舆论。言论自由是有界限的，这个界限就是不能超越法律的限度。规范新媒体舆论，需要进一步完善、清理立法，形成系统、有序地调整网络关系的法律体系。要加强新媒体管理中网络犯罪、个人隐私保护等相关方面的立法，为虚拟的社会管理提供明确的法律约束机制。

（2）掌握舆论。在网络时代，要形成健康向上、法治文明的新媒体舆论，就必须让网民喜闻乐见、弘扬正气的舆论占据主导地位，及时清除有害信息与消极舆论。同时要积极引导舆论，政府网站与门户网站应当在这方面发挥重要的作用。

（3）自律舆论。作为网站，应当文明办网；作为网民，应当文明上网、理性上网，倡导网络文明道德，使网络成为先进文化传播的阵地。

（4）充分发挥意见领袖功能，提高新媒体舆论的引导能力。要培养"专业型"意见领袖，改变"大而全"的策略，走精准化路线，集中力量打造特定领域的民意主导者，在保证其拥有基本社会道德的基础之上，更加重视他们在专业的、特定的领域内的权威。关于意见领袖的内容，后文将进行更为详细的阐述，这里不再展开。

（5）积极推动政务信息公开，确保公民的知情权和监督权。新媒体推动了政务信息公开的进程，也对政务信息公开提出了快速、及时、准确、权威的新要求。要搭建政府与网民迅速、高效沟通的有效平台。

（6）建设网络事件监测体系，健全网络舆情预测与预警常态工作机制。自2003年起，舆情监测成为各级党政部门的一项重要工作，开始进入制度化、规范化发展阶段。此后，我国陆续建立了从中央到地方的舆情监测体系。

第二节　新媒体环境下网络舆情的发生机制与传播渠道

网络舆情是指在互联网上流行的对社会问题不同看法的网络舆论，是社会舆论的一种表现形式，是通过互联网传播的公众对现实生活中某些热点、焦点问题所持的有较强影响力、倾向性的言论和观点。当前，网络舆情已成为政府和企业了解社情民意的重要窗口，网络舆情管理也成为政府对公共事件、危机事件进行应急管理最重要的一环。对此，我们有必要探讨网络舆情的基本理论及其运动规律，必须研究网络舆情的产生机制和传播渠道。

一、网络舆情的发生机制

网络舆情的产生与社情民意有着密切的关系，网络舆情与社情民意分别作为网络空间与现实社会民众态度的风向标，可以相互转化和影响。网络舆情中蕴涵着网民的社会心理，社会管理者要重视并正确对待网民意见，运用议程设置引导网络舆论、培养意见领袖、倡导网民自律，同时强化媒体“把关人”作用。

（一）社情民意

社情民意是指能够反映国家大政方针的社会生活基本情况以及人民群众对关注的热点问题所表达的真实意见和愿望。

1. 社情民意的表现形式

在我国，社情民意的表现形式主要分为以下几种：

（1）人大代表以及政协委员在全国会议上提出的议案。

（2）政协全体委员会议、常务委员会议和其他各种会议提出的意见、建议。

（3）各政府机构的视察报告和专题调研报告。

（4）全国政协内部发行的各种报纸杂志以及简报等。

（5）人民群众和各界人士来信来访。

（6）媒体所反映的关于社情民意的各类报告。

2. 社情民意的现实价值

（1）了解社情民意可以很好地掌握网络舆情事件的发生、发展过程。社情民意往往是网络舆情事件发生、发展以及消退的风向标，网络舆情事件的发生、发展以及消退过程就是广大网民通过网络表达自己意愿并付诸行动的过程。现代网络的发展改变了传统媒体一对多的传播模式，网络是一种双向的交互式的传播通道，广大网民通过互联网都拥有了自己的话语权，他们可以通过网络跟帖、新闻评论等方式表达自己的观点和对相应事件的态度。政府部门通过了解社情民意，满足广大群众利益诉求，事件就会慢慢消退。

（2）畅通社情民意反映渠道有利于提升舆情事件的预防和引导能力。社情民意反映了民众的心声，政府有关部门通过及时有效地搜集和分析社情民意，可以了解人民群众的思想动态、心理情绪、愿望心声以及对一些重大事件的态度、观点等，立足长远分析存在的问题，采取有效措施预防重大舆情事件的发生。而对于已经发生的重大舆情事件，可以通过搜集反映该事件的社情民意，把舆情事件向好的方向引导。

（3）了解社情民意可以为政府决策提供参考信息，有利于政府制定决策。经济社会的发展以及价值观念的多元化使得不同利益群体的利益诉求不断增加。政府在协调社会利益的过程中要尽可能地引入社情民意，在做出决策前与各利益群体协商、沟通以及交流，通过多方面、多渠道、全方位交流了解社情民意，从而获得尽可能多的民意信息以供决策参考，进而辅助决策的制定。

（4）在决策制定过程中引入社情民意，有利于政府决策的执行。传统的政府决策模式比较封闭，对广大人民群众的合理利益诉求常推诿扯皮，对有的重大社会舆情态度不明。然而政府通过引入社情民意，搜集各方民意，可以提高公民参与度，取得相应利益群体的支持和维护，这就会大大降低政府决策执行的难度。

3. 网络舆情与社情民意的相互影响

（1）网络舆情对社情民意的反映。网络舆情在反映社情民意方面更具优势，网络舆情内容及其传播导向的特殊性反映了当前社会极其复杂的特点，网络问题归根结底是现实矛盾的产物，因此网络舆情是较全面、较快速反映社情民意的有效窗口和平台。信息化时代，网络为社会公众提供了一个可以相互交流的平台，让民众表达得到了最大限度的呈现，改变了诉求表达机制不畅通的局面，使得社情民意表达更接近真实。

（2）社情民意对网络舆情的影响。当前网络舆情事件频发绝大部分原因就是常规的民意表达渠道不畅。由于社会阶层分化，理想和现实的差距容易导致民众情绪淤积，此时就需要畅通的民意表达渠道供民众发表意见和观点，然而常规的渠道容易在民意表达的过程中出现阻塞，民意表达就会被挤压到监管相对薄弱的网络世界中，以网络舆情事件的形式释放出来。网络只是民众表达意见与情绪的渠道之一，而且相当部分网络舆情的爆发都是现实社会中反映意见、解决问题的渠道不畅通导致的。从预防和消解网络舆情的角度看，加强现实社会中社情民意反映渠道建设、重视现实社会中社情民意的表达具有重要的价值与意义。

网民通过发表自己的观点和言论极易成为网络论坛的热点和焦点，从而引发重大网络舆情事件，网民的群体极化现象更易使得网络舆情事件迅速放大，造成严重的后果。因此在应对网络舆情事件的过程中引入社情民意，充分发挥社情民意的积极作用，畅通社情民意反映渠道，充分吸收和反映社情民意，把重大网络舆情事件往理性的方向引导。在政府决策的过程中引入社情民意还可以最大限度地预防重大舆情事件的发生。

总之，社情民意已成为网络舆情产生、形成和发展的最重要的策源地，充分采集民意、汇集民意，充分发挥民意在网络舆情中的积极作用，是网络舆情研究中不可缺少的一环。

4. 网络舆情与社情民意的转化

网络舆情和社情民意之间的互动应当是一种常态，两者是统一的，并存在一定的对应关系。具体来看，网络舆情和社情民意都包括了公开与不公开的部分，只要是网民所想的通过网络表达出来，都是舆情或民意。网络舆情和社情民意都侧重于网民对社会各种具体事务的情绪、意见和愿望等的表达，是直接来自网民的心声。

网络舆情的基础就是社情民意，有什么样的社情民意就会显现什么样的网络舆情，社情民意中的意见和建议未经公开表达，而是以情绪的方式变现出来，这部分社情民意就转化为实实在在的舆情，当这部分舆情通过互联网传播时，就演变为网络舆情。从网络舆情研究对象主体、客体、本体来说，网络舆情的形成是多种合力的结果，是多种意见的总合向有影响力的意见转化的过程。这一转化过程非常复杂，而传统媒体的介入和网络媒体的报道起着放大的作用。

网络舆情对应的是客观存在的民意，是社会集体意识的一种反映。当隐藏的、未公开表达的网民情绪、态度、立场和意见通过互联网表达出来，没有引起足够的重视和回应，肆意发酵时，社情民意就上升为网络舆情。社情民意转化为网络舆情后，网民的动态和价值取向还影响着网络舆情的发展和走向，网民的群体极化现象会让网络舆情事件往极端的方向发展，从而造成严重的后果；但如果政府决策的制定能合乎广大民众的利益诉求，理性引导网民的行为，网络舆情事件就会朝着有利于社会稳定的方向发展，直至消退。

（二）社会心理

社会心理是指在一段特定的时期内存在于社会及其群体中的整个社会心理状态，表现在人们普遍的生活情绪、态度、言论和习惯中。人们的社会心理状况最终取决于社会生活实际，直接形成于种种现实生活迹象中。构建和谐社会需要重视网络舆情中的社会心理，注重发挥社会心理机制的作用。

1. 网络舆情中社会心理的主要内容

网络舆情事件的发生与一定时期的群体社会心理有着密切关系，需要引起政府管理者的高度重视。从内容上看，网络舆论所折射出的社会心理主要有以下两大方面：

（1）社会公平正义。近年来，社会转型带来的结构性矛盾成为舆情的重要触发因素，社会公平正义得不到彰显，很容易激起网民反响。其中反腐败是一个焦点，司法、行政中的公平、公开、公正问题也是网民关注的热点。

（2）民生。食品安全、住房、医疗、教育等也是网络舆情所折射出的社会心理热点。网民对食品安全问题频发、生态环境恶化、房价高、就医难、医疗费用高、入学难等问题多有不满。

2. 网络舆论中的社会心理产生的特点

（1）网络群体形成的无组织性。网络群体的形成主要是社会上大量不同身份、不同地域的人群围绕同一社会议题的讨论而聚集起来，并无组织机构来聚合。可以说，网民是一群松散的、没有组织的人。

（2）群体领袖力量的弱化与群体从众心理的强化。在传统的群体中，群体行动的方向主要还是依据群体领袖的领导。在网络世界中，海量信息使强势意见领袖对网络群体的影响逐渐减弱，而网络群体的从众心理得到进一步强化，一旦某种主流意见在网络群体中形成，个体为了避免被孤立，总是喜欢随大流，结果就造成个体会追随群体观点而放弃自己的观点的现象。

（3）非理性和极端化倾向明显。在网络舆论的形成过程中，群体性质、心理特征与信息选择心理结合网络的匿名性往往容易使得网络中个人的责任感消失殆尽，群体极化倾向严重，非理性言论泛滥，舆论无政府状态出现。

3. 在网络舆情中对社会心理的引导

网络舆论社会心理不能控制，只能引导。网络信息管理不能只靠简单的行政手段干预，而应尊重法律、尊重舆情规律，科学、有效地进行监测和引导。

（1）社会管理者要重视并正确对待网民意见。网络舆论热点很多与政府有关。从近年来的一系列舆情事件看，如果政府方面对媒体上的舆论无动于衷,就可能使舆论不断走向对政府不利的一面。如果政府有关部门能积极妥善处理网络事件,政府和公众之间通过互联网进行议题互动,就会有力地化解矛盾、缓和社会情绪。当然,网络上也存在一些不理性、不客观的舆论。对此,社会管理者应该保持清醒的头脑、理性的态度,合理对待网民的意见。

（2）运用议程设置引导网络舆论。目前网上各类民意的表达实际上是公众期待与政府形成互动,盼望得到政府的反映,是公众为政府设置的“议程”。政府应充分利用公众议程引导舆论,而互联网也为政府设置议程提供了多种灵活的渠道。有效引导网上舆论是个系统工程,单方面的努力难以起到作用,应通过立体的议程设置建立引导网上舆论的体系。在此过程中,政府不应局限于舆论引导的微观层面,更要进行宏观的议程设置,为营造良好的网上舆论环境创造有利的外部条件和舆论形成的基础。

（3）培养意见领袖。在互联网上发挥意见领袖的作用,这对舆论的引导既具有针对性又具有必要性。如果意见领袖能及时地体察出网民的关注点和困惑点,引导网民共建和谐社会,就会起到官方媒体无法替代的作用。

（4）倡导网民自律。网络行为与现实行为一样,都具有公共性和社会性,从来不是绝对的私密,也不是绝对的自由,也要受到现实秩序的约束。网民在公共平台发表意见,应该自觉自律,遵守法律和道德,明辨是非,谨言慎行,不信谣,不传谣,使“谣言止于智者”。

（5）强化媒体“把关人”作用。网络媒体“把关人”包括网站的编辑、网络社区管理员等。在自媒体时代,官方媒体和主流媒体仍然承担着最重要的信息传播功能。在网络公众事件的发生、发展过程中,网络媒体“把关人”通过对信息的取舍、筛选,对有益的信息进行大力推介,对危害社会和谐稳定、违反法律的有害信息进行及时剔除,可以有效地引导舆论走向。

（三）意见领袖

随着互联网技术的发展和普及，出现了一批网络意见领袖，他们通过影响众多网民和舆论走向，正在成为一支重要的社会影响力量。在互联网时代，与传统社会意见领袖一样，网络意见领袖与受其影响者处于同一群体并拥有共同的兴趣爱好。不同的是，他们所属的同一群体是存在于网络社会的虚拟群体，这些群体是基于共同兴趣而建立的。共同兴趣是意见领袖与受其影响者之间产生联系的基础，也是意见领袖发挥个人影响力的前提。而同一群体的身份使意见领袖的意见和观点更具说服力，更易获得群体成员的信赖和尊重。

1. 网络意见领袖的构成和作用

（1）网络意见领袖的构成。网络意见领袖，主要包括政府部门网络发言人、网络媒体评论员、网络知名专家、网络论坛版主、知名博客博主、微博“大V”等。其中，政府部门网络发言人由于具有独家的新闻发布渠道和官方身份，在提供信息的权威性、可信度方面具有较大优势。而其他几类网络意见领袖，则主要是基于其发布意见比较善于聚焦公众关注的热点话题，观点有见地、有新意，表达通俗易懂、有冲击力，能吸引眼球，在网民中易引起共鸣。

（2）网络意见领袖的作用。网络意见领袖的作用表现为通过议程设置影响舆论。在议题分布上，对政治、经济、军事、外交等国家大事和与民生相关的医疗、教育、住房等最为关注。他们往往采取先声夺人的方式，提出公众关心的问题，继而以公众代言人的身份，对事件及当事人展开评价、分析甚至批判。在网络传播过程中，由于意见领袖被认为能够代表其所在全体的主流意见，一旦意见领袖就某一问题发表了意见，则很容易引起公众的赞成、响应甚至盲从。

2. 充分发挥网络意见领袖的积极作用

（1）正确对待网络意见领袖。在众声喧哗的网络世界，由于网络意见领袖与网民身份接近，容易交流意见，具有独特的优势。他们针对社会热点公共事件发表言论，与网民、媒体之间形成互动，其观点往往影响大批“粉丝”和舆论走向，甚至改变公共事件在现实中的走向。代表正确舆论方向的意见领袖可以凭借其网络公信力、权威性，及时发布正能量的声音，从而发挥主流官方媒体无法替代的正面引导作用。只要确保这些意见领袖能充分发挥其领袖作用，在网络互动中影响和感染其他群体，就能有效引导互联网中的舆论方向，避免网络暴力的发生。可以通过邀请现实生活中某一方面的权威来承担网络中“意见领袖”的角色，参与网络互动，争取更多网民的支持、理解和参与。这在一些大型论坛应用得非常成功。例如，人民网强国社区的“嘉宾访谈”已经成为一个影响巨大的栏目。每年“两会”期间都会邀请全国人大代表、政协委员与网友交流互动，产生了极好的影响。

（2）培养和团结网络意见领袖。网络意见领袖是随着社会发展自发产生的，但也可以通过积极培养而壮大数量，提升素质。社会管理者要进一步解放思想，创造条件，整合体制内外的资源，发挥平台、渠道、资金、技术等优势，积极培养、扶持有较高政策水平、网络传播能力的网络论坛版主、网络访谈节目名主持人、网络社区名评论员和知名博客、微博博主，将其纳入社会主流意见群。对业已得到网民公认的意见领袖，只要是不违法、不违反社会公德的，无论其社会身份高低，都应采取友好、团结的态度，积极开展沟通交流活动，帮助他们更加积极正面地看待问题，发表理性不偏激、富有建设性的言论，共同促进网络文明和谐。

（3）依法引导和管理意见领袖。互联网不是法外之地，在互联网上发布言论必须合法、合德，对网络意见领袖的管理也应在法治轨道上运行，同时要遵守社会道德规范。依法加强互联网监管和对意见领袖进行必要的引导要符合国际惯例。

二、网络舆情的传播渠道

综合来看,网络信息传播和网络舆情传播犹如孪生兄弟,互为共生,网络信息和网络舆情在共享传播渠道的基础上,呈现出各自在政治学和传播学领域的差异形态和不同机制。由此,需要对网络舆情的传播渠道有清晰的认识。网络舆情的传播渠道包括有形和无形两种,有形的是媒介形式渠道,无形的是公众心理情绪渠道。

(一)媒介形式渠道

网络舆情必须借助媒介渠道才能实现传播和衍变,新媒体媒介形式加速了这种媒介渠道的重要作用。此外,近年来,各类典型的网络舆情都是通过新媒体媒介渠道促发和衍变的。当然,网络新媒体作为非结构化渠道发挥作用,传统媒体的结构化渠道也不可忽视。

1. 网络新媒体的非结构化渠道

网络舆情的传播渠道主要是网络新媒体。网络新媒体的形态随着网络技术的变化而有所不同,从开始的新闻组、论坛、门户到微博、微信,贯穿其中的是技术功能和数据。其技术特点决定网络新媒体的数据化特性,那就是网络新媒体的用户可量化。网络用户的网络行为的巨量积累,形成所谓的大数据基础。这种大数据带来了非结构化的特性。非结构化的状态带来了网络舆情的复杂和不可完全把控性。从网络用户立场看,网络用户始终是在活动的。当然,网络舆情在大数据的环境中传播,在可承担的人力成本、经济成本范围内,管理者可以借助结构化方式去追溯舆情事件的传播路径。

2. 传统媒体的结构化渠道

从不同的传播渠道对比来看,传统媒体作为传播渠道,它的舆论扩散和到达率不如网络媒体，但是，在整个传播渠道中仍然是非常重要的一个节点。对于报纸杂志而言，能够看到网络舆情的传播形态存在于报纸杂志的定位、采编流程、内部审稿流程、编辑记者与采访线索及采访对象之间整理信息和提供信息的关系和过程中。舆论和舆情的传播在很大程度上受限于报纸杂志的议程设置。对于广播和电视而言，对于网络舆情的传播也是遵循采编流程、内部审稿流程，存在于编辑记者与采访线索及采访对象之间整理信息和提供信息的关系和过程中。

（二）心理情绪渠道

在网络舆情传播过程中，报纸杂志、广播电视和网络新媒体等媒体构成网络舆情传播的重要有形渠道，但是，在心理学层面的个体心理之间的信息传播才是网络舆情传播渠道的最“原生态”的存在。心理情绪渠道可分为社会话题的立场传播渠道、网络话题的情绪传播渠道。

1. 社会话题的立场传播渠道

从“沉默的螺旋”的规律看，大多数个人会力图避免由于单独持有某些态度和信念而产生的孤立，对于一个有争议的议题，人们就会形成有关自己身边“意见气候”的认识，同时判断自己的意见是否属于“多数意见”。当人们感觉到自己的意见属于“多数”或处于“优势”的时候，便倾向于大胆地表达这种意见，否则就保持沉默。

越是保持沉默的人，越是觉得自己的观点不为人所接受，也就越倾向于继续保持沉默。几经反复，便形成占“优势”地位的意见越来越强大，而持“劣势”意见的人发出的声音越来越弱小，这样的循环形成了“一方越来越大声疾呼，而另一方越来越沉默下去的螺旋式过程”。在传统媒体构成的舆论空间中，这种“沉默”的选择在个体与个体之间会以信息孤岛的方式节奏比较缓慢地传播。在网络空间里的社区、论坛、博客、朋友圈等环境中，网络舆情也体现了这种“沉默的螺旋”特点。

在基于观点和立场的表达构成的网络舆情中，一定程度上是报纸杂志和广播电视的议程设置在引导着社会公众的舆情走向，而在网络发展和兴起后，“沉默的螺旋”的结构化更多地偏向于个体的情绪化结构。

2. 网络话题的情绪传播渠道

网络媒体和网络社交的普及应用逐渐消解了原有社会的传播结构和交往方式。全新的信息传播方式带来的最大变化就是信息传播权和知晓权落到了个体手上，因此带来了网络舆情的异常活跃和非结构化状态。

网络舆情的基础是网民的社会心理，公众通过情绪、认知和态度倾向等显露出一种行为倾向。这种显露行为既包含明明白白的舆情表达如网络“吐槽”和网络“人肉”搜索等方式，也包括隐晦的和暗藏的舆情表达如文艺作品、民谣或者表达冷漠等方式。作为网络舆情表达主体的网民只有通过特定方式的舆情表达，才能将网络舆情的状态显露出来。网络舆情表达的渠道和方式较复杂，通畅是网络信息大数据形态中的非结构化可见形式。

第三节　加强新媒体舆论引导的方法

新媒体坚持正确的舆论导向，既是马克思主义意识形态建设的需要，也是社会整合、人民团结、党的统一和国家稳定的要求。任何一个社会，如果舆论过于分散，都不利于社会的整合，舆论的极度混乱甚至可能导致社会崩溃。现代社会网络媒体异军突起，网民数量激增，网络舆论成为舆论的重要组成部分。网络舆论的分散化和群体化并存、异质化和同质化并存的特点更加令人扑朔迷离。舆论引导也面临比以往更加复杂的形势。以下就从渠道、机制两个角度阐述加强新媒体舆论引导的方法。

一、从渠道上加强新媒体舆论引导的方法

（一）政府要充分利用新媒体

政府要充分利用新媒体提高信息发布的透明度、增强社会管理和调控能力，可以考虑从以下三大方面入手。

1. 转变管理观念

传媒管理者及媒体专业者必须重构政府与媒体之间的新型关系，从“媒体控制”转变为“媒体合作”。相应地，媒体与政府之间的关系，也由原来一体关系，到侍从关系，再向伙伴关系转变。在社会转型的过程中，应该让媒体成为政府的诤友。在管理观念的转变过程中，还应注意对传媒运行规律的尊重。承认媒体的专业性，尊重新闻价值规律，而不仅仅是从管理者的主观愿望出发，才能更科学地引导新媒体舆论。

成都市在打造移动舆论场之“国家队”方面积累了不少成功的经验。该市建立健全了网络安全和信息化工作领导机制，扎实推进依法管网、依法办网、依法上网，不断在移动舆论场开展舆论引导新阵地，逐步构建了新闻客户端、微成都、成都发布、成都服务等政务微博和政务微信，带动传统媒体与新兴媒体融合发展。国外有一些做法也可以参考，美国政府努力实现新媒体平台下的政府信息传播与互动，奥巴马政府着力推行“E外交”，打造了一个以白宫本网为中心，各大社交网站为功能延伸的政府信息传播及互动平台，在政府与公众间建立起一条开放、互动、即时的资讯传播链条。

管理者还应利用新媒体紧密、快速、有效地联系受众。交互性较强的微信、微博等社会化媒体能有效联系人群，其构建关系的关键在于“紧密联系”，个体创造性在Web2.0中得到释放，善用这些途径，了解并掌握这些途径，与受众站在同一条起跑线上，相信管理者与新闻专业工作者会有不同的视野。此外，还可以建

立独立运行的信息管理机构或团体。国外已经建立起这样的独立机构，如加拿大有首席信息官，墨西哥有独立审查委员会，都能在Web2.0时代率先运用先进的信息技术，以公民为中心提供简便、快捷、低成本的信息服务，与公众不断交流对话。

2. 更新调控手段

树立传媒治理的观念，意味着社会调控手段的更新，即在坚持党管媒体的原则的同时，改善党管媒体的方式方法。首先是以对舆论导向的“宏观调控”取代对具体报道内容的耳提面命式的“微观干预”；其次是依法行政，以法制化、规范化的手段来调节媒体行为。借助互联网这个平台进行信息传播，提高信息发布的透明度，增强社会管理和调控能力。

3. 重视民间舆论诉求

在对新媒体进行舆论引导的过程中，不能忽略现实新媒体所代表的民间舆论诉求。网络媒体面对来自网民的各种声音，要善于分析网民所反映的问题，找出舆论实质，不能只看表面。重视、尊重新媒体舆论诉求，尊重新媒体发展规律，才能更好地进行引导。

知情权是现代社会公民的一项基本人权，公众需要不断获取各种信息来充实自己的生活，做出自己的选择，保障自己的合法权益。公众的知情权得到满足，很大程度上即可减少谣言的出现。

（二）新媒体自身加强舆论引导

1. 加强网络媒体舆论引导力

（1）做好网络舆情预警。传媒是社会应对危机的“雷达”和“预警机”，这主要表现在媒体应在第一时间快速向公众告知各种社会危机信息。如果媒体对危机事件的预警报道能正确反映事件的发展进程，人们就能够对危机形成正确的看法并由此采取正确的行动，从而减轻或消除危机所带来的巨大危害，防患于未然。

鉴于此，应尽快建立并完善互联网舆情汇集与分析机制。要想掌握舆论的话语权，就应当时时检测舆情，准确进行舆情分析和判断，及时回应与疏导网上言论，化解舆论危机，掌握舆论引导的主动权。建立信息公开、发布机制，保持信息公开通畅。准确把握虚假信息的重要性程度及敏感度，有效预警，及时开展调查取证工作，澄清谣言，疏导危机，就能将危机及早消弭于无形。

（2）设置网络议程。新闻媒体要善于捕捉、追踪和报道重大事件和热点、焦点、难点问题。敏锐地分析舆情，了解大众的所思、所虑和所忧，摸清楚公众最关心、对他们的生活和工作有重大影响力的问题，然后及时准确设定媒体议程，进行重点报道。同时要善于引导公众正确认识和对待这些热点议程，纠正由偏见、谣言、流言等所激发而形成的谬误言论，做出权威、详尽、令人信服的评论、解释，发挥释疑、解惑、求真的作用。在网络这个虚拟的空间里，各种各样的“议题”纷至沓来，常使网民感到莫衷一是。通过“议题设置”可以把社会的注意力引导到特定的方向，帮助网民提高对环境的认知，从而达到引导舆论的目的。

突发事件和重大社会问题之所以难以报道，原因在于其背后往往隐藏着多种矛盾，报道的分寸把握不好，就可能带来负面影响，使问题更加复杂化。这要求设置相关话题时具有大局意识、责任意识，充分考虑事件的整体状况和发展变化的规律，稳妥、准确地把握群众的利益和情绪，以积极健康的舆论氛围发挥心理疏导、安抚情绪、缓和矛盾的作用，帮助政府部门妥善、迅速处理突发事件，维护社会的和谐稳定。

（3）重视“把关人”作用。传统媒体的信息控制通过各个层级的“把关人”来完成，“把关人”在传统媒体中处于决定媒介内容的支配地位。但网络的非中心特征、网络的无疆界特征、网络的散播传递方式、网络的“匿名效应”等都在摧毁传统意义上的“把关人”，网络论坛传播更是一种典型的“去中心化”的信息流动，网民更多的是采取交互方式接收信息，这种交互性方式也使“把关”角色弱化。由此，传统媒体中那种“沙漏”式把关的传播过程已经被网络状的传播模式所取代，媒介作为"把关人"的作用被大大削弱，由政府部门和专门的社会组织充当"把关人"已不足以应对当前面临的困境。但是，新媒体传播的开放性和匿名化削弱了"把关人"的特权，但并不等于"把关人"职能的终结。实际上，在网络传播中，被削弱的主要是政府的"把关"功能而不是传统媒体背景网站的"把关"功能。就大众传播而言，信息的"把关人"不仅包括信息收集者和信息加工者，还包括公共关系从业人员及其他意欲影响大众媒介内容的利益团体的代表。虽然政府的直接控制力相对减弱，但它会采取其他一些措施，如扩大自己国家的一些主要新闻机构的影响，以防止本国受众的流失，并强大政府在网络中的声音。

新媒体"把关人"是新闻和资讯以及服务的重组者、链接人和发布平台。除了新闻价值的专业判断之外，还要考虑如何体现广度，在多种载体上获取信息，针对不同的受众分配不同的新闻信息，以及培育不同的新闻增值产品。媒体把关人必须适应时代的变化要求，勇于和善于承担起自己的社会职责，承担起对新闻的解释和评析，正本清源，求真务实，引导社会舆论。无论是通过价值判断在海量新闻信息中进行的优化筛选，还是通过"议程设置"进行的价值导向，网络编辑都是事实"把关人"，无时无刻不在行使把关权。如果网络媒体放弃把关，海量信息鱼龙混杂不加区分地在网上罗列，显然会使网民不知所措，网站存在的价值和意义就不复存在。

值得注意的是，网络媒体的把关不能以牺牲网络新媒体的优势和发展为代价，不能单纯为了把关而封闭社会，片面强化管制。

此外，还应充分发挥意见领袖的积极作用。由于相关内容前文已经进行较为详细的阐述，因此不再展开。

2. 加强手机媒体舆论引导力

（1）充分利用优势，正面宣传为主。手机媒体的最大优势是能在最短时间内、最快报道事实。手机媒体舆论引导要坚持有利于稳定社会情绪、促进和谐社会建设，以正面宣传为主，在重大突发事件中，更要充分发挥优势，迅速传递，正面引导，积极疏通。

（2）手机媒体与其他多种媒体形成积极互动。在舆论形成和发展的过程中，手机媒体可以和报纸、广播、电视、网络等媒体形式积极联手，共同发力，形成舆论合力，推动事态发展。

（3）开发出更多的舆论引导形式。手机媒体可以开发出更多的舆论引导形式，如特设专题和及时的评论；设舆论监督版块，化解公众的不良情绪；展开对争议性话题的讨论，吸引大众参与。

（4）加强手机运营商的管理和自律。加强对手机运营商管理、手机运营商加强自律会是比较有效的手段。英国手机网络运营商联合通过了行业自律条例并建立独立的监管机构，其结果卓有成效。我国迫切需要早日形成专业化的媒介伦理。

3. 加强微信、微博、博客舆论引导力

在新媒体环境下，传统媒体需要规范微信、微博新闻的发布流程、提高信息过滤功能，从源头上减少谣言产生的可能性。主流媒体微博使用者面对各种模糊不清的信息，应多一些批判，少一些盲从，及时发布权威信息，引导公众理性思考。

同时，微信、博客、微博的发布者也应有强烈的公民责任意识，提高自身素养。2014 年 8 月 7 日，网信办发布《即时通信工具公众信息服务发展管理暂行规定》，提出服务提供者从事公众信息服务需取得资质、强调保护隐私、实名注册、遵守“七条底线”、公众号需审核备案、时政新闻发布设限、明确违规如何处罚。除了道德的自律与行业的规范，更需要进一步完善法律制度，才能在网络谣言损害到公民个人合法权益时，做到有法可依，违法必究。

此外，应建立起科学的、基于微信的舆情监测体系，实现对社交媒体舆情的实时掌握。发现相应的网络舆情后，及时处置，正确引导。

（三）传统主流媒体引领新媒体舆论

传统大众传媒都是党和政府的宣传舆论机构，有着明确的宣传指导思想、规范的信息管理体制和专业的编辑记者队伍，在受众中享有较高的信誉。新媒体舆论引导的过程中，不能忽略传统媒体对新媒体的舆论引导，要与传统媒体融合嫁接，形成强大的合力。新媒体与传统媒体之间，应是互补、互动、互利、互助的合作关系。对此，传统主流媒体要主动发展新媒体，充分利用新媒体技术和新媒体手段促进国内外传播能力，继续保持和发展对社会舆论包括新媒体舆论的引领作用。第一，在技术层面上，传统媒体要引进新技术、适应新技术、熟练掌握新技术，努力与新媒体在技术层面站在同一起跑线上。第二，传统主流媒体应该积极转换观念，变被动调整者为主动调整者，调整传播策略，与互联网、手机等新兴媒体进行资源整合，以便在“碎片化”传播语境下，最大限度地影响受众，从而实现舆论导向功能。第三，做好新旧“连接”。传统媒体应把自身具有的优势信誉延伸到网络上，积极引导网上舆论，形成良好的传播环境。网络媒体的发展也离不开传统大众媒体这个“母体”，它需要借助传统主流媒体的内容与深度，两者有效结合、“新旧连接”才能实现传播媒体和社会信息资源合理分配的目标。

二、从机制加强新媒体舆论引导的方法

（一）切实保障新媒体舆论引导机制正常运转

1. 组织保障

确保新媒体舆论引导机制正常运转，提高新媒体舆论引导能力，必须坚持马克思主义新闻观，坚持正确的舆论导向。我们国家的新闻媒体是党和人民的喉舌，具有鲜明的党性特征。马克思

主义新闻观是社会主义国家新闻事业的指路明灯。如果离开了马克思主义新闻观的指导，社会主义新闻事业就会迷失方向、误入歧途。

新媒体的管理涉及宣传、广电、通信、公安、安全等多达20余个部门，他们分头负责制定具体管理办法、协调解决互联网重大问题，由于管理部门众多，一定程度上存在管理权限、内容交叉重复、责任不明的问题，削弱了管理力度。所以，要理顺新媒体管理部门，明确各部门职责，同时加强协作，在一定程度上即能够避免责任不明、效率不高、扯皮推诿等现象。建立新媒体管理专职机构，整合新媒体宣传管理的相关行政资源，形成有效管理的体制机制，改变“多头管理、都管都不管”的情况。

2. 制度保障

新媒体舆论引导作为一个结合政府、媒介、受众的复杂系统，必须在社会实践中权衡各个标准，保持兼容的协调性，使整个系统有弹性地运行。面对复杂的新媒体态势，相关部门要研究媒体格局的变化，改变传统理念和落伍的新闻生产与管理方式，总结规律性的认识，建立起对新媒体舆论引导的制度保障。

3. 构建新时期的舆论调控体系

构建新时期的舆论调控体系，还必须建立起保障新媒体舆论引导有效进行的长效机制，建立一套完善的舆论调控体系、舆情信息的汇集和分析机制、舆情的预警和快速反应机制、健全的社会信息披露制度，只有这四个环节协调配合，才能实现舆论调控的预期目标，保障新媒体舆论引导机制长效运转。

4. 新媒体责任保障

鉴于媒体在社会生活中的巨大影响力，新媒体必须对其信息生产和传播行为尽到责任，必须杜绝影响国家安全、民族团结和社会稳定的，色情、暴力和影响青少年身心发展的不良信息。作为具有社会控制能力的新媒体，必须跳出传统的“独善其身”的束缚，而“兼济天下”回报社会。通过这种负责任的激励相容行为，取得社会效益与经济效益的双赢发展。

（二）破解舆论引导难题

1. 建立健全安全预警系统

信息涌动的时代，社会危机一般最先在新媒体上露出端倪。新媒体已成为社会思潮、民众情绪表达的有效载体，建立一支专业的民意调查机构和专业调查队伍，确保在第一时间及时报送事态发展情况。持续跟踪人们思想情绪的波动变化，多角度、多侧面掌握群众思想反应，提出舆论引导的对策建议，在调查数据的基础上进行科学决策，都有助于事先预警，掌握事态发展的苗头，及早采取防范措施。

2. 第一时间抢占先机

在坚持新闻真实性的前提下，第一时间介入新闻事件，第一时间发布权威信息，乃至第一时间做出客观评论，用正确的导向防止和消除各种杂音和噪声的干扰，用真实的声音挤占谣言传播空间。

3. 勇于触及敏感问题和矛盾

当前我国正处在社会转型的关键时期，新媒体要勇于触及敏感问题和矛盾，及时、准确地做出权威报道、深度解读或评论，掌握舆论引导的话语权。

4. 增强针对性和实效性

舆论引导实质上就是用新闻舆论改造和同化公众舆论的能力。各新闻网站要坚持用时代要求审视新闻宣传工作，按照新闻传播规律办事，充分发挥网络媒体的优势和特点，不断提高舆论引导的权威性、公信力、影响力。要把握媒体分众化、对象化的趋势，提高宣传的针对性、实效性。随着技术的发展和信息量的激增，受众的信息需求出现从“被迫接受”向“主动选择”转变的趋势。需要媒体根据受众的差异、兴趣爱好对自身特色进行“定位”，运用差异化策略找到在社会和市场中的位置。

5. 正确处理堵与疏的关系

充分运用网络传播规律，形成一套科学合理、行之有效的舆论引导管理机制，正确处理好网络舆论开放与有序、堵与疏的关系，变“堵”为“疏”，有效化解民间情绪，成为真正的社情民意直通车。

（三）严格技术管控

严格技术管控，能有效防范有害舆论的传播扩散。新媒体是信息技术的产物，技术决定新媒体的更新与发展，通过新技术提升新媒体的管理水平和运用效率是必然选择。没有强大的技术平台，再好的内容都无法送达受众。对此，应搭建新媒体技术管理平台，加强对媒体自身的信息过滤，对受众网络进行监控，控制不良手机信息。

（四）健全法规管理体系

完善管理法律和法规，依法管理新媒体是依法治国的必然选择。新媒体舆论的法律建设应当从三个层面来建构法律法规管理体系：一是《宪法》，二是一些基本法律和司法解释中与舆论有关的条文，三是有关网络、手机媒体、博客等专门行政法规。首先从《宪法》高度规定我国传媒的性质、地位和作用，也从具体执行角度规定传媒的基本行为规范，将党的舆论主张和政策法律化，变党的意志为国家意志。真正以法律规范为特征的舆论引导长效机制还有待建立和健全。

同时，还应加强行业自律与监督。2002 年 8 月 16 日在苏州召开的“2002 · 第二届中国网络媒体论坛”公布了《保护网络作品权利信息公约》，为规范网络媒体行业自律迈出了重要一步。2003 年 12 月 8 日，由人民网、新浪、搜狐、新华网等数家中国主要网络媒体签署《互联网新闻信息服务自律公约》,2006年4月9日,千龙网送温暖工程北京地区14家网站联合向全国互联网界发出办文明网倡议书,承诺担起网络自律责任,签署发表自律公约。此外,许多网络媒体也通过一些实际的措施,努力完善作为信息传播者的形象。2006年,北京43家网络媒体签署《北京网络媒体自律公约》,成立网络新闻信息评议会,对北京网络媒体行业开展新闻信息服务的情况实施社会公众评议。这一机制获得了社会各界的一致肯定,对净化网络环境正显现出越来越明显的力量。近年来又有《博客服务自律公约》以及《中国互联网视听节目服务自律公约》多部自律公约产生。2010年3月25日,在财新传媒启幕仪式上,胡舒立宣布财新传媒公信力委员会成立。公信力委员会独立于董事会和管理委员会,对于编辑方针和总编辑的任免拥有决策权,以保护"新闻为公"的原则不受权力与商业利益的侵蚀。委员会的成立,为新闻从业人员捍卫新闻专业主义、实现公正、客观的新闻理想,提供了有效的制度保障,对于一个媒体集团的长远发展至关重要。

(五)重构新媒体舆论道德伦理规范

如果说法律对新闻舆论是一种硬性调控手段,那么伦理则是一种不可缺少的软性调控手段。由于网络的隐匿性,传统道德在网络时代发生了异化,但无论网络交往如何具有匿名性,其行为主体还是现实社会中真实的个人,个人道德素质的高低将决定其网络交往行为的文明程度。建立自主、互惠、开放、多元的网络道德规范,培养成熟的、有责任心的网民,营造良好的网络道德氛围,才能保障网络文明。重构新媒体舆论道德伦理规范,具体可从以下几点入手:

1. 倡导网络道德

网络道德是人们通过网络媒介进行交流、传播时应自觉遵守、约定俗成的各种道德规范准则。网络是现代人生存的第二空间，理应有自身的一套道德伦理体系。一个多世纪以前，普利策就曾发表过声明，如不怀有恪尽社会责任的诚挚观念，将不能拯救新闻事业，乃至沦为商业利益的附庸，一味寻求自私的目的，并与公共福祉为敌。网络道德规范应具备自律、开放、多元、全民、互惠这几个原则。

2. 他律与自律相结合，规范行业引导和社会监督

中国的互联网协会组织是一个重要的网络管理与协调机构，它通过制定行业规范、管理条例等多种方式，推动自律与他律相结合，也成为政府监管的补充。例如，在它的影响下，出台了《互联网行业自律公约》《博客自律公约》等，倡导网络文明，推动了更为广泛的社会监督。

3. 不能忽视青少年网络道德规范建设

青少年由于自制力相对较差，比较容易沉溺于网络，再加上他们对是非的分辨能力不够，往往容易受到网络舆论的影响，从而做出违反道德的事情，所以我们要特别注意。全社会要树立科学的成才观，不但关注青少年的学习，更应关注他们的身心健康，满足他们心理与成长的需求，加强道德培养。

4. 传统主流媒体加大道德引导力度

新媒体使用道德规范建设需要传统主流媒体全力以赴。当前从中央到地方的党报党刊都有网络版，还有专业评论员队伍，必须最大限度运用这种优势资源。因为党报党刊都由各级党委直接掌握，处于强势地位，舆论引导主要也是靠它们，它们的道德水平、引导水平直接关系舆论氛围，所以各级党报党刊除了掌握舆论导向以外，还应承担更大的责任，如网络道德规范建设、便民利民服务等。

网站也必须拥有自己的特色评论栏目和一批舆论专家，如网易的专家点评新闻栏目、东方网的“今日眉批”评论专栏、FM365的“签约评论员”、人民网的“人民时评”，这些评论专栏，普遍邀

请各方专家加盟，以提高言论的水平和深度，营造了一种强势的舆论空间，对网民进行适度的道德引导。

第四节　新媒体条件下谣言的传播与消解

任何时代都有谣言。在互联网时代，谣言有了更方便的传播途径，网络谣言成为一个重要的互联网现象。网络谣言是公开信息缺失、社会心理因素以及网络虚拟环境相互作用的结果，其传播范围广、速度快，且常常引发“蝴蝶效应”，给公众、社会公共资源造成巨大浪费，在一定时间和范围内对社会秩序和社会风气造成极坏影响，需要引起舆情监测者的高度重视。

一、网络谣言的成因和演绎过程

网络谣言是在网络社会环境下信息缺失、社会心理因素以及网络虚拟环境相互作用的结果，是网络时代引起社会动荡与危害公共安全的重要动因。

网络谣言的传播方式和过程有其特殊性，不仅与网络本身的特殊性质有关，还有赖于谣言在网络中所呈现的特殊的传播逻辑。

网络谣言在空间上体现为覆盖广泛、舆论场集中。首先，网络有多种信息传播方式，网络谣言也就有多种传播渠道，包括门户网站、电子邮件、BBS、各类论坛、社区、社交网络等。谣言也是通过这些渠道散布出去的，其发散地可谓广泛。其次，网络谣言以集中的舆论场为温床得以强化和固化。对谣言好奇、恐慌、无所适从的人们为了证实谣言的真伪或者想了解更加详细的内容，一般会在网络上搜寻较为权威的解释，极有可能误打误撞进入谣言早已生根的论坛。而有些人只是想表达自己对于谣言的看法，也会进入相关网络空间发表意见。于是，围绕该谣言所引发的讨论甚至会变成一场激辩，每个置身于该论坛的网民都会受到某种情绪的感染，这就是集中的舆论场的强大作用。最后，谣言在网络展开放射性再传递，最终会使谣言产生更大的社会影响，甚至引发重大社会事件。

网络迅捷的传播方式使网络谣言从发生到高潮的时间大大缩短。网络谣言虽然短命，其反复性特点常常让其起死回生，又扩大危害。例如，2001 年，天津等地流传艾滋病患者在公共场所用毒针扎人的谣言，后来被警方辟谣。而在 2005 年艾滋病日之后不久，艾滋病患者用毒针扎人的谣言又在网上频频出现，涉及的城市数量及人口规模远远超过 2001 年。此次网络谣言在不同城市中反复传播，造成了较大的社会恐慌。

二、网络谣言的治理

目前，对网络谣言的应对还处于比较被动的局面，以下仅从法律强制、网民自律、网络控制、媒体补救等方面提出应对之道。

（1）加强主流文化建设。加大宣传力度、增强舆论引导以提高全民对网络谣言的防范和抵制意识。尤其是社会公众人物、重点企业以及主流媒体要利用好领导效应，积极发挥先锋模范作用。

（2）加快推进法制建设。抑制谣言发生，最好的办法是未雨绸缪，防患于未然。要制定相关法律法规和政策规定，对故意传播谣言并造成危害者施以相应惩治。目前，一些城市设立了虚拟警察，以解决公安机关在互联网公开管理、公开执法上的缺位，对于造谣惑众、黄赌毒、网络欺诈等不法行为的发生具有一定的抑制作用。此外，加强政府监督和管理以规范市场主体行为，建立严格的网络谣言防范、传播、治理问责追责制度，加大对违规责任人的惩罚力度，建立基于谣言社会危害程度的定罚或量刑机制。

（3）深化政府信息公开。建立健全、及时、畅通的信息发布渠道，减少大众的信息盲点，通过信息的透明化来抑制谣言发生的概率。首先，相关部门要建立多渠道的信息搜集机制，预防网络谣言的产生。其次，谣言形成之后，政府部门要增强主动性和及时性，积极应对网络谣言。要在第一时间积极公布事情真相，主动应对媒体，满足公众的信息知情权，使公众与政府间信息不对称的问题最小化。

（4）加强行业监管自律。如果媒体发出的声音不能赢得公众的信任，那么其他渠道的信息就会流行；如果媒体公信力受损，面对网络谣言就只能束手无策。因此，媒体要增强大局意识，担当起把关责任，把握好新闻采访、编辑和发布的各个环节，守住阵地。对于违背常识、混淆视听、有害社会和谐的虚假消息和负面消息，要及时过滤、屏蔽，以对广大网民负责，对社会负责。

第七章　新媒体传播的助力：新媒体营销

新媒体正在改变人类社会的传播形态。新媒体传播具备诸如互动性强、到达率高和覆盖面广等特点，而基于新媒体而实现的营销使互动体验式销售、口碑传播、事件营销、病毒营销等成为常态。过去的传统媒体投放大户，也纷纷开始调整其营销预算分配，转战新媒体，或进行新媒体与传统媒体的整合投放。以伊利集团为例，其旗下的“金领冠”不仅借助贴吧、微信等社会化媒体进行营销，还作为《爸爸去哪儿》手游的品牌冠名商，进行从传统营销到移动营销的跨界合作。层出不穷的、富有创意的新媒体营销行为，不但提供了营销传播的新方式，还以媒介的多样性和传播的有效性承载了营销创意的生发。本章就新媒体营销的相关内容进行阐述。

第一节　新媒体营销的概念与内容

一、新媒体营销的概念

新媒体营销指通过新媒体进行的营销活动。传统营销追求“覆盖量”，基于新媒体的营销突破了传统的营销模式，不仅能够精确获取访问量，还能够收集整理出访问的来源、访问时间、受众年龄、受众地域、生活习惯、消费习惯，相比传统营销，更精准、有效、节省时间。

新媒体营销是营销进化的必然结果。从大众传播到数字化一对一传播的改变，意味着以往采用的以到达率和频次的广告付费方式的转变。虽然一些基本的营销准则仍会存在，比如产品定位和市场区隔，但新媒体渠道将人们连接起来，营销策划将建构在基于消费者实际行为的实时数据上并不断演化。一个前提是，经由新媒体传播的信息通常是可检索寻址的，这也使得营销人员可以对消费者进行持续、双向、个性化的对话。新媒体营销最重要的一个组成部分无疑是网络营销，指利用信息技术去创造、宣传、传递客户价值，并且对客户关系进行管理，目的是为企业和各种相关利益者创造收益。简单地说，网络营销就是将信息技术应用到传统的营销活动中。

二、新媒体营销的内容体系

新媒体兼容、融合各种媒体形态，改变了整个媒体产业结构，也改变了受众的信息接触和传播方式，带来终端革命。对此，营销者必须重新建构其营销内容体系。海量数据库和共创共享性的传播平台，是构建新媒体营销体系的两大基石。据此，企业应该结合消费者、新媒体特性及企业发展目标制订营销战略，利用大数据进行效果评估，以提升营销的精准性和营销效率。

（一）建立以消费者为核心的数据体系

新媒体的数字化，使通过新媒体所开展的营销能轻而易举地获取消费者的大量信息，这些信息决定了企业营销的成败。在交互性的新媒体世界里，品牌地位和能量是被广大网友联合塑造出来的。随着社会化媒体的兴起，互动成为营销关键，企业迫切希望与消费者产生良性互动。互动的过程既包括企业与消费者的互动，也包括消费者与消费者的互动。企业可以根据互动的数据信息，了解消费者真正的喜好与内在需求，准确理解消费者，进而洞察消费者，有效引导消费者。因此，在新媒体营销内容体系中，企业要根据营销目标和市场定位，建立以消费者为核心的数据体系。该数据体系以消费者数据库为核心，还包括各级经销商数据库和企业员工数据库，后两者是以服务前者为目的的。诺基亚从1996年开始，在长达14年的时间里占据世界手机市场份额第一的位置。然而2013年9月3日，诺基亚市值狂跌，其手机业务部门被微软收购。诺基亚的失败与其创新不足、固守传统、错失智能机发展良机密不可分。在新媒体时代，不创新就不可能提升消费者体验满意度。反观小米的崛起，就在于小米懂得用户，并借助新的营销方式建立起消费者数据库。

（二）构建信息传播生态系统

新媒体的融媒性，决定了数字化信息承载与表达媒体的多样性。新媒体的社交化，使每个人都成为一个营销传播渠道，消费者互相分享信息，传播信息，像病毒般扩散。在这种环境下，企业应该关注影响信息传播效果的每一类主体，积极构建全方位的新媒体信息平台，打造企业独有的信息传播生态系统。这一系统除了囊括企业的目标消费者和企业自身的营销人员外，还包含了媒体达人、意见领袖、草根网民、社交平台等其他环境因素。例如，小米就拥有自己的专属社区，在小米社区里，小米用户不仅可以看到产品的最新信息，发表自己对产品的看法，分享消费体验，更为重要的是使用户有种归属感，因此也很容易就成为小米品牌的忠实用户和拥护者。杜蕾斯是全球知名的两性健康品牌，同时也是社会化营销中的重要品牌案例。杜蕾斯意识到线上进行的所有活动都是为了促进线下产品的销售，因此在线上活动的推广上下足了功夫。从2012年起杜蕾斯举办的“X.girl”等一系列线上活动，都是利用微博、微信平台进行活动宣传然后引导粉丝到线下参与活动，杜蕾斯也因为这种创新式的互动方式而广受好评。2013年，杜蕾斯通过社会化媒体平台向众人展示了其营销成果，并且还不断在社会化媒体平台上通过各种各样的方式与用户进行互动。微信、微博等社交平台上几乎都有杜蕾斯的身影，杜蕾斯俨然已经成为众多受众群体追捧的“明星”。

（三）打造全平台内容营销生态闭环

新媒体为营销者提供了完全不同于传统媒体时代的各种营销平台和营销方式。门户网站、搜索引擎、网络游戏、微博、微信、App，均蕴藏着巨大的营销机会；手机、PC、平板电脑、IPTV，都是营销者可利用的营销舞台；文字、图片、视频、地图、语音，均成为营销信息传递的工具和介质；网络大咖、草根网民、企业官网官微，都是营销的重要参与者和影响者。在新媒体时代，企业想成就自己的品牌，就应充分利用各种传播媒体和营销工具，打造全平台内容营销生态闭环。具体来讲，就是以多种手段真正引发消费者的积极性，不断激励消费者，做好内容营销，形成口碑效应，实现企业资源利用的最优化和企业效益的最大化。曾是青少年牛仔裤的首选品牌李维斯，在优衣库等快时尚品牌的侵袭下，在中国曾一度销售低迷。因此，李维斯制订营销计划以提高品牌知名度和市场份额。2014 年 7 月，李维斯推出了一个全球性的推广活动——“Live in Levi’s”。整个活动覆盖全球范围内的数字媒体、社交平台、电视、电影院、平面媒体、手机媒体和店内体验，涵盖了新媒体和传统媒体的诸多领域，通过现实生活与虚拟活动的结合，深入接触，激发消费者的参与性，最后成功地让更多的消费者与品牌进行互动，从而形成一个良性的闭环。

（四）利用大数据进行效果评估

新媒体时代，企业较以前更容易掌握大量的消费者数据，但同时也面临庞大数据如何运用的困惑，以及一些核心数据难于获取等问题。因此，在营销的过程中，企业需要不断收集相关数据，构建基于大数据的效果评价新体系，以客观评估营销效果，改进营销方法和策略。具体来讲，企业可以从以下方面着手：第一，充分发挥数字媒体特点，利用搜索引擎、口碑营销与舆情监控评估工具，评估品牌广告和营销的效果。第二，合理构建效果评估体系，综合评估，判断绩效。

利用大数据技术进行店铺评级的方式在电商领域得到了广泛运用。用户和店铺之间发生的各种行为，如购物、网页点击、售后服务等数据，都被用作反映店铺管理和营销效果的重要指标。以京东为例，在店铺评级体系上线后，京东在前台页面及后台系统中都展示了店铺评级的体系内容和各项结果，用户和店铺人员能够方便快捷地找到其需要的内容，让双方信息变得大为透明。

第二节　新媒体营销的基本特征与主要渠道

一、新媒体营销的基本特征

随着信息技术的发展进步，特别是 Web2.0 技术所带来的巨大变革，用户不仅可以不受时空限制地分享各种观点，而且可以很方便地获取自己所需要的信息、发布自己的观点。这种变化使得企业的营销思维也随之发生了改变，即更加注重消费者的体验和与消费者的沟通。新媒体营销就是在这种环境下产生的。新媒体的特点在于它消解了传统媒体之间的边界，消解了信息发送者与接收者之间的边界。具体而言，新媒体营销的基本特征表现为以下几方面。

（一）成本低廉

新媒体营销是数字技术发展的产物。按照吉尔德定律，随着通信能力的提高，每比特传输价格朝着免费的方向下跌，无限接近于零。相对于传统媒体的购买成本，新媒体成本要低廉很多。比如微博，企业只需要完成微博的注册、认证、信息发布和回复等功能，就可以进行营销信息的传播。又如，通过微信等具有很大用户基数的平台去营销推广，因为软件本身的使用是免费的，所产生的上网流量价格也比较低廉，推广成本由此被大幅度消减。

当然了,这种推广方式需要长期经营人脉且要不断坚持,只有这样才能创造价值。新媒体营销信息的传播无须经过相关行政部门的审批,这大大简化了工作程序,不仅节约了经济成本,也节约了时间成本。再者,新媒体打破了传统上的物理空间概念,在最大程度上实现了信息传播的畅通无阻。

2016 年 11 月 15 日一整天,都被微信朋友圈有关“丢书大作战”的活动刷屏,《我准备了 10000 本书,丢在北上广地铁和你路过的地方》,没过多久,阅读量就飙升 10 万加。不得不说,这次营销活动策划得很到位。似乎每一个环节参与者都收获了他们想要的东西。新世相快速涨粉,明星树立了美好形象,各大赞助商也在这场活动中盛大亮相。

《疯狂动物城》没有前期营销,也没有当红明星配音,似乎很少有人关注它。从首映日 UBER（Uber Technologies, Inc.）[①]公众号推送了一篇“别逗了！长颈鹿也能开 UBER？还送电影票?!”的文章开始发力,原本对该电影无关注的人在朋友圈里发起了约看邀请。第二日迪士尼顺势推出《疯狂动物城》性格大测试的 H5,测试结果在朋友圈刷屏。而树懒式说话和动图也在微博走红。借助这一波新媒体营销,影片的排片、票房迅速上升,话题热度居高不下。

艾沃科技旗下的净水机和空气净化器产品本身并不是一个非常活跃的品牌。但是,在 2014 年,艾沃科技通过与拥有 850 多万粉丝的博主“@ 作业本”互动,巧妙借助“烧烤”事件将广告植入其中,将艾沃空气净化器呈现在了网友眼前,从而达到了“广而告之”的目的。据艾沃科技相关负责人介绍,自从与“@ 作业本”微博互动之后,仅仅 3 天时间,这条微博的阅读量就达到了 500 多万,而艾沃科技微博的粉丝也快速增加了 2000 多人。

上述几个案例都成功获得了丰厚的营销成果,可见,新媒体营销方式无论是在时间上还是经济上,都只付出了很低的成本。

① 中文译作“优步”，是一家美国硅谷的科技公司。

（二）消费者变被动为主动

新媒体时代，消费者不再只是传播对象和旁观者，而拥有更多的主动权。消费者之间也有更多关联，加上移动终端的普及(智能手机、上网本、平板电脑)，消费者可以在任何地方参与互动。如今的消费者更乐于参与，他们会在网站、博客、播客、微博中表达自己的意愿，他们会主动利用各种渠道去比较、判断，甚至向产品及背后的服务人员提出质疑。每个人都是创造者，通过网络发布内容，营销人员也因此得以利用消费者的创造力，发动大规模的病毒式传播。企业可以利用很多免费或者开放的新媒体平台，如博客、微博、免费的空间、贴吧、即时通信工具、电子书、论坛等传播渠道开展病毒式营销，能够大大节约开支。另外，开展病毒式营销可以迅速建立起企业的客户关系网络，使得企业知名度迅速提升。这样，通过一减一增，减少开支，节约成本，增加销售额和知名度，企业的整体效益就能得到明显的提高。不管是论坛营销的热点事件策划，微博营销的口口相传，即时通信工具的朋友间推荐，还是SNS站点中的熟人网，都可以形成病毒式营销。

例如，2011年一部名为《步步惊心》的清宫剧热播，其相关话题在互联网上迅速广泛传播，成为大多数网民关注的焦点。在“网络力量”的推动下，《步步惊心》持续盘踞微博热门转发和评论的前三位。《步步惊心》的成功要归功于营销方式病毒式营销的成功。随着Web环境下交互式用户体验的不断增强，普通网民作为信息传播主体的地位也日益显现。

又如，喜力啤酒曾开展过一场别开生面的“造谣运动”——“朋友之间的造谣运动”，利用用户与朋友之间的一些照片，为用户提供“媒体环境”，让他们创作一些造谣的图片，然后通过网络发给圈子内的人。很多人收到这样的图片后，马上会转发给更多的朋友，或者参与到“造谣运动”之中，成功完成了病毒式营销。

新媒体的终极价值在于赋予人类更大的自由度。营销人员必须明白用户哪些方面的自由被放大了，营销活动才能有的放矢。首先，新媒体的蓬勃发展，使得人们可以随时获得任何想用的信息，越来越多的内容可以被平移。其次，空间的自由。新媒体上的内容早已突破国界，所有的信息都具备全球化的潜质。再次，规模的自由。新媒体营销是目前最灵活的营销模式，可以覆盖所有人群，也可以只针对某部分特定人群。最后，形式的自由。以往的营销传播形式相当程式化，20 秒电视广播广告、报纸杂志平面广告，传播形式相当单调。新媒体营销则不然，视频、博客、微博可长可短，表达方式也千变万化，可以是剧情的短片，也可以长篇阐述，或者语录体的短文。

（三）精准定位

数字技术和通信技术的发展，为营销的精准定位提供了很好的技术支持。不管是门户网站的按钮广告、搜索引擎的关键词广告，还是 SNS 网站推广等，基于大数据分析，都可以进行更精准的定位，满足客户的个性化需求。例如，SNS 社区营销就具有群组化特色。群组化特色来源于“150 法则”，“150 法则”脱胎于从欧洲发源的“赫特兄弟会”，这是一个自给自足的农民自发组织，它们有一个不成文的严格规定：每当聚居人数超过 150 人，就将其分成两个群体再各自发展。因此，150 逐渐成为人们普遍公认的“我们可以与之保持社交关系的人数最大值”。在 SNS 系统中的用户，并非一窝蜂地聚集在一起，他们之间有着强烈的群组倾向，在 SNS 中，SNS 网站的运营者经常以“网络”和“群组”来划分，前者是基于地域、学校、的硬性划分，后者是基于兴趣、爱好的软性划分。因此，企业 SNS 社区管理者应当时刻关注动向，精准定位，根据不同人群制订不同的营销方案以达到最好的营销效果。又如，网友在网上谈论购买化妆品的事情，那么系统就会认定网友有购买化妆品的需求。基于这种判断，系统会向网友推送化妆品的宣传。新媒体营销之所以可以做到这点，是因为它有全新的技术手段，一切基于消费者、网络账户的个人及关系网，消费需求及网络行为都可以被记录和分析。依托新媒体的强大数据库成为这些记录和分析工作的基础，据此展开精准营销。

（四）从追求覆盖量到创造持续参与感

广告覆盖量曾经被视为营销最主要的指标，随着新媒体与消费者接触的渠道与日俱增，覆盖量的重要性也越来越低。新媒体拥有适合病毒式传播的天然环境，有效的新媒体营销达到率，远远超过它的支出。因此，传播的效果不单指知名度的扩展，也指消费者互动与涉入的程度。参与者的互动不仅要看用户花费的时间，还要看用户是否兴致勃勃地参与其中，做出响应并互相交流。

《来自星星的你》是韩国SBS电视台于2013年12月播出的水木特别企划剧，推出后创造了73.4%的网络收视率和28.1%的全剧收视率神话。该剧自韩国播出后，迅速风靡整个亚洲，仅来自中国的网络播放次数就超过30亿，被称为"中国拥有社交媒体以来最被热议的韩剧"。该剧在推向市场的过程中，非常懂得利用新媒体营造传播氛围，如借助我国一些有名的网络视频播放平台爱奇艺、PPS、乐视网、迅雷视频等，同步韩国播放剧集；利用微博、微信等知名社交媒体制造话题，再借助圈内名人的推波助澜，使得追看电视剧《来自星星的你》成为一种时尚。而在此过程当中，韩星的"粉丝"们表现出了相当惊人的影响力。例如，在《来自星星的你》热播之后，竟有金秀贤的"粉丝"在情人节来临前夕，买下报纸上的一整个版面登广告"示爱"。"粉丝"对偶像的痴情换来的就是强大的传播力。网络上看到的许多跟《来自星星的你》有关的内容和资源，大多都是"粉丝"自发创建的，如《来自星星的你》百度贴吧、话题组、讨论区等。就像许多观众接触《来自星星的你》时一样，多是受到了微博、朋友圈的各种评价、转发的影响，有的受众甚至是为了追流行而追流行。人们一边盯着电脑上或者平板上的剧集，一边刷着微博逛淘宝，总之所有的视线都被《来自星星的你》所攻占，而与《来自星星的你》有关的各类商品的信息也就自然而然地进入了人们的生活。

新媒体营销人员需要和用户持续对话，也需要更好的策划与明确的主张。新媒体营销可以把数字信息处理成很有趣的形式，让客户们自觉自愿地一而再、再而三地回头来看。在传统的大众媒体广告中，着重煽情，因为传达信息的时间很短，或者篇幅很小，但是新媒体营销却不受这种限制。新媒体营销的促销手段更多地注重于思考与逻辑，因此能够长久地吸引住用户。

（五）传播是并行的而非线性的

信息可追踪，也就意味着即使无数人使用同一种传播工具，营销人员还是可以和每一个用户直接沟通。一个具有互动能力的新媒体平台，人们会自然而然接受，产生互动。传统的大众传媒的营销方式并不适合于新媒体，新媒体营销策划活动中，最重要的是找出适合自己的传播平台，然后策划出一个具有高度互动性的创意以鼓励消费者积极参与，通常消费者会根据他们自己的爱好帮助调整具体内容。“在传统的营销环境中，各阶段按逻辑顺序实现。每件事都发生得很慢，反馈需要几个月，甚至几年……相反，数字营销在本质上是并行的——不是线性的。在这种并行的环境中，所有的营销步骤同时发生：市场调研、产品开发以及客户反馈都同时发生。”①

二、新媒体营销的主要渠道

新媒体时代，任何企业都不可以忽视数字媒体渠道的重要性，游戏、博客、微博和网站等新媒体渠道拥有所有性别、年龄及区域的受众，新媒体因数字化而变得可寻址、可测量。每个人的每一次点击、停止或互动都可以通过数字媒体渠道进行追踪，或据此建立用户数据库。消费者和媒体的互动越多，测量的结果就越准确。新媒体营销的常用通道都与网络媒体分不开，具体包

① 比尔·毕晓普．数字时代的战略营销[M]．刘大鹏，译．北京：机械工业出版社，2000：21．

括以展示、搜索、联盟和赞助等形式出现的常规网络媒体，以及集互联网、多媒体、通信等多种技术于一体的交互式网络电视（IPTV）等。

（一）网络媒体

网络媒体的超时空性和数字化，使其既可以覆盖全球，也可以只针对特定人群。在网络营销的早期阶段，企业通过展示广告来获取消费者的注意，搜索以其精准的优势后来居上，联盟、赞助、植入等方式纷纷登场，在相互竞合中成长。

（二）社交媒体

社交媒体也称社会化媒体，是人们彼此之间用来分享意见、观点、经验，以及建立和维系社会关系的工具和平台。最开始以论坛等为代表的社交媒体，给用户带来了交互性的体验，极大地丰富了网民的生活。接着，博客、视频分享、SNS、微博、团购、LBS（基于位置的服务）、微信等新的社交媒体形式不断涌现，共同迎来社交媒体空前繁荣的时代。社交媒体融合了参与性、开放性、对话性、社区性、关联性，彻底改变了媒体的内容生产和传播方式，也在很大程度上改变了营销的作用机制。企业要摒弃以前的经验，以更开放的思维来研究网民如何做购买决策、如何进行价格比较、如何分享体验。因此，在社交媒体时代，企业需要花时间去了解由消费者创造内容的网站，并适时地在各类社交网站中发出自己的声音，尝试与消费者进行更深入的沟通。

为了在中国推广洗碗机这一尚未被中国消费者普遍接受的产品类型，西门子瞄准“我不想洗碗”这一消费者痛点，以一个微博小号为导火索，进而引爆话题，激活每个人心底那股“我不想洗碗”的情结，同时借助社交平台扩大和延伸这种情绪，从而达到拓展产品认知度、赢得消费者认同的目的。一句戳中心底的话，再配合低门槛的参与方式，成功地激发了受众的热情和参与度，造就了出乎意料的传播效果——不到两周时间，媒体总曝光量过亿，微博转发过10万次，评论过5万次，微信阅读量接近8万次。[1]

（三）IPTV

IPTV（Interactive Personality TV），也可以翻译为交互式网络电视，它基于宽带网的基础设施，以网络视频资源为主体，以家用电视机（或计算机）作为主要终端设备，集互联网、多媒体、通信等多种技术于一体，通过互联网协议（IP）向家庭用户提供包括数字电视在内的多种交互式数字媒体服务。IPTV能根据用户的选择提供内容广泛的多媒体服务。IPTV兼具传统电视和网络视频的核心优势，在体验上具有三大优势：第一，专业、精准的频道分类，直播、点播的双重结合，以及丰富的内容聚合；第二，高清、流畅的画质体现；第三，用户参与到收视过程中，用户与网络电视、用户与用户之间可以实时互动。IPTV是一种集合了电视和互联网两种技术特征的新型媒体形式，可以用互联网的形式提供电视的传播效果及各项增值服务。因此，IPTV可以像互联网一样为合作伙伴量身打造丰富多样的营销形式，而不必拘泥于常规的电视贴片等广告形式。

（四）移动平台

移动平台，指以智能手机、平板电脑和智能可穿戴设备为代表的移动终端。4G时代，移动电话已经不再是一种单纯的通信设备，它将成为一种集通信、娱乐、多媒体和移动互联网等多种功能于一体的互动性传播媒介。近几年，手机受到社会各阶层的追捧，被誉为"第五媒体"；移动设备将在数据存取方面获得领导地位，甚至将超越计算机。借助移动平台开展营销成为前景最被看好的营销方式。移动营销具有个性化、交互性、参与性强的特点。根据不同标准可以划分为以下几种营销模式：

① 2014年十大社交营销案例[EB/OL]. 广告门，http://www.admin5.com/article/20141216/ / 576374.shtml.2014-12-16.

（1）根据操作形式，可分为 MMS（多媒体彩信）营销、WAP（手机网页）营销及 App（应用程序）营销。MMS 发展周期久，技术最成熟，用户规模最大，同时是用户移动通信行为中唯一的大规模广告形式。因此，MMS 的优势明显，但是技术有待改进，展现形式较为单一。WAP 分为自建品牌 WAP 网站和投放 WAP 广告两种。主要广告形式还是文字链接和横幅展示，点击后呈现 Minisite。WAP 的技术成熟，用户基数庞大，但视点展现形式单一，所以下滑趋势明显。App 也分为自建品牌 App 和投放 App 两种。App 广告可以实现全屏、半屏、延伸和悬浮等各种广告形式，也可以实现深度植入的形式。App 的互动能力强，形式极为丰富，不过流量费用稍高。

（2）根据广播形态，可以分为 PUSH 类和 PULL 类。PUSH 类的移动营销包括两大类：第一是互动营销，主要以短信、彩信为载体，可以与消费者进行互动；第二是手机报刊，主要以手机报或会员刊为载体，发布广告信息。PULL 类的移动营销也可以分为两大类：第一是客户端，主要以移动客户端（App）为载体；第二是移动网页，主要以 WAP 或 HTML5 网页为载体，扩展了传统的 PC 互联网。

（3）根据表现形式，可以分为文字链接营销、图片营销、视频营销、动画营销、二维码营销和其他富媒体营销。

移动平台充分利用数据库的力量，建立与消费者的互动机制，真正做到与消费者保持联系，并且能够友好地沟通，理解消费者的偏好，提升品牌的影响力。构建互动机制可以获取顾客信任，可以直接与独特的、受到认可而值得个别沟通的顾客联络，达到营销目的。

第三节　网络营销与搜索引擎营销

一、网络营销

网络营销就是以互联网为基础,借助平台和网络媒体的交互性来辅助营销目标实现的一种新型的市场营销方式。网络营销是企业整体营销战略的一个组成部分,是为实现企业总体经营目标所进行的以互联网为基本手段营造网上经营环境的各种活动。可以利用多种手段,如E-mail营销、博客与微博营销、网络广告营销、视频营销、媒体营销、竞价推广营销、SEO优化排名营销等。简单地说,网络营销就是以互联网为主要平台进行的、为达到一定营销目的的全面营销活动。

(一)网络营销的方式

网络营销的方式包括搜索引擎营销(SEM)、搜索引擎优化(SEO)、电子邮件营销(EDM)、网络展示广告、即时通信营销、博客营销、微博营销、微信营销、网络视频营销、论坛营销等,如图7-1所示。

(二)网络营销的社交化

近年来,具有社交属性的网络应用呈现爆发式增长态势,社交化的互联网生态环境已经成型,社交化网络的概念也已深入人心。网络营销的社交化成为大势所趋。

1.网络的社交化

作为一种新型的社会交往方式,网络社交主要表现形式有以下两种:一是以物质交换为主的网络社交,主要目的就是买卖双方在不谋面的情况下,借助因特网实现各种商贸活动,最典型的就是电子商务。二是以精神交换为主的网络社交，主要作为现实人际沟通的辅助手段，强化人与人之间的情感联络，扩大人际交流的范围与规模等。社交网络为用户带来了生活乐趣，人们乐意在网上“晒”自己的生活，谈论自己的理想。有时，网络上的这种思想和情感交流甚至会超越现实生活中的精神交流，成为某些人最重要的交流表达方式和生活状态。

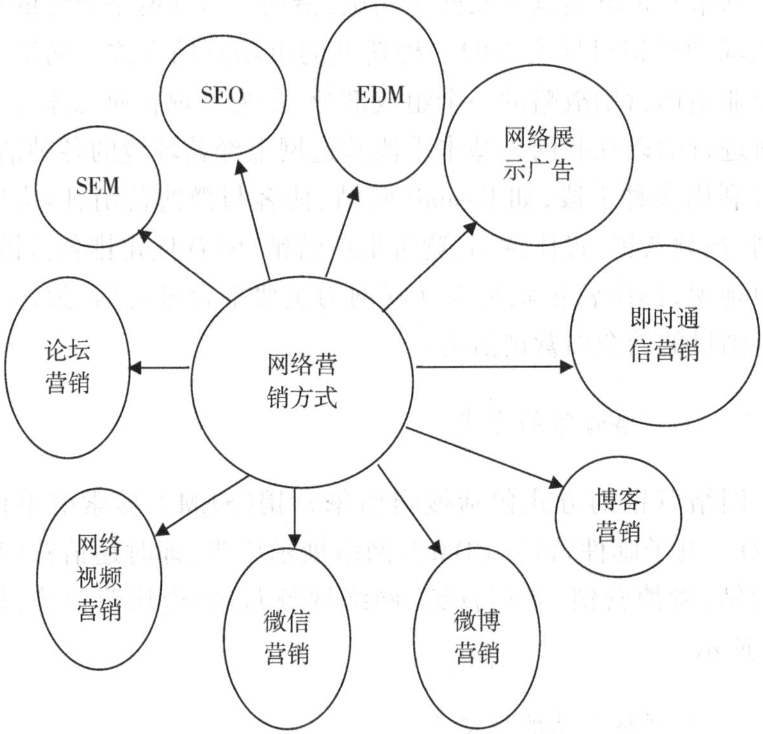

图 7-1　网络营销方式

2. 营销的社交化

社交媒体的繁荣，使在线成为人们生活的一个重要部分，人们通过社交媒体可以完成其生活、消费、娱乐、情感交流、信息共享等几乎一切有关交往和生活的活动。营销的社交化是伴随社交媒体的兴起而出现的一种营销新趋势，表现为营销更多地依赖于消费者与消费者之间、企业与消费者之间的社会关系，关系和口碑成为衡量营销效果的两个重要因素。

相对于传统营销手段，营销的社交化具有如下优势：第一，对目标客户精准定向。社交媒体上人们的丰富表达为营销者真正了解市场、了解消费者的真实想法和诉求提供了很好的机会。这样，通过对目标用户的精准人群定向以及地理位置定向，在社交网络投放广告自然更容易做到有的放矢。第二，增强客户黏度。互动性是社交媒体的主要特点之一，企业和用户可以利用社交媒体进行顺畅的沟通、友好的互动，建立良好的关系，增强黏度，形成良好的企业品牌形象。第三，便捷的市场调查。企业通过对网络数据的分析与处理，能够帮助预测企业产品或投放广告的市场效果，通过用户的反馈和评论，可以对市场进行一定程度的监控、调查，挖掘潜在市场。如果企业出现危机，还可以利用社交媒体与消费者进行沟通，有效降低危机产生和扩散的可能性。第四，低投入高回报。通过社交网络，企业可以以很低的成本组织起一个庞大的粉丝宣传团队，以小投入实现大传播。另外，营销的社交化还有助于企业识别和利用用户的类型，社交媒体上的公开信息可以帮助企业有效地寻找到意见领袖，通过意见领袖的宣传，收获比大面积撒网更好的营销效果。在人际关系水平化时代，每个人都既是信息的接受者，又是信息的传播者，现代企业要想在市场竞争中取得成功，只意识到社交营销的重要性是远远不够的，还要结合社交媒体的特点和消费者行为方式，调整企业的营销策略。

3. 消费者自创内容与参与式营销

随着数字技术的进步，社会化媒体的个人表达性也愈来愈强，消费者的意见和体验对其他消费者的影响也与日俱增。企业广告对消费者购买力形成的作用正在逐渐下滑。营销者已经无法全面控制自己的品牌，他们必须向日益强大的消费者团体妥协，必须和消费者合作，必须学会倾听消费者呼声，了解他们的想法，获取市场信息。当消费者开始主动参与产品和服务共建时，企业和他们的合作就会进入一个更深的层次。拒绝干扰式营销，实施参与式营销策略的现象越来越普遍，全球营销界正在步入一个参与式营销的新时代。

参与式营销的核心，就是企业以消费者为中心，通过与消费者的有效沟通，建立良好的关系，使消费者参与到企业产品创新和营销的过程中，进而参与企业的成长过程，共同完成品牌使命。参与式营销可以有效提升品牌形象，增强品牌创新能力等。

4. 社交媒体时代的口碑营销

口碑在消费者信息搜集、评价及购买决策中发挥着重要作用。互联网的广泛应用为口碑创造了绝佳的塑造和传播平台，推动了口碑营销的进一步发展，开创了口碑营销的新时代——网络口碑营销。社交媒体时代，广告对网民的作用日渐式微，加上虚假广告泛滥，网民更愿意通过"朋友圈"里的意见领袖或有经验的其他消费者来获取相对可靠的信息。而社交媒体正是新时期消费者口碑的重要集散地，口碑营销成为社交媒体时代的重要营销手段。

二、搜索引擎营销

搜索引擎营销（Search Engine Marketing, SEM）是基于搜索平台的网络营销，利用网民对搜索引擎的依赖和使用习惯，在检索信息的时候尽可能地将营销信息传递给目标客户。搜索引擎营销是为了提高网站在搜索引擎中的可见度，吸引更多访问者，搜索引擎营销是使网站能够吸引新访问者的重要手段。

搜索引擎营销的基本方法包括免费登录分类目录、付费登录分类目录、搜索引擎优化、关键词竞价排名、固定排名、购买关键词广告等。

搜索引擎不再只是"引擎"，也不再是单纯展示信息的"内容平台"，而是在用户搜索的同时，除了向用户提供搜索结果，还能推荐用户可能关心的问题以及相关话题，甚至与之相关的网友讨论，既让用户全方位了解搜索词的信息，又提供给用户更多的相关选择和结果。搜索引擎不但被动地提供精准结果，还主动推荐给用户可能想要的相关信息，甚至预知用户想要的结果。

随着互联网技术的发展，搜索更加智能，并趋向于差异化，搜索方式多元化。

（一）智能搜索

“智能搜索”功能将搜索技术和资源进行了智能整合，为用户提供便捷的使用体验。新的智能搜索不追求 PC 搜索一样的大而全，而是从语音识别、图像搜索、人脸识别、LBS 等方面提升服务的精准度，催生出效率更高的全新搜索交互方式。以百度极速智能搜索为例。百度目前提供网页搜索、MP3 搜索、图片搜索、新闻搜索、百度贴吧、百度知道、百度百科等主要产品和服务，同时也提供多项满足用户更加细分需求的搜索服务，如地图搜索、地区搜索、国学搜索、黄页搜索等服务；同时，百度还在个人服务领域提供了包括百度影视、百度传情、手机娱乐等服务。2014 年百度搜索又再次改版，百度称之为极速智能搜索。这种搜索结果的改变与传统搜索相比，更进一步节省了搜索到结果的步骤。之前的从搜索到结果实际上是“输入—回车—点击—结果”以及“输入—回车—结果”的过程，而现在这一步骤则直接转为“输入—结果”。当用户在百度开始输入搜索字词时，相关搜索结果就会立即显示出来。即使输入的不是中文字符，百度也可以进行“联想搜索”。

（二）搜索差异化

百度移动搜索的用户偏好新闻和娱乐，搜狗移动搜索的用户偏好新闻和视频，神马搜索的用户以娱乐搜索为主，说明每个搜索引擎都努力在细分市场中实现产品差异化。

（三）搜索方式多元化

随着搜索技术的不断发展和人们互联网使用习惯的变化，搜索逐渐呈现出比较明显的多元化趋势，其中，移动搜索和垂直搜索都是非常引人注目的变化。

移动搜索是搜索技术基于移动网络在移动平台上的延伸，随着手机等移动终端的普及运用，移动搜索已成为搜索引擎巨头的关注重点，谷歌和百度都已推出相关的移动搜索服务。

在垂直搜索方面，购物搜索、社交搜索和地图搜索的应用前景非常令人看好，这些新的搜索方式均不同于传统搜索的特点和营销方式，应成为企业进行搜索引擎营销重点关注的内容。下面重点说购物搜索、社交搜索和地图搜索。

1. 购物搜索

购物搜索是从比较购物网站发展起来的，比较购物最初的设想是为消费者提供从多种在线零售网站中进行商品价格、网站信誉、购物方便性等方面的比较资料。从营销环节上看，购物搜索可以说是距离消费者下单购买最近的一环；从消费者使用习惯来看，购物搜索在网购市场中扮演着“第一入口”的角色，大多数访问者直接通过购物搜索引擎到达具体网站，而不是通过其他网页的链接间接到达，购物搜索的营销价值不言而喻。正因如此，一些传统的搜索引擎网站开始通过合作的方式加快其在购物搜索领域的发展。2009 年 3 月，网易旗下有道搜索宣布，其购物搜索开始面向全国的 B2C 网上商城开放商品信息收录和更新接口。2013 年，360 与阿里巴巴旗下的一淘联合推出新的搜索服务——购物搜索（360.etao.com），在该平台上搜索商品，搜索结果以图文形式展示，而且来自一淘的搜索结果在显要位置以图文形式进行展示。购物搜索与一般的网页搜索相比的主要区别在于，除了搜索产品、了解商品说明等基本信息，通常还可以进行商品价格比较，并且可以对产品和在线商店进行评级，这些评比结果指标对于用户购买决策有一定的影响，尤其对于知名度不是很高的网上零售商，通过购物搜索引擎，不仅增加了被用户发现的机会，如果在评比上有较好的排名，也有助于增加顾客的信任。目前中国市场比较出名的购物搜索网站有比价网、安图搜比价购物、导购网、有道购物、帮5买等。

2. 社交搜索

社交搜索是一种用户可以执行的针对社会化媒体内的目标联系人的搜索，目标联系人的选择和结果的呈现可以基于目标联系人的不同属性或在搜索响应中的排名。社交搜索与传统网络搜索不同，“它不是关于链接网页，而是关于让人们告诉一个特别的故事”[①]。从理念上看，社交搜索更是一种搜索理念的变革，是一种针对用户信息投放结果的搜索方式，强调结果的差异化和个性化。用来搜索的社会化媒体，既可以是高私密性的强关系社交圈，也可以是更为公开化的社交媒体，前者如Facebook图谱搜索（Graph Search），后者如国内以微博搜索为主的云云搜索。

社交搜索的本质是社交网络＋搜索引擎，追求更加精确的搜索结果匹配。它之所以具有价值是因为社交网络中的关系网性质，使其信息传播质量高；并且，加入了“人”的因素之后，搜索会更加精准、更个性化，也更有效，信息价值更大。从社交关系的强弱来看，微信的联系人更倾向于强关系，其次为社交网站，最后为微博。

社交搜索出现的内容是从搜索者社交圈信息流中挑选匹配出来的，所以不同的人输入同样的关键词会有不同的结果，而且搜索的内容更加具体，可以涉及日常生活。对于Facebook图谱搜索来说，由于搜索结果是好友们的状态，所以与自己的兴趣符合的可能性更大。即便是以微博搜索为主的云云搜索，在输入同样的关键词以后，不同的人所得到的搜索结果也会不一样。这种不同主要是在网页的排序上加入了各自微博好友的相关评论和转发，其网页短链接的排序会更靠前。

① 肖海清．社交搜索的应用分析——以Facebook社交图谱搜索为例[J]. 华中师范大学研究生学报，2013（3）：152-158.

3. 地图搜索

地图搜索主要解决三类问题：查找相关信息的位置、在指定的地理范围内查找相关信息、提供线路方案指导人们到某个地方去。地图搜索本质是“搜索＋LBS（基于位置的服务）”，其在本地搜索方面优势明显，能够根据用户搜索的位置实现对目标客户的精准锁定，对服务业广告客户（例如餐饮、娱乐、理发等）尤其有吸引力。此外，随着移动浪潮的兴起，地图这一工具性应用被安装在很多用户的手机中作为出行导航。通过在客户端增加美食、团购等业务模块，进一步强化了地图搜索的营销功能。地图搜索应用可以通过使用者的IP地址判断其地理位置，以便提供最优方案。地图搜索与地理位置有关，可以实现对目标用户的“精准击中”。比如一家健身房，可以将其广告发布在以自己为圆心，3000米距离为半径的圆形区域内，这样既节省了广告成本，又达到了传播目的，而这一切都可以通过IP地址确认轻易实现。百度地图跳出了纯粹的位置搜索和路线查询这样的“在线地图工具”范畴，而是演进为一个综合性本地生活搜索服务平台，为用户提供多方位的O2O消费解决方案。

综上所述，地图产品作为一种实用工具，是用户出行的帮手，在促成本地消费，实现O2O消费导航方面具有独特优势。诚然，商家可以通过付费的方式被百度地图标注，但是，由于百度地图的搜索目前不提供排序，它服从自然搜索的结果，与商户名称高度相关，用户输入的名称越精确，商家的排序将越靠前，这也就意味着，即便付了费，商家的标注排名也不一定可以排到前面，所以，进行地图排名优化就是开展地图搜索营销的关键所在。

第四节 微博营销与微信营销

一、微博营销

（一）微博营销的概念

微博营销指个人与组织运用微博这种网络应用工具，借助于各类微博平台并结合微博的传播特性进行市场营销、品牌推广或公共关系维护等活动的一种营销手段。伴随着微博的快速发展所带来的无限潜力和巨大商机，国内外众多的品牌企业，如星巴克、戴尔、凡客诚品等企业先后实施微博营销，并取得不俗的营销效果。

与传统博客相比，微博将字数限制在140字之内，使得微博内容短小、口语化，易于操作和传播，从而在一定程度上降低了发帖门槛，能提高用户的参与度。在终端上，微博更适合于手机、平板电脑等移动端媒体；在表达上，微博更为口语化、碎片化。此外，与传统博客相比，微博的参与、互动、转发更为容易，具有很强的社交性，因而短短几年微博便迅速跃升为社会化媒体的典型代表。

（二）微博营销策略

1. 建立账号矩阵和链式传播系统

微博营销是要建立一个让自己发挥影响力的平台，并建立链式传播反应系统，这个系统就需要一个账号矩阵，一些成熟的微博运营企业都建立了完善的微博矩阵。例如，凡客建立了以“@vancl 粉丝团”为主要阵地的微博矩阵。“@vancl 粉丝团”是专注于粉丝互动的交流平台，发布促销、互动活动，所以从它的页面装修、内容建设到活动策划都与年轻、时尚、流行话题相关，竭力诠释凡客快时尚的互联网品牌内涵。“@凡客诚品”用于发布凡客内部新闻、重大事件等信息。其他子微博账号也明确定位，各司其职。

当然，企业建立账号矩阵前，要清楚自己微博的定位和功能分类，是促进和改善销售、品牌传播，还是为了搞好客户管理和公共关系。

实际上，企业真正要建立的体系，除了官方账号、子账号之外，还需要一个小号。小号就是脱离企业的产品，又是自己企业的理念升华，要上升到一个高度才能让消费者觉得小号很中立，从而润物无声地影响消费者。微博是一个破碎的世界，但是之所以能够发挥影响力，是因为有一些内在的东西将碎片重新组合，而这种重新组合就是对人群的重新划分，而且是精准划分——因兴趣而组合。所以，微博营销的职责之一便是重新划分人群并对他们施加影响力。这便是小号的职责所在。

2. 创意策划，做有价值的内容

微博作为社会化的自媒体，基于社会化的认同才建立起彼此关注的网络，用户关注企业的前提是他觉得可以获得价值，这种价值也许是对企业品牌的认可，产品服务的喜欢，或者是对企业微博内容的欣赏。所以，微博依然是内容为王。经过归纳，在微博热门转发中，情感类、新鲜类、实用类、娱乐类、消遣类、通用话题等内容会使互动效果事半功倍。其中，有些部分可做独立的内容，也就是一个微博只发这一种内容也可以，而有些内容不适合独立做一个微博，需要集中内容相互调剂才行。

然而，不管企业将微博定位成为品牌传播还是连带销售，企业所有的意图都是通过文字来表达的，互联网口碑营销的不同之处在于它并非声音而是文字传播。对此，企业微博内容要做到对胃口、有营养、够创意。

3. 用活动做催化剂和黏合剂

微博活动是微博营销必不可少的，初期为了增长粉丝需要做活动，后期粉丝稳定了，通过做活动引爆品牌传播或者回馈粉丝，增强黏性。所以，在微博营销中，活动是贯穿始末的，如何开展活动来聚集人气、提升品牌尤为关键。

目前，微博活动可分为新浪平台活动和企业自建活动两种。新浪平台上的活动形式已呈多样化，如大转盘、砸金蛋、晒照片等；活动的数据分析也更加详尽，有转发、邀请、收藏，每日参与人数等详细数据；抽奖也更加公正公平，管理更加规范方便，粉丝增长迅速。

自建活动的形式不多，抽奖、数据统计比较烦琐，而且对主题活动要求较高。由于是基于内部粉丝相互传递发起，所以，活动的黏性和品牌传播度比较高，能够有效调动内部粉丝的积极性，增加微博的活跃度。但如果没有足够的粉丝数量，自建活动传播效果一般不会太大，除非奖品很给力或者有大号推荐转发。

随着微博营销的兴起壮大，微博营销所涉及的已不仅仅是营销者（如企业）、粉丝、微博运营商（如新浪微博）这几类主体，还培育出了拥有大量粉丝的知名微博，并出现了专门的微博营销公司，以及能接入微博平台的第三方应用程序开发者。多样化的主体在进一步丰富微博生态环境的同时，也对微博营销的运作和管理提出了更高的要求。以微博营销公司即利用微博平台开展微博营销的第三方公司为例，这些公司往往控制着大量知名微博，其中不乏拥有庞大粉丝群体的“段子手”。这些微博营销公司可以调动较多的微博资源，但也分不同的档次。低档次的微博营销公司往往通过所控制的微博账号或微博营销工具，以制造“水军”为主要手段。“水军”群体的存在，令微博营销的效果存在很大水分，也令市场的风气更加浮躁。2014 年 10 月 13 日，微博正式对外发布 PC 端 V6 版本。此次改版将全面加强基于兴趣的信息传播，在提升用户内容获取效率、阅读体验的基础上，面向垂直领域认证用户推出相应的内容生产、传播及变现工具，以此打造更完善的内容生产与消费生态。基于升级改版后的最新微博发展动向，可以预见微博营销的未来趋势有如下几点：第一，基于微博的兴趣聚合，实现更精堆的营销。第二，内容的生产、传播和变现实现工具化。第三，渗透垂直领域，以兴趣节点扩充用户关系。

微博对人与兴趣之间关系的发掘，对以信息为纽带、打造更全面的社会网络的未来规划，对于营销者来说，蕴藏着巨大商机。它将进一步提升微博营销的精准度和影响力，使微博对于企业的营销价值不再仅仅局限于炒作话题、引起关注、监测舆情、化解危机，而是往更深入、更精准的方向发展，提升微博营销的核心价值。

二、微信营销

微信（WeChat）是2011年1月21日由腾讯公司广州研发中心推出的一款手机即时通信应用软件，用户可以通过手机、平板电脑和网页登录微信客户端来发送语音、文字、图片和视频，以及实现多用户之间的聊天。同时，微信提供漂流瓶、朋友圈、公众平台和消息推送等功能，用户可以通过“搜索号码”“摇一摇”“附近的人”“扫描二维码”等方式添加好友和关注公众平台。微信自2011年1月诞生，2012年3月底用户数量便突破1亿大关，到2012年9月，仅仅用了6个月的时间，用户数便达到2亿。2017年，微信月活跃用户达到9.8亿，微信支付用户破8亿。如此庞大的用户群体，可以说是微信营销发展的基础，而借助移动终端、天然的社交和位置定位等优势，微信营销信息的扩大有了进一步的提升。

（一）微信营销的概念

微信营销是企业用微信和用户建立连接，通过不断的信息互动和服务来获得品牌影响力和提升业绩的营销行为。微信不存在距离的限制，用户注册微信后，可与周围同样注册的“朋友”形成一种联系，订阅自己所需的信息，商家通过提供用户需要的信息，推广自己的产品，从而实现点对点的营销。

传统的营销都是建立在不同的平台对客户进行营销，成本很高，并且需要不断地重复才有效果。而微信营销是基于微信公众号系统，不仅是CRM系统，更是一个移动服务平台。

（二）微信营销的方式

如今，微信的各项功能被商家所利用，以功能为划分标准，目前微信营销有以下几种方式。

1. 通过LBS定位功能进行营销

LBS指基于位置的服务，通过电信移动运营商的无线电通信网络或外部定位方式获取移动终端的位置信息。微信的LBS功能最初是为了方便用户寻找添加好友，而在利用其做营销时，用该功能找寻目标消费者成为营销的一大课题。LBS定位功能精准地给出了以位置为准的目标消费者。通过查找“附近的人”，店家附近有哪些潜在消费者一目了然，投放广告促销信息后，由于位置上的便利，更能直接地促进消费者入店消费。这种方式为许多无法进行大规模广告宣传的小店家提供了有效的营销渠道。一家名叫“饿的神”的快餐店便利用微信的LBS定位功能，在午餐时间向附近的人打招呼，以宣传自己的快餐生意，用户只要在微信上购餐，便可送货上门，十分方便。2011年10月，微信3.0版本新增了“摇一摇”功能，该功能类似于“查看附近的人”，即通过“摇一摇”这个手势可以搜索到1000米以内的其他用户，同样是基于LBS功能插件的服务。

2. 通过扫描二维码进行营销

二维码在微信营销当中主要是用来连接线上与线下，通过“扫一扫”商家的二维码，用户可以成为商家的微信会员，获取产品、促销信息或直接获得打折优惠。二维码以一种更精准的方式，打通了商家线上和线下的关键入口，在微信营销中得到了广泛运用，而且在整个新媒体整合营销中也应用得非常广泛，经常被用来作为整合线上与线下营销方法的手段。现在许多大小商家店铺的营销活动中，都可以看到二维码的身影。

3. 通过“朋友圈”进行营销

微信“朋友圈”营销的方式是指商家让用户把自己的广告信息分享到“朋友圈”，利用用户和其朋友之间的强关系售卖产品。“朋友圈”营销最主要的形式是消费者在自己的“朋友圈”分享店家商品信息，便可获取折扣优惠。商家期望以一个消费者为基点，利用该消费者与其朋友之间的强关系将商品信息向该消费者的亲朋好友渗透，以取得滚雪球式的营销效果。例如，聚美优品通过微信公众平台打造了首个美妆试用平台，粉丝将活动分享到“朋友圈”，便有机会获得免费试用的机会。

4. 微信公众平台营销

随着微信公众平台的推出，各类公众账号层出不穷。公众账号向关注该账号的用户推送信息，并与用户进行“一对一”的交流，成为商家营销的主要阵地。

以微信账号是不是企业品牌的官方公众账号为依据，公众平台营销可以分为两种方式：企业微信公众账号和非企业微信公众账号。

企业微信公众账号的营销主要有两种方式：推送式营销、客服式营销。推送式营销是指通过主动推送活动、游戏、文章等方式与用户建立亲密且深入的互动关系，维护及提升品牌形象。客服式营销是指将微信与自身的客户服务系统相结合，满足用户在售前、售后的各类服务需求，将微信打造成又一客服平台。例如，中国南方航空以自动回复的形式推送客服信息，用简单的数字编号代表不同的业务类型，向消费者提供预订机票、查询订单、办登机牌以及行李查询、天气查询等服务。

微信公众账号种类繁多，有一些草根账号，通过各种方式将粉丝积累到一定程度，然后发广告赢利。或是自媒体账号，将微信当作自媒体运营,发送相关的内容,赢取粉丝后,亦可发送广告获取盈利。自媒体微信账号一般垃圾广告较少,质量较高。此类营销方式多见于提供本地服务信息的微信公众号,针对地域细分受众,向其提供本地及附近地区吃喝玩乐、衣食住行的建议,并在其中嵌入广告商家的信息。

5. 众筹式营销

众筹式营销指的是微信用户利用与微信好友之间的强关系,按照商家的要求向好友募集需要的援助,或向好友提供商家的产品或服务。这种方式能够让参与活动的消费者主动传播商业信息,具有良好的传播效果。“红包”式众筹营销是最常见的众筹式微信营销。在这种方式中,微信用户可以向好友派发“红包”,也就是向好友提供商家的产品或服务。国内最早的“红包”式营销当属“滴滴打车”的“打车红包活动”。经过进一步发展,“红包”的定义不断扩大,变成了各式各样的礼品或者奖励。有的“红包”活动还可以随着领取“红包”的好友数量的增加,使派发“红包”的好友获取更大或更多的奖励。2014 年中秋节前,哈根达斯官方微信发起了“集月饼,送心意”的刮奖活动,每次刮奖都有机会获得哈根达斯冰淇淋月饼一枚,集齐 5 款不同口味冰淇淋,即可兑换一份哈根达斯“心心相印”月饼礼盒。如果想获取更多的刮奖机会,用户就需要将自己的活动界面分享给更多的好友,点击分享链接并参加的好友越多,该用户获得刮奖的机会就越多,获得礼品的概率也越大。此外,“朋友圈集赞”也是一种常见的众筹式微信营销。

第五节　自媒体平台营销

自媒体平台营销以自媒体为基础发展而来,所有自媒体营销形式都是当其所产生的媒介聚合效应达到一定程度时,才会产生其传播价值，所以当具备了传播力之后，其影响力和行销力价值便会循序而来，最终构成完整的自媒体市场价值链条，至此，自媒体营销的价值便会得到市场的认同和应用。自媒体往往站在用户的角度进行点对点的传播，这种方式赢得了越来越多用户的信赖，增加了用户的主动性。另外，随着人们的网络使用时间越来越碎片化，对媒体方便、快捷的要求也越来越高，自媒体正适应了这一点，增强了用户的自主选择权，扩大了用户的自主性。因此，自媒体平台的营销价值也是非常高的。2013 年，自媒体有了新的突破，无论是 PC 端还是移动端、单个自媒体与自媒体平台在模式上均进行了较大的创新，在内容上获得快速成长。这里的自媒体平台包括微信、微博、QQ 公众平台、UC 自媒体平台、简书、头条号、企鹅媒体平台、搜狐公众平台、一点号、百家号、网易号、凤凰媒体平台等。

一、自媒体平台盈利模式

自微信在 2012 年推出微信公众号以来，自媒体数量就一直在不断地增长，草根、明星、企业、媒体、作家、艺术家等都纷纷投身到自媒体行业。但是，自媒体想发展壮大，“盈利支撑”是必不可少的，而这个盈利可能来自自媒体自身、外部融资，也可能是自媒体线下其他的运营活动。就目前的情况来看，自媒体的盈利模式主要包括以下几种。

（一）会员模式

付费会员的盈利模式并不少见，但是自媒体的会员付费模式并不是所有人都敢轻易尝试的。在我国，自媒体用户的付费习惯尚未形成，付费模式的顺利实现必须要有强大的粉丝基础和具有吸引力的会员内容作为保证。

（二）广告模式

2013年初，程苓峰主创的自媒体账号“云科技”推出微信广告，通过在文章末尾开辟广告位的形式向受众发送广告图片和链接，报价为1天1万元，或3天5万元。这一模式推出仅3个月时间，“云科技”就实现盈利20万元。“云科技”成为国内自媒体盈利模式的有益尝试，它的成功依托于程苓峰个人深厚的人脉资源和用户基础。据悉，程苓峰的微博粉丝将近百万，微信真实关注用户有2万。稳定而庞大的粉丝订阅量，是其能够吸引广告客户的基本条件。

（三）电商模式

2014年5月，微信将业务扩展到电商领域，正式推出“微信小店”。“微信小店”是基于微信支付的新型移动电商模式，经过认证的微信服务号可自助申请开通小店，并在店里进行商品售卖和营销。“微信小店”是将电子商务与移动社交紧密结合的大胆尝试，除了具备传统电商商品售卖与营销的功能，还充分利用了微信公众账号在长期运营过程中所积累起来的粉丝效应及朋友圈强大的互动分享功能，使得商家不但拥有了稳定而忠实的用户群，而且能利用用户的朋友圈分享进一步增加产品的曝光率，扩散用户人群。目前开通“微信小店”的公众号有“好药师”“美丽说”“印美图”等，传统出版机构如“读库”等也开始试水微店领域。其中，印美图在6天内实现销售额100万元，成为“微信小店”最为成功的销售案例。

（四）稿费模式

自媒体的出现，解放了普通人的思想和双手，使得一大批优秀的自媒体写手涌现出来。通过原创内容赚取稿费，也因此成为自媒体全新的盈利模式。2016年6月，新浪微博正式启动自媒体计划，公开招募月均阅读量300万、粉丝数500万以下的微博认证账号，按月为阅读量较高的原创文章发放稿费。具体的稿费标准为每10万次阅读单价为20～40元，长微博奖励翻倍。除了新浪微博，腾讯大家、搜狐新闻客户端等自媒体平台及虎嗅、钛媒体等科技博客也纷纷推出自媒体作家培育计划，为作者的原创内容支付远远高于纸媒的稿费。

二、自媒体平台营销的现状分析

使用和进入自媒体的门槛较之其他营销渠道要低很多，所以，以自媒体为基础衍生的自媒体平台营销在同等影响力传播方式下成本最低。不过，自媒体平台营销快速爆发的同时，问题也逐渐显现出来。第一，关注数量多，参与度低下。一个自媒体营销平台拥有群众资源较多，但是用户的参与积极性并不高。如何让更多的用户知道并主动关注自媒体平台，让其充分积极地参与到传播中，这是当下面临的难点。第二，信息良莠不齐，规范化差。某些自媒体营销者为了加大平台本身的影响力，扩大营销效果，肆意编造谣言和虚假信息，由此造成的社会不信任感阻碍了自媒体营销平台的发展。自媒体平台天生的自由性使得平台没办法控制，不能确保信息的可靠性和真实性。第三，用户多，盈利手段少。自媒体营销平台拥有广大的用户群体，但实际上，自媒体营销平台目前转化率低，缺少具体的盈利模式。

三、自媒体平台营销的未来发展趋势探讨

（1）针对特定用户特定推送，满足不同用户需求。自媒体平台营销是一种较为新颖的营销方式，营销者自身要有较高的素质，自媒体平台营销的侧重点，在于能否分享具有精神内涵的新鲜事物。新鲜真实有内涵的事物会吸引用户的注意力。近来随着用户对生活品质的要求越来越高，他们更加热衷于关注与自己生活息息相关的事物，所以了解用户、贴近用户、内容为王才是自

媒体营销成功的秘诀。

（2）增强自媒体平台营销的真实性和时效性。在移动互联网时代，信息日传千里，速度提升，这无疑是获得用户的一种有效手段。提升自媒体平台营销信息发布的速度、用户获取信息的速度，让用户能够获取到真实的时效自媒体平台营销信息。增强自媒体营销的真实性和时效性，有利于增加受众，赢得用户的信赖，从而进一步实现用户的有效转化，为自媒体营销打开新思路，开发新渠道，使自媒体生命力增强。

（3）增加自媒体营销平台受众，加大转化比率。一个相对出色的自媒体营销平台一定会拥有广大的用户群体，但是其数量永远达不到瓶颈，自媒体营销平台的经营者永远都在期待其用户粉丝的增长。这样，多一位用户就会多一分转化为利益渠道的机会。然而，单纯依靠用户数量的增加永远达不到自媒体营销平台经营者的期待值，所以开辟新的盈利模式、增加转化率成为自媒体营销的当务之急。

自媒体营销平台目前转化率低，缺少具体的盈利模式是大多数自媒体营销平台共同的问题。要打破为吸引用户而捏造虚假信息，最终造成客户信任度下降，用户流失的僵局，需要自媒体营销平台的经营者大胆创新，通过实践不断摸索。

第八章　新媒体的管理与规制

随着数字技术在信息传播领域的广泛应用,新的媒体形态应运而生,新媒体以新的数字技术为基础。在新媒体传播环境下,传统的单向传播变成了互动传播,信息传播的自由度得到了前所未有的提升,信息传播的广度和深度也有了更大的拓展空间。当然,在新媒体环境下也会出现一些问题,本章即对新媒体的管理与规制方面的相关内容进行简要阐述。

第一节　新闻自由与新媒体的责任

一、新媒体新闻自由

(一)新媒体新闻自由的特点

新媒体新闻自由具有显著的特点,概括来说主要包括以下几方面。

1. 新媒体传播的原创性

新媒体传播的原创性主要表现在以下几方面:

(1)各大网络视频媒体的原创性愿望增强。例如,腾讯网站推出原创访谈电视节目。腾讯公司在线视频部总经理刘春宁曾表示,新媒体形式和传统媒体二者在内容上的互补与相互输入,是两种媒体跨界融合趋势的集中体现。随着视频网站出品内容数量和质量的增多，视频网站将会在未来发挥更重要的内容反哺作用。

（2）公民新闻运动所衍生出来的“草根记者”大量涌现。这类群体区别于那些所谓正统的、主流的声音，有其独立存在的理由和独特优势。像草根网民“边民”，在参与一系列网络事件中声名鹊起。

（3）个人创造的内容被推送到更广阔的平台上，使原创产品被更多的人接受。以 iPad 为例，iPad 作为图片传播载体，其平台广阔性、开放性使其成为新闻传播的途径之一。当移动媒体客户端成为人们接触信息的窗口，它所带来的改变是我们不可忽视的。移动媒体客户端使人们对信息更加挑剔，促使媒体提供更专业化、更个性化的信息传播方式。移动媒体客户端鼓励人们将一个客户端内提供的信息进行“一对多”传送。

2. 新媒体言论传播的便捷性

由于网络具有匿名性的特点，互联网允许任何一台网络终端设备参与到全球信息的交流，而且任何人进入互联网都不会受到阻碍，人们可以在网络上畅所欲言。网民被查明身份的可能性很小，身份、人种、财富、知识等各方面的限制条件在网络中都可以忽略不计，所以一旦网络基础设施完备，大家拥有的网络资源几乎是平等的。网民的言论自由在相当大的范围内是可以得到保障的。一方面，随着移动终端设备的普及，每个人都是信息传播的主体。自媒体时代的来临，公民新闻的兴起，使得每个人随时随地都可能成为新闻事件的策划者和主导者，人们可以用摄像机、手机、网站记录身边的一点一滴，甚至有些还可能报道轰动一时的重大新闻。另一方面，对于言论自由的渴望，使得我们的表达因传播门槛的降低而越发便利，“关注”与“被关注”的需要同时得到满足。

3. 新媒体传播的交互性

交互性这一概念至少有两种含义：一是指用户在网络上获得信息时，可以有更多的自主权，即他们可以自己控制何时以何种方式获得何种信息。二是指信息的提供者与信息的接受者之间的关系，主要指用户的反馈。这意味着受众对网上信息具有选择权和迅速反馈的能力。交互性使受众更广泛地参与到传播过程中，言论自由得以在更多范围内延展。

（二）新媒体环境下言论自由的注意事项

1. 媒体在对话过程中应担当对话平台的角色

大众媒体要在社会危机中及时补正传播中相位的不对称性，要赋予那些“支离破碎”的信息一种逻辑和结构，使民众可以通过这个结构形成对事件比较完整清晰和深刻的把握，另外要在社会话语体系中，更加凸显知识分子的社会话语权，让知识分子真正重返对话引领者的位置。只有这样，媒体才能真正呈现真相，走出危机。

2. 要建立及时准确的舆情预警机制

政府部门、网站版主对于舆情变化、对现实状态中潜在的舆论暗流要有预计和把握，当这些舆论暗自涌动的时候，要有提前预警，这对政府部门争取时间、争取主动是极为有利的。

3. 要遵循言论自由的底线

就公共领域而言，言论自由的底线至少有两个：一是不违背人类千百年来所形成的最基础性的道德价值。二是不蓄意伤害他人。我不同意你的观点，但捍卫你表达意见的权利，其前提是“你”是在就某个问题发表个人意见，而不是蓄意伤害他人的情感。

二、新媒体的责任

（一）新媒体应承担的社会责任

1. 及时报道公益事件

目前我国对新媒体还没有公益广告发布的要求，因此学界与业界都对新媒体是否需要承载社会责任展开了争论。事实上，新媒体不能仅仅作为商业工具而存在，理应成为社会公益事业的中坚力量。公益事件的及时报道，其实是通过有效的诉求，激发受众的高级情感，如正义、爱国主义、团结等，这有利于社会和谐观念和良好风尚的形成。

2. 及时传递信息

新媒体由于在信息传递的速度、规模、空间范围的自由等方面具有显著的优势，所以其传播信息的及时性与广泛性应当为社会提供更多的意见指导。由于民众获得的很多信息直接来源于媒介，如何有效引导舆论并让民众能够在社会主流价值观的指导下共同进步是新媒体的一大责任。

3. 及时反馈信息

交互是新媒体受欢迎的原因之一。互动意味着信源与信息收受者之间的双向交流或多向交流。个人可以有自己的博客，可以生成、发布自己的信息内容，也可以参与他人发起的在线讨论。这些文章中有的反映群众对某一热点事件的集体看法，有的反映人民群众生活的苦难与达观，有的反映社会机制存在的纰漏，社会的包罗万象都能在新媒体的平台上展现。新媒体要运用自身的互动性和信息发布的高度开放性特征，及时捕捉来自生活中的第一手信息，成为群众与政府、群众与媒介、群众与群众等群体间的交流平台，成为党和国家改革过程中可靠的事实依据。如此一来，新媒体便能真正发挥及时反馈信息，从而传达社情民意的作用。

（二）新媒体承担社会责任的注意事项

1. 坚持真实报道

真实是新闻的生命。目前，新媒体虚假新闻与失实报道呈上升趋势。如何杜绝新闻失实，追求公信，是社会关注的焦点。追求真实、树立权威、建立公信力，关键是在正确的新闻观指导下，进行有效的规避与整治。具体来说应做到以下两方面：

（1）加强对新媒体的监管。目前我国新媒体发展迅速，但面临的问题较多，管理部门存在着职能交叉、协调混乱、责任不明等问题。需要建立完善的信息发布审查机制，有效做好“把关人”，借鉴传统媒体经验，建立健全新媒体相关法规，规范新媒体市场。

（2）严惩制假、造假者。假新闻泛滥与没有严惩机制有关，这就需要依法管理，保护社会、公民的信息安全。

2. 控制色情暴力

新媒体的互动性为色情暴力内容提供了藏身之处，由于信息发布审核没有传统媒体严格，淫秽内容的发布更为便捷。为了控制新媒体的色情暴力，应做到以下两方面：

（1）通过政府建立审查制度，移除淫秽内容，打击不法软件开发商利用游戏等手段传播色情暴力。

（2）要实行分级制，严格限制色情、暴力等不良内容的泛滥。

3. 实现数字时代版权的合理合法使用

现今在互动式新闻、电子图书、音乐样品等新媒体领域，侵权事件经常发生。如何实现数字时代的版权合理合法使用，是需要解决的问题。具体应做到以下两方面：

（1）应用新技术，对数字产品进行版权保护，防止电子盗版。

（2）要有法律保障，运用法律手段，加大打击侵权行为的力度。

4. 加快建设互联网法规制度体系

当前我国有30多部与互联网管理相关的法律、行政法规、司法解释和部门规章。这些法律法规为依法管理互联网提供了基本依据，在维护网络信息安全方面发挥了重要作用。今后，应继续加快建设强大的新媒体法律体系，为新媒体和谐发展提供保障。

第二节　新媒体的道德失范

一、新媒体道德失范的主要表现

具体来说，新媒体道德失范的主要表现包括以下几方面。

（一）发布垃圾信息

发布大量的垃圾信息是新媒体道德失范的重要表现。垃圾信息分为网络垃圾和手机短信垃圾，这都是未经受众许可，强迫受众接收的。而手机短信中推销、中奖等虚假信息，用户往往无法拒收。

（二）夸大负面信息

有些新媒体夸大负面新闻以提高关注度，把个别现象扩大化、典型化、普遍化，以至于造成公众的恐慌。负面信息被传媒反复炒作，加之其不准确，会对受众造成伤害。

（三）传播不道德信息

网络欺诈、暴力、色情等诸多不道德信息都能通过新媒体传播，这对青少年的成长特别有害。有人将自拍裸照或恶作剧画面上传到公共网站，影响极为恶劣。一些网站为了增加点击率，甚至反复强化此类信息。

二、新媒体道德失范产生的不良影响

新媒体的道德失范会产生一些始料不及的负面影响，甚至会带来一系列恶果，具体来说主要包括以下几方面。

（一）干扰受众的正常生活

网络社会的虚拟生活会极大地削弱人的心理承受力，导致焦虑、苦闷和压抑等负面情绪，从而有可能增加适应社会生活的困难。有些“网虫”离开网络就没法生活，对网络自由生活的无限依赖对他们未来的学习和生活产生了巨大的影响，现实与虚拟的巨大反差使他们无所适从。而无限丰富的、活生生的现实生活是不可能让有“互联网综合征”的“网虫”仍然游荡于虚幻的网络世界的。新媒体的便捷性使受众懒于思考和行动，此时，如果新媒体道德失范，就会严重干扰受众的正常生活。

（二）降低受众的道德水平

在新媒体时代，每个人都能成为传播者。新媒体高度自动化的传播方式会让人更加缺少人情味，引发信任危机，容易出现精神麻木和道德冷漠，甚至会导致人性的异化和人格障碍。色情、暴力等一些不健康的信息还有可能诱发犯罪。新媒体商业化的操作，导致一部分受众目光短浅，缺乏社会责任意识。

（三）扰乱正常的社会秩序

为了抢夺受众，某些新媒体常常反复渲染没有核实的消息。一些并不真实的信息常常扰乱人们的生活，甚至会扰乱正常的社会秩序。

一些西方反动势力还利用新媒体进行反动宣传，制造政治上的不稳定因素。一些不法分子利用新媒体散布垃圾信息，增加犯罪渠道，并利用新媒体的特殊性逃避法律责任。通过各种新媒体发布的不良信息会干扰受众的正常生活，给受众造成经济和精神伤害。

三、新媒体道德失范的治理措施

对于新媒体的道德失范现象，可以从以下几方面来进行治理。

（一）加强传媒素养教育

加强传媒素养教育是防止新媒体负面影响最有效的方法之一。在开放的信息环境里，受众如果没有很好的传媒素养，面对信息的无限性和随意性就会显得无能为力，极易受到伤害。发达的信息技术使现代人无法离开传媒，教育者要引导受众提高行使信息传播权的能力，更自觉地承担起自身的社会责任。传媒素养强的受众面对道德失范的信息，会根据自己的知识储备辩证地分析，从而最大限度地减少大众传媒道德失范的危害。

（二）加强新媒体的自律

自律是防止新媒体道德失范最有效的途径之一。因此，新媒体的从业者要加强正面的自我教育，努力提高道德水平，积极预防道德失范现象的发生。传媒工作者要不断提升自律能力，在注重提高自身业务技能的同时，更要强化自身的修养，努力提高思想、政治、法律、道德、心理、身体、人文、职业技能等多方面的素质，并恪守职业道德底线。

（三）加强对新媒体的监管

要建立健全新媒体严格的自我管理制度，特别是要建立信息审查过滤机制，规范电子邮件过滤系统，及时过滤不安全和不健康的信息。要规范网络新闻报道，精心设计制作网页。政府可以采用技术手段对新媒体的运行进行适当的限制。另外，还必须要尽快建立网络行为的监控机制，强化网络安全，完善规章制度。

积极推动新旧媒体融合，建立健全网络舆情预警机制。

（四）制定严格的行为准则和完善相关法规

目前，很多国家高度重视网络安全，因地制宜地制定了严格的行为准则。但是目前所制定的一些规范显然还不够系统，可操作性不强，这是今后需要完善的。另外，对新媒体的监管还要完善相关法规，严格立法。在当前整个社会风气和公众道德水平普遍有待提高的情况下，当软性的劝说、疏导和教化对个别人没有效果时，就要采用强制性措施维护法律的尊严和社会生活起码的正常秩序。

第三节　新媒体法制与伦理建设的困境与出路

一、新媒体法制与伦理建设的困境

“自由与规制”的矛盾是目前新媒体管理的难点，它引发了新媒体伦理与法制建设的诸多困境，信息共享与信息独有的难题就是困境之一。自互联网建立之初，就确立了“自由”的属性。信息共享可以使信息、资源得到充分利用，极大地降低全社会信息生产的成本，但是这对信息的生产者又是不公平的，因为信息的生产需要物质、智力等投入，所以信息生产者拥有信息产品的所有权并通过信息产品的销售来收回成本、赚取利润，是合乎情理的。那么，在新媒体世界，应该对信息的使用进行规制还是保持信息自由流动？应该让信息所有者拥有多少信息的独有权和控制权才更为合理？这一困境就是知识产权保护、网络信息霸权等问题一直悬而未决的根源。

另外，目前上网被视为一种自由、便捷的信息获取方式和通信方式，但网络的隐匿性和分散性等特征，很容易使上网者“为所欲为”。网络给人们提供的“自由”，远远超出了社会赋予他们的责任，如果网络行为主体的权利义务不明确，便会出现网络行为主体的行为自由度与其所负的社会责任不相协调甚至相冲突的局面。同样，隐私权是私人生活不被干涉、不被擅自公开的权利，保护个人隐私是基本的社会伦理要求。但为了避免个人行为侵犯他人权利或是社会安全，个人行为应该留下详细的原始记录供有关部门进行监督和查证，这就产生了个人隐私权和社会监督的矛盾。这一矛盾同样是由"自由与规制"的矛盾所引发的。

二、新媒体法制与伦理建设的原则

新媒体法制与伦理建设的困境问题并非是我国独有的，而是全世界都面临的问题，对此，各国都提出了关于新媒体法制与伦理建设的原则，这些原则也为我国新媒体法制与伦理建设提供了有益的借鉴。概括来说，新媒体法制与伦理建设的原则主要包括以下几个。

（一）自律原则

自律原则可以看作一种终极的道德诉求，在网络社会中，由于个人具有充分的自由，缺少约束，要达成一致同意，或完全享有所有资源，显然是不现实的。这就要求每个网络用户都有自觉性，遵守一般道义原则。只有这样，每个人才能够达到自己的目的。

（二）共享原则

网络具有大量的信息资源，而这些信息资源可以免费地供人们搜索和使用，对于用户来说，这是网络最大的吸引力。资源的共享不但促进了以网络为代表的新媒体的快速发展，同时也可以增进文化的交流和进步。当然，这种共享原则具有约定性，它使用的是网络提供的默认值。如果超出约定的范围，这一原则就会受到挑战和限制。

（三）无害原则

无害原则又被称为“最低道德标准”,是网络伦理的最基本准则,也是网络伦理最起码的道德规范。这一原则认为,人们不应利用计算机和信息技术给他人造成直接或间接的损害,避免实际的或潜在的损害或危害是新媒体法制与伦理建设的最低道德标准。

三、新媒体伦理与法制建设的内在基础

我国新媒体法制与伦理建设的内在基础是新媒体的伦理建设。新媒体伦理是指人们通过新媒体进行交流时所表现出来的各种道德关系。新媒体伦理建设,就是要在这些关系中建立一些相应的原则规范,使之成为网络媒体使用者自觉遵守的行为准则。当前,在我国积极推进新媒体建设的形势下,深刻认识信息时代伦理道德的重要性,借鉴国外新媒体伦理理论及实践的经验教训,深入研究新媒体的伦理道德问题,构建中国特色的新媒体道德规范体系,具有重要的理论价值和现实意义。

（一）政府及相关团体应积极引导新媒体伦理道德规范的形成

伦理道德规范的自发形成需要很长的时间,因此,政府及相关团体对新媒体伦理道德规范形成的引导和促进在当前就显得至关重要。政府及相关团体正确地引导网络的发展方向,是规范网络行为、保证这一新兴社会形态有序发展的基础和必要步骤。基于此,政府应在这个过程中起到引导和推进的作用,与民间团体一起出台和推行相应的网络伦理规则,以引导和规范网络行为主体的行为。具体来说可以做到以下几方面:

（1）建立多层次、多样化的新媒体道德委员会,加强对计算机网络行为的引导与监督。

（2）通过最广泛的道德商讨和道德民主程序,逐步形成新的

道德共识，构建适合新媒体交往和生活特点的道德原则、规范和要求。

（3）由于网络拥有传统媒体所没有的、全新的传播方式，因此，政府及相关媒体在引导过程中，应该坚持“与时俱进”的原则，启动网络伦理道德规范建设的工程，把网络伦理道德当作一个系统工程来研究，支持对此进行各种类型的学术研讨，争取建立较为客观和适应网络发展的网络伦理规范。

（二）通过教育机制提高新媒体相关主体的道德自律能力

社会道德建设的根本目的就是要全面提高公众的道德自觉性，以形成整个社会良好的道德风尚。衡量道德建设成败的关键在于社会公众是否都遵守了一个社会共同要求的道德准则，是否普遍地养成了文明的道德习惯。加强社会的道德建设必须着眼于如何增进社会公众道德意识的养成和道德行为的自觉。

道德意识和道德自觉首先是人们内心世界的活动。它是一种无形的、非程序化的精神力量，深藏于人们的品性、意向之中，内化为人的感情、意志和信念。某种价值观念要想成为现实的道德力量，就必须以征服人们的心灵、获得主观上的认同为前提。因此，只有反复进行晓之以理、动之以情的道德教化，并在此基础上引导个体逐步建立其所理解和追求的由道德理想、道德信念、道德价值等意识和观念所构成的意义世界，普遍的、共同的社会道德自觉才会成为可能。

目前，在很多国家，新媒体的伦理建设是通过硬性、长效的教育机制实现的。例如，美国、韩国等国家从中小学开始就开设有关网络伦理和计算机伦理的课程，通过持久、深入教育，使网络伦理思想深入人心，增强个人的道德责任心，提高国民的整体网络伦理道德水准。因此，我国要想提高新媒体的伦理建设，同样需要通过长效的教育机制来实现。

（三）以传统伦理和世界伦理为基础构建我国新媒体伦理规范的具体内容

1. 构建我国新媒体伦理规范内容应该以我国的传统伦理规范为基础

我国本身有丰厚的伦理道德规范，而这些伦理道德传统是中华民族数千年一直延续下来的行为规范，本身就具有独特性。因此，遵循传统的伦理规范是构建符合我国国情的新媒体伦理规范的基础。

2. 我国新媒体伦理与法制建设应该注意全球性与本土性的协调统一

新媒体空间是一张国际性的大网，它的触角伸展到世界每一个角落。因此，新媒体的伦理与法制建设，首先应该考虑到它的全球性，在全球范围内确保网络信息交流通畅，然后形成共同的行为规范。在哲学界，学者们提出了“全球伦理”的理论构想，希望从不同的民族文化传统中吸取资源，对当今社会重大问题达成“最低限度上的共识”，形成“和而不同”的“全球伦理”。全球性网络新闻伦理的建设是“全球伦理”建设的一个重要组成部分，我们也可以在考虑全球网民共同利益的基础上，形成一些共识性的行为道德规范，并将严重违背这些道德规范的行为纳入法律的范畴。

3. 我国的新媒体伦理规范内容应充分考虑我国的具体国情

研究和建设新媒体伦理和法制，其最终目的是服务于社会发展，服务于社会主义精神文明建设。在今天，互联网已经成为思想政治工作的一个新的、重要的阵地，只有从思想上重视，在研究中做到严谨、认真、公正、客观，才能正确掌握这一新兴交往工具，引导其健康发展。

四、新媒体伦理与法制建设的外在保障

我国新媒体法制与伦理建设的外在保障是新媒体的管理、文化与技术建设。有效的管理都需要自律与他律的统一。新媒体主体行为的控制既需要自律,也离不开他律。

(一)依靠科学的管理手段配合新媒体管制

目前,我国采取了一系列措施加强对网络文化的建设和管理,概括来说,较为有效的管理方法有以下几种:

(1)制定法规和部门规章。如中国互联网协会制定了举报、删除互联网上不良信息和垃圾信息的具体办法,以抵制不文明网络行为,净化网络环境。

(2)加强舆论引导和舆论斗争。行使行政职权管理是打击网络色情的主要手段。新闻出版总署利用技术手段实行实时监控,发现不良信息及时处理;设立了24小时举报电话,每天根据群众举报查处各种网上色情活动;同时还在全国实行公共场所巡查制度,及时发现问题并进行处理。

(3)开展治理工作,包括整治网吧,打击网络赌博、淫秽色情等。

相对于单一的管理手段,目前在我国,形成全国统一协作的管理体系、实现专项打击和长效机制相结合才更为关键。专项打击就像网络之外的治安"严打"一样,打完一拨又来一拨,不但费时费力,还起不到长效、彻底整治的作用。因此,监管部门应该各司其职,明确责任和义务,建立监管信息共享机制和监管合作机制。

(二)通过新媒体文化的建设为新媒体管理创造良性的媒体环境

要塑造良好的新媒体管理环境,进行新媒体的文化建设是一条捷径。具体可以从以下几个方面进行尝试。

1. 把世界优秀文明成果作为创作、传播网络文化的重要源泉

我国网络文化要走向世界，必须充分消化和吸收这些优秀成果。要精心筛选确定适合网络传播特点的古今中外优秀文化成果，采用新技术，设计新载体，对这些高品位文化信息进行数字化编辑、精品化包装、网络化传播。

2. 要打造具有中国特色、体现时代精神、品位高雅的网络文化

主流网站要进一步把品牌栏目和频道建设好、发展好，并创造出更多受网民喜爱的网上栏目和频道，丰富其内容，不断提升网络中中国传统文化、民族文化和当代文化的魅力。

3. 由重点发展信息产业向信息产业与文化产业融合发展转变

在网络的发展过程中，要把握网络传播的特点和规律，创新网络建设思想，在推进互联网物理层面建设的同时，注重从网络文化、趣味培养、价值弘扬等方面进行引导。

4. 要根据不同层次网民的精神文化需求进行创作和生产

网民的价值取向、兴趣爱好、知识水平、文化层次不尽相同，逐渐形成相对固定的网络群体。要把网络文化创作生产的先进性要求和广泛性要求统一起来，将音视频等多媒体技术结合起来，声、色、图、文、动作并茂，做到贴近实际、贴近生活、贴近网民。

（三）依靠先进技术保障新媒体发展

网络是现代高新技术的结晶，网络犯罪也是一种高智能的犯罪，犯罪者往往具有高超的专业知识。在网上，传统意义的作案现场根本不存在，证据多存于电子记录物中，由于信息量大，难以进行人工核实，而且易被篡改和销毁，因而传统法规无法有效制止网络犯罪，许多管理方面的问题需要依赖技术手段来解决。

（1）要强化技术保障，加强对网络防病毒技术、防火墙技术、防攻击入侵检测技术、不良信息监控过滤技术、加密与认证技术、

远程监控技术等的研究和开发，有效封堵和杜绝不良信息。

（2）在重点网站、论坛上设立的“报警岗亭”和“虚拟警察”要充分发挥作用。

（3）要进一步健全完善网上接受群众举报求助、线下迅速处置的工作机制，构筑起有效的网络安全防范体系，更好地维护国家文化安全和信息安全。

（4）国家或网络管理部门应通过统一技术标准，建立一套网络安全体系，严格审查、控制网上信息内容和流通渠道。

五、我国新媒体伦理与法制建设的路径

我国应该结合我国国情，全面考虑新媒体的特点，使我国新媒体伦理与法制建设更具超前性与可操作性。总体来说，我国新媒体伦理与法制建设的路径主要包括以下几种。

（一）以伦理建设为先，以管理、技术建设为辅

目前，网络新闻立法中存在许多空白点，无法可依、无刑可量的情况经常发生。在某种程度上，对网络新闻信息流通的控制可以说是难以进行。在这种情况下，道德伦理建设自然应该发挥其在管理机制中的调节功能。网络新闻伦理建设，就是要在这些关系中建立一些相应的原则规范，使之成为网络媒体使用者自觉遵守的行为准则。凝结人类高科技发展水平的网络媒体，自然也标志着人类社会进化的水平。在这样一种高度发达的社会形态中，自觉的道德规范应该更具普遍性、操作性。

（二）以自律为先，以政府管理为辅

由于新媒体自身独有的特征，不能再像传统媒体那样需要政府层层把关，政府过多规制网络会产生很多负面问题，这主要表现在以下几方面：

（1）互联网最大的特性就是自由，网络从民用之初就树立了

自由的原则，但阿帕网管理当局不能容忍在网络上讨论诸如药物、性、摇滚乐之类的话题，因此为USENET新闻组设立了路径系统对其采取技术限制。这一政策遭到了网络用户的反对，认为这是“新闻检查制度”的翻版。不到5个月，ARPANET当局做出了让步，允许新闻组在网络上传播信息并取消了检查制度。至今，获取信息的自由和信息传播的自由一直是网络用户引以为豪的理念。

（2）现代社会中，大众传媒是公民舆论的集散地和代言人，肩负着舆论监督的任务，保护公民的言论自由不仅是大众传媒实现社会责任的基本前提，更反映了一个社会的民主化程度。如果在网上说句话动辄就侵犯名誉权，制作视频就侵犯版权，这样过于从紧的网络政府法规会对网民自由言论产生一定的限制。

（3）过多的政府规制除了对个人权利、网络媒体本身发展产生制约外，还会带来影响网络媒体市场正常运转的负面影响。因此，在新媒体的伦理与法制建设中，政府的作用应该是以引导、监督的方式进行管理，而非直接的管制。

由此可见，以自律为主、以政府管理为辅是我国新媒体伦理与法制建设的一条重要路径。

第四节　国内外对新媒体的管理与规制

一、国内对新媒体的管理与规制

（一）国内对网络媒体的管理与规制

在我国，对网络媒体的管理与规制主要表现在以下几个方面。

1. 政府监管与法律规制

（1）网络媒体的管理机构建设。根据参与管制环节的不同，我国的网络媒体管理机构可以分为三类：第一，内容管制部门，是网络媒体新闻传播的核心部门，它由中央和地方的新闻办公室和对外宣传办公室两个部门来管理。其中，新闻办公室负责互联网登载新闻资格的审批。2000 年 4 月，国务院新闻办公室成立网络新闻管理局，负责统筹协调全国的互联网新闻宣传工作，随后各省、市、自治区也陆续设立了相应的管理机构。第二，接入管制部门，主要指信息产业部和工商部门。信息产业部负责网络与信息安全技术平台的建设和管理；工商部门负责网站经营许可证的管理和监督。第三，安全管制部门，主要指公安部门和国家安全部门。公安部门负责对网上反动、淫秽等有害信息的监控以及对互联网经营、服务单位的安全监督，同时还负责对网吧等上网服务营业场所的安全审核和监督管理；安全部则负责对境外有害信息网站提出封堵意见并通知有关部门实施。

（2）政府对网络的社会管理。政府对网络的社会管理主要表现在：第一，对网吧进行管理。我国对互联网的社会管理是从网吧开始的。2000 年至 2002 年间，网吧曾遍布我国城市的大街小巷，然而，无节制的营业、杂乱的场所气氛、粗放的管理以及攫取"第一桶金"的意识，使得网吧成为青少年沉迷网络之地，一些社会问题由此滋生。为此，2002 年 9 月，国务院出台了《互联网上网服务营业场所管理条例》，明确了网吧的审批、管理权限，强化了经营者的责任和管理要求，并作出了"互联网上网服务营业场所不得接纳未成年人进入"的规定。此后不久，大量网吧被关闭，许多地方开始限制网吧的开办数量。2003 年，网吧行业主管单位文化部对全国网吧进行了重新审核登记；2004 年，文化部等部门对网吧开始专项整治，整治重点是坚决取缔"黑网吧"，严厉查处接纳未成年人进入行为，打击网上传播有害文化信息的行为。2005 年，文化部等九部门联合发出《关于进一步深化网吧管理工作的通知》，要求深化网吧管理。总之，一系列规定与通知的出台，表明了政府治理网吧的决心，也将我国的网吧行业推向了规范化发展之路。第二，对互联网站展开综合治理。包括打击违法和不良信息、整治行业低俗之风等。此外，我国政府还对在互联网上传播和制造虚假、有害信息等行为进行了清理和处罚。

总之，通过立法和社会管理两种方式，我国政府在网络监管上采取了较为严格的措施。但由于网络监管部门多为传统媒体的管理机构，他们将各自的管制范围延伸到互联网上，并独立制定部门规章作为规制互联网的法律依据，所以不可避免地造成某些部分重叠管理，同时又存在着无人管理的真空地带。我国政府对网络的监管仍然任重道远。

2. 技术管制

目前我国对网络媒体的技术防范与监管主要有阻止进入技术、过滤技术以及分级技术，当前普遍采用的是前两种方式。

（1）阻止进入技术是指通过在互联网的国际主出口上设定对访问某些地址的限制，使得国内网民无法直接登陆这些国外网站获取信息、发表言论。

（2）过滤技术主要用于网络论坛、网络社区以及博客的管理。其主要原理是先设定若干特殊关键词，网民在发帖过程中一旦使用这些特殊关键词，帖子便不能直接发出，而是被转到网络论坛、网络社区管理员处审看。网络论坛、网络社区管理员可以将帖子修改后进行发布，也可将帖子删除。过滤技术发展的极端便是全审，即网络论坛、网络社区上的每篇帖子都要先审后发。这种过度的管制措施不但效率低下，而且会严重影响网络上的人气，挫伤网民发言的积极性。

（3）分级技术主要是针对色情信息而发展出来的技术手段。我国还没有实行互联网分级制度，不论浏览网站的用户年龄是多少，都采用统一的管制标准。

除了技术的防范与监管，我国政府还建立了网络警察部队。建立这种新型警察队伍的主要目的是打击作案快速且不留任何作案痕迹的网上犯罪。网络警察均具有高超的计算机能力和良好的专业素质，他们的主要任务是进行网上搜寻，检索出淫秽、反动等不良信息，然后根据线索，利用高科技手段对网络犯罪协查破案。

3. 行业自律

中国互联网协会是我国网络媒体的行业自律组织。该协会成立于2001年5月，由国内从事互联网行业的网络运营商、服务提供商、设备制造商、系统集成商以及科研、教育机构等多家互联网从业者共同发起成立。2002年3月，中国互联网协会发布了《中国互联网行业自律公约》，该公约成为规范我国互联网从业者行为、促进我国互联网行业自律机制建设、推进互联网行业健康发展的有力凭据。2003年12月，中国互联网协会互联网新闻信息服务工作委员会成立，它是全国性互联网新闻信息服务行业组织，秘书处设在中国互联网新闻中心，来自人民网、新华网、中国网、新浪网、搜狐网等30多家互联网新闻信息服务单位成为其首批成员，他们签署了《互联网新闻信息服务自律公约》，承诺自觉接受政府管理和公众监督，坚决抵制淫秽、色情、迷信等有害信息的网上传播。这标志着互联网新闻信息传播行业开始建立“自我约束、互相监督、公平竞争、健康发展”的行业自律机制。

中国网络媒体论坛也是我国网络媒体进行行业自律的平台。该论坛是由中华全国新闻工作者协会、人民网等十几家单位共同发起组织的一个大型论坛。首届中国网络媒体论坛于2001年6月在青岛举办。在此次论坛上，与会代表向全国网络传播界发出倡议，要求坚持网上新闻传播的真实性，提供健康向上的网络信息。2003年10月，第三届中国网络媒体论坛在北京举行，会上发表了38家网络信息服务单位共同签署的以“中国网络媒体的社会责任”为主题的《北京宣言》，可以说，《北京宣言》开启了中国网络媒体履行社会责任的征程。

4. 网民自律与公众监督

网络带来的各种问题并不是仅仅依靠法律和技术就能解决的，人的因素在互联网管制中同样发挥着不可替代的作用，网民自律与公众监督在互联网管制中具有重要意义。

我国网民开展了一系列自律活动。如2000年12月26日，北京大学、清华大学、中国人民大学及北京师范大学的学生会向全国大学生发出了《大学生做文明网民倡议书》，号召全国大学生努力学习网络知识、技能，提高操作水平，自觉维护网络安全，建设网络文明，勇做倡导和维护网络安全的先锋。此后，网络文明工程“绿色行动”“青少年健康上网”等活动相继展开，得到众多网民的热情支持。

公众监督就是把网络使用监督权交给网络使用者，让他们参与网络监督，发现违法和不良信息及时举报，通过各种渠道参与网络治理。如2004年6月，由中国互联网协会互联网新闻信息服务工作委员会主办的“违法和不良信息举报中心”网站开通。该网站的宗旨是举报违法信息，维护公共利益。任何公民在网上发现违法和不良信息，只要登录到该网站，说明相关信息所在网站的名称和页面位置，提供举报人的必要联系渠道，即可实施举报。“举报中心”的开通为公众监督互联网信息传播提供了全新的渠道，标志着我国网络媒体在公众监督方面进入实质性发展阶段。公众监督成为有效遏制网络色情、网络垃圾等违法和不良信息的重要途径。

（二）国内对手机媒体的管理与规制

我国对手机媒体的管理与规制表现在以下几个层面。

1.政府监管与法律规制

在手机短信方面，2004年4月，信息产业部颁布了《关于规范短信息服务有关问题的通知》，对资费不透明、退订难等问题提出了专门的解决措施。同年，全国公安机关还专门开展了“打击治理利用手机短信和网络诈骗犯罪专项行动”。2005年9月，信息产业部发布《关于进一步加强移动通信网络不良信息传播治理的通知》，将手机媒体治理的矛头指向了运营商，并明确要求“相关电信运营企业、各移动信息服务业务经营者应逐条核查所发布信息的标题和内容，对发现的问题，立即整改”。同年11月，公安部、信息产业部、银监会联合开展了一次全国范围内的手机违法短信息治理活动。在这次活动中，信息产业部还起草了《通信短信息服务管理规定》，明确要求基础运营商承担一些责任，对用户的有效身份要进行登记。

在手机偷拍方面，《中华人民共和国电信条例》第 57 条规定："任何组织或者个人不得利用电信网络制作、复制、发布、传播含有侮辱或者诽谤他人，侵害他人合法权益的信息。"第 58 条规定："任何组织和个人不得利用电信网从事窃取或者破坏他人信息、损害他人合法权益的活动。" 安全部颁布的《国家安全法》第 21 条规定："任何个人和组织都不得非法持有、使用窃听、窃照等专用间谍器材。" 2006 年 3 月 1 日起实施的《中华人民共和国治安管理处罚法》中明确规定，偷窥、偷拍他人隐私是违法行为，可处以拘留或罚款。如果使用特殊专业设备偷拍，情节严重的可能触犯刑法。虽然我国已经把偷拍归纳到法律范畴，在处罚上有法可依，但是被侵害者依然面临着举证难的困境。

面对手机媒体的各种失范现象，手机实名制[①]可以说是规制手机媒体最关键、最有效的措施之一。在实名制下，屡禁不绝的非法短信将会有所收敛。但是，面对庞大的手机用户群体，实施手机实名制对于运营商来说无疑是一项庞大工程。即使实施手机实名制，如何保证身份的真实性也是运营商难以解决的问题。此外实名制还会引发对个人隐私的担忧。

2. 技术管制

在手机短信方面，运营商一方面可以限制短信的发送数量和频率，另一方面也可以制定一套判断垃圾短信的措施。工信部网络不良与垃圾信息举报受理中心接收到的举报的垃圾短信，按照

① 所谓手机实名制，是指移动通信运营商在办理申请者（无论是个人还是集体用户）手机入网手续时，对用户的相关身份证件进行审查，申请者为个人用户的，移动通信运营商应当登记其名称、地址和联系人等事项。手机实名制可以从源头上加强对发送短信者的管理，当发生短消息侵权或违法犯罪行为时，运营商能够通过技术手段确定短信发送者身份，执法机关也能及时追究侵权者的法律责任。

发送方式可以分为通过SIM卡发送的垃圾短信和通过手机增值业务提供商发送的垃圾短信。举报中心对有发送嫌疑的手机号码会给予警告，那些警告无效并继续发送垃圾短信的号码将被转交给运营商进行监管。此外，中国移动于2009年3月推出“信息管家业务”，用户通过登陆中移动网站下载信息管家软件，安装后不需设置便可准确掌握垃圾短信语义特点的变化，实现精确的短信过滤，有效地防控垃圾短信。

在手机偷拍方面，通过制定相应的国家技术标准，限制手机拍照的清晰度和手机外形的微型化，明确规定手机摄像头的安装位置；通过技术控制，使手机拍照时能够为他人所知，例如通过设置拍照提示音等方式使拍照能够为他人警觉，这样就能在使用拍照功能时促使周围的人给予适当注意，减少隐私权被侵犯的可能性。

在手机安全方面，手机反病毒软件可以做到实时拦截、提示不安全信息，对已确认的病毒进行杀除，并恢复感染文件等。针对隐私泄露问题，目前业界普遍采用加密的方法来解决。

3. 行业自律

在短信产业链中，运营商好比是一条河流的源头，要有效地清除不良短信和短信欺诈现象，源头自身的清洁和自律至关重要。企业在努力创造物质财富的同时，也要承担社会责任，运营商作为手机短信发送及接受的技术提供商，其地位特殊而关键。只要运营商大力规范短信市场、强化自律能力、划清自身的权责和处罚方式，加大对垃圾短信制造者的封杀力度，短信环境自然会得到净化。运营商也有义务保障用户个人资料的安全，泄露、窃取、贩卖用户个人资料的，应负法律责任。

二、国外对新媒体的管理与规制

（一）国外对网络媒体的管理与规制

由于历史传统和文化背景的差异，各国对网络媒体进行规制的理念不一，规制的程度也很不相同。但概括来说，国外对网络媒体的管理与规制主要体现在以下几方面。

1. 政府监管与法律规制

下面选取几个具有代表性的国家来简要阐述其政府对网络媒体的管理与规制。

（1）美国。美国是互联网的发源地，也是较早探索网络媒体管制的国家。早在1978年8月，美国佛罗里达州就率先通过了《佛罗里达计算机犯罪法》，该法规涉及侵犯知识产权、侵犯计算机装置和设备、侵犯计算机用户权益等问题，并作出了种种规定。随后，美国共有47个州相继颁布了计算机犯罪法。1984年，美国国会通过《联邦禁止利用电子计算机犯罪法》。1987年，国会通过一项方案，批准成立国家计算机安全技术中心，并制定了《计算机安全法》。美国众议院司法委员会要求，色情邮件须加标注，使用户可以不用打开邮件而直接将邮件删除；互联网接入服务提供商可以起诉滥发垃圾邮件者，并提出索赔要求。1996年2月，美国总统签署了国会通过的《传播净化法》，这是美国对互联网内容审查的首次立法，明确规定互联网不得向未成年人传播有伤风化的文字及图像。1997年，美国最高法院判定这一法案违宪，使它最终未能实行。2000年4月，美国贸易委员会制定了《儿童网上保护法》，该法规定，商业网站收集年龄在13岁以下少年的个人信息以及允许这些未成年人进入网上聊天室时，必须得到父母的同意。

需要注意的是，美国为达到监管网上新闻信息传播的目的，有时并不是直接制定专门法规，而是从通信法、电子商务法、网上知识产权保护等领域切入，设立相关条款。

（2）德国。德国是全球第一个制定成文网络法律的国家，该国在1997年8月通过的《信息与通讯服务法》（即《多媒体法》）是世界上第一部规范互联网的法律，其全称为“规定信息和通信服务的一般条件的联邦法令——信息和通信服务法”。该法案确立了“传播自由”和“责任并重”的原则，并对网络服务商提出了责任三原则：第一，对自己提供的网上信息内容负全部责任；第二，对网上提供来自他人的内容只有在一定条件下才负有责任；第三，对于仅仅提供了进入通道的网上信息不承担责任。

此外，德国政府还通过了《电信服务数据保护法》，并根据发展信息和通信的需要对《刑法法典》《传播危害青少年文字法》《著作权法》等法律进行了修改和补充。

（3）韩国。韩国是世界上最早设立互联网审查机构的国家。早在1995年，韩国国会就修改通过了新的《电信事业法》，将“危险通信信息”作为管制对象，并根据该法组建信息通信伦理委员会。该委员会的主要工作包括接受不良信息举报、对网络进行监察、对网络纠纷进行仲裁、关闭国内非法或不健康网站以及屏蔽国外不良网站等。2008年，韩国政府新成立了广播通信审议委员会承担上述职责。2005年10月，在广泛征求社会各界意见后，韩国政府发布了“网络实名制”规定。根据该规定，网民在网站留言、建立和访问博客时，必须先登记真实姓名和身份证号，通过认证后方可使用。2006年年底，韩国国会通过了《促进信息通信网络使用及保护信息法》修正案，规定主要门户网站在接受网民留言、发布照片和视频等操作前，必须先对网民个人的真实姓名和身份证号码等信息进行记录和验证，否则将对网站处以最高3000万韩元的罚款。由此，韩国成为世界上首个强制推行“网络实名制”的国家。

2. 技术管制

（1）分级与过滤技术。分级与过滤是指通过应用软件来设定不同的信息获取水平，帮助用户控制在登录网络后应该看到和不应该看到的信息内容。分级与过滤技术是互联网行业进行自律的有效技术手段，也是对网上不良信息、尤其是对青少年不利的信息进行技术监管的核心。通过对不良信息进行分级与过滤，可以提供较好地实现道德内化的外部环境。在美国、日本、澳大利亚等国家，都已经开发出网络过滤软件，建立起网络分级制度。

（2）执法人员的技术培训。网络监管需要专门的知识和技能，如果处理网络犯罪的执法人员专业知识不足，就无法有力打击网络犯罪。因此，许多国家都在加强对执法人员的技术培训。比如，韩国警察厅就成立了由"网络警官"所组成的网络犯罪应对中心，专门对付网络犯罪。应对中心除了对犯罪嫌疑人进行调查并根据犯罪情况提出处罚意见外，还要对犯罪环境和作案手段进行分析，这无疑需要相当专业的互联网技术知识。

（3）政府和企业间的合作。在互联网管制、打击网络犯罪的过程中开展国际合作十分迫切。全球最大的警察组织——国际刑警组织，为了打击日益猖獗的网络犯罪，对其工作人员提供了专门培训，并开通了24小时不间断的网络支持系统，以为其成员国警方提供证据调查、收集以及提供专家咨询服务。在德国，加强国际合作是打击网上犯罪活动的一贯策略，为了围剿网络色情，尤其是儿童色情，德国积极地与欧盟、欧洲理事会以及八国集团开展合作，在八国集团范围内建立网上常设联络机构，并参与建设"打击儿童色情数据库"。互联网市场发展潜力巨大，竞争不是发展的唯一方式，积极促进网站、软件企业、政府间的合作才能开拓更大的市场，实现良性发展。

3. 行业自律

行业自律不仅可以减轻政府的压力，而且能给予行业更多的精力来应对快速变化的网络环境。为了有效地进行网络媒体的行业自律，发达国家建立了诸多行业自律组织。这些组织大致可以分为以下三类：

（1）互联网协会，如英国互联网服务提供商协会、加拿大互联网提供商协会以及澳大利亚互联网行业协会等，这类协会制定了互联网企业的行业标准和行为规范，并通过行业协会来协调自律中出现的问题。

（2）带有一定管制色彩的非政府组织，如英国的互联网监看基金会和澳大利亚网络警示机构等组织，这些组织通过向互联网业主发布撤除不良信息警告等方式开展行业自律。

（3）反对政府管制互联网的非政府组织，如美国公民自由联盟和澳大利亚电子前沿，他们常为捍卫互联网业主的利益而抗议政府管制，并代表互联网业主与政府交涉。

4. 网民的自律

虽然西方各国都非常注重行业自律在互联网管制过程中的作用，但单纯依靠行业自律机制，其作用依然是有限的。因此，加强网民的自律意识，帮助他们提高对网络安全问题的认识，是确保网民尤其是青少年上网安全的关键因素。当然，自律并不是一件容易的事情，最后极有可能变成空谈。只有网民自律与行业自律相结合，再加上政策和法律等他律方式，网络媒体的有效规制才有可能真正实现。

（二）国外对手机媒体的管理与规制

手机作为重要的新兴媒体，各国对它的监管刚刚起步，仍处于探索阶段。但一些发达国家的手机媒体发展水平相对较高，下面将对其进行简要阐述。

1. 美国

由于短信泛滥成灾，所以美国对商业短信的发送采取“自由选择”的政策，除非用户明示有接受这类短信的意愿，否则就不会收到。为防止某些公司忽视这一政策，美国移动营销商们还成立了移动营销协会，该协会负责制定行为准则，对违规行为进行监督和约束，把人们受垃圾短信骚扰的程度降到最低。

美国的手机色情问题同样严重。尽管美国各州应对青年学生手机色情的方式不尽相同，但越来越多的州倾向于用法律手段给予严惩。在美国，对网络及手机色情承担责任的不仅仅是浏览这些内容的个人，还有运营商。美国政府虽然尚未对手机色情问题采取制度层面的整治措施，但在全社会的压力下，手机运营商也不得不对手机中的色情内容进行屏蔽。

2. 英国

英国移动通信运营商联合通过了行业自律条例并建立了独立的监管机构,效果显著。根据最新版《英国关于手机新形式内容的自律执业条例》,运营商必须对他们所能影响的手机网站的商业内容进行分级标注。对有些手机网站,运营商只能提供上网渠道而不能影响其内容,所以就必须根据分级规则,采用技术手段屏蔽那些不适合青少年的内容。此外还采取"年龄确认"方式控制手机用户可访问内容的范围。手机用户只有在购买手机卡时出示年龄证明,或通过其他方式证明自己年满 18 岁,才能获取访问权。在拍照手机方面,英国政府的法律法规较为强硬,禁止人们携带任何可能进行偷拍的手机进入公共场所,但对私人场所的偷拍未有提及。

3. 韩国

韩国对于手机媒体的立法可谓走在世界前列,特别是在防止垃圾信息方面,其立法对我国具有非常重要的借鉴意义。2001年,信息通信部制定"防止手机短信滥发对策",规定各有线、无线通信服务商和短信广告商必须签订杜绝滥发行为协议。从 2002年起,韩国开始实施手机短信屏蔽服务,用户只要向服务商提出申请,服务商就会在终端服务器上阻止相关发送者的短信。同年,韩国又进一步改进了手机功能,设置了短信拒收菜单,用户可以直接在手机上操作,屏蔽不愿接收其信息的号码。2004 年年底,韩国政府再次修改《信息通信网法》,规定向用户推销商品和服务的手机短信、电话广告和传真均要征得用户同意。2005 年 2 月,韩国信息通信部又一次集中整治了发送垃圾短信的企业,190 多家非法经营者被查处。另外,韩国不仅在立法上逐步完善对手机媒体的管制,同时也加强了技术防范措施。耗资 3 亿多韩元的技术系统于 2006 年年底正式启动,这项技术系统主要是被绑定在三大移动通信运营商的任意电话号码上,通过搜集向这些电话进行非法活动(包括不良短信、留言信息及彩信等)的来源号码,从源头上消灭垃圾信息,从而杜绝垃圾信息的扩散。为了规制拍照手机的使用,韩国政府作出硬性规定：从2005年开始,上市的新型拍照手机必须内置足够让周围人都听到拍照信号声音的新功能。按照这项规定,即使在震动模式下,手机也必须发出拍照信号音。这一防治措施比较“温和”,但便于操作。

第五节　新媒体传播环境下的媒介素养

媒介素养是指人们获取、分析、选择、评价媒介信息的能力,以及创造生产和传播媒介信息的能力,以及使媒介信息为我所用的能力。媒介素养近几年频繁地出现在人们的视野中,引发了众多学者专家的研究和探讨。本节主要对网民的媒介素养和网络编辑的媒介素养进行简要阐述。

一、网民的媒介素养

在新媒体的媒介生态环境中,网民的主体地位越来越突出,其参与传播的热情也前所未有的高涨,在这一大环境下,网民应该具备一定的媒介素养,概括来说主要包括以下几方面。

(一)对媒介要有清晰的认知

随着媒体技术的发展,新的媒介层出不穷,博客、论坛、微博、即时通信软件等,让人眼花缭乱。各种新的媒介满足了人们各类需求,提供了人们个性化使用媒介的便利。但是如果没有对媒介的清晰认知,也会被新媒介这把双刃剑所伤。例如博客具有开放性,所以要注意保护个人隐私,不要使其大白于天下。作为网民,要认识新媒介,利用新媒介为自己服务,同时也要清醒认识新媒介可能带来的危害。趋利避害,源于对媒介的清晰认知。

（二）对新闻专业知识要有一定的了解

在新媒体环境下，受众与传播者的界限已经相当模糊，传播者的中心地位去除，传统的受众可以同时具备受众和传播者两种身份，或者两种身份随时转化，那么在这种情况下，网民就应该具备一定的新闻责任意识，了解一定的新闻专业知识。了解新闻基础知识，是网民提高媒介素养的重要一环。

（1）要了解新闻是什么。既然你可以随时随地地成为一个新闻内容的生产者，那么你首先要了解什么是新闻。

（2）要了解新闻的基本属性：真实性、时间性、客观性和倾向性。如果不了解新闻的基本属性，就可能随意地发布虚假信息，或者发布过期信息，或者发布充满主观情绪的信息。

（3）要了解新闻的价值所在。要知道到底什么样的新闻才是值得发布的，如果不了解这一点，就会制造垃圾信息，给网络公共领域造成信息污染。

（三）要善于运用信息过滤机制

在新媒体新闻传播环境下，互联网的海量信息每天充斥于网络，作为普通网民，面对如此巨大的信息轰炸，要善于运用信息过滤机制。

1. 浏览新闻门户网站的分类信息

相对来讲，在新媒体环境下，新闻门户网站把关人的作用还是有所体现的。网络新闻编辑作为把关人，把比较有价值的新闻信息进行搜集并分类上传。所以，网民可以通过浏览门户网站的新闻来对信息进行过滤。

2. 利用搜索引擎

网络中的信息良莠不齐，浩如烟海，网民自己去评估和选择信息是非常困难的，运用搜索引擎，就使人们从海量信息中挑选出对自己有用的信息变为可能。搜索引擎把海量信息进行拣择，按一定的标准前后排序，使人们可以比较容易地挑选和获取信息。搜索结果的排序，通常是以搜索关键字的相关度为依据的。但是如果搜索产业公司把商业利益置于客观公正的原则之上，就会出现竞价排名的网站排序在前的结果，这也是网民们在利用搜索引擎时需要警惕和注意的。

（四）要注意保护个人稳私

实际上，网民参与网络传播时所有的浏览记录、搜索历史、发布信息，都会被网络记录下来。如果将这些信息进行搜集整理，就可以合成个人的数据，从而很容易暴露网民的个人信息。而这些暴露出的个人信息，也很容易被别有用心的人利用。所以，网民们要对自己在网络上的印记有所注意，对自己要有所约束，尽可能地避免伤害别人，同时也要保护自己的个人隐私。

（五）要提升网络上的人际沟通交流能力

人际传播是新媒体新闻传播的一种重要方式，所以，要提升媒介素养，必须要有良好的人际沟通交流能力，在网络上拓展人际交往的广度和深度，更好地利用人脉资源，对网民在新媒体新闻传播环境下进行信息生产和传播提供更为广阔的自由发挥的空间。网络传播过程伴随着人际关系的建立和巩固，成为新媒体传播环境下的新景象。如果你在网络中有良好的人际关系，就可以融入不同的群体、圈子，从中获得各种信息。

（六）要具有信息的制作生产能力

学会使用媒介，在多媒体传播的信息环境下，懂得如何制作音视频，如何把文字和图片整合在一起，并且上传至网络，是网民在新媒体环境下应具备的信息制作能力。例如 2009 年的央视大火事件，这一事件最先是由作为现场目击者的网民第一时间通过手机在网络上发布了消息，还有人用相机、DV 等工具拍摄视频上传至网络。由此也可以看出网民运用数字媒体的能力在提高。

二、网络编辑的媒介素养

当前社会,信息的集合和传播都是以多样化和极为快速的方式生成,并且已经进入一个媒体融合的时代,也就是全媒体时代。在这样一个时代,人们对信息的需求非常旺盛,作为新媒体新闻传播的专业从业者,网络编辑的思想越来越丰富,编辑手段也在向传统媒体的精细化靠拢,网络编辑越来越专业化。在当今这样一个时代背景下,网络编辑应该具备一定的媒介素养,概括来说主要包括以下几方面。

(一)网络编辑要更加专业化和职业化

在新媒体传播环境下,几乎任何人都可以随时随地地发声,发布新闻信息,传播新闻信息,这样就产生了公民新闻的概念。公民新闻的主要特征是报道主体的非专业化和报道内容的非政治化。公民新闻在目前的新闻传播态势下,虽然形成了职业新闻机构与非职业化组织和个人并存的传媒生态,但是我们要看到,公民新闻的传播如果没有主流新闻网站或传统媒体的介入,其传播力和影响力就比较有限。因为公民新闻往往是新闻事实的浅显表述,新闻事实的表述也往往呈现不完整的模糊状态,且掺杂较多的个人情感和情绪,甚至会混入虚假信息,所以,受众在接收公民新闻时,往往对专业的新闻传播机构抱有期待,希望专业的新闻机构对此新闻予以核实和验证,并进行相关报道。由此看来,公民新闻虽然日渐崛起,但其对新闻专业机构和从业者并没有构成太大威胁,反而成为新闻专业网站和从业人员更加专业化、职业化的推动力。

（二）网络编辑要有新媒体新闻的传播能力

网络编辑在选择整合相关媒介产品后，要掌握传播技巧，具备媒介产品的传播能力。要注意编辑内容的多元与丰富性，以及编辑设计的双向交互性。在新闻网页上，最直观的就是新闻标题。由于网页超文本超链接的编辑组织方式，新闻首先是以标题的形式呈现在新闻网页的首页上，受众根据新闻标题是否能吸引自己来决定是否点击链接进行全文阅读，所以标题的制作对于网络编辑来说要求很高。网络新闻标题要简洁明了、新颖生动，并且要单行实题，新闻标题必须能够反映新闻的主要内容，题文紧密配合，不能出现文不对题，或者题目偏离文章中心内容的情况。

除了标题的制作，网络编辑还要善于利用多种编辑手段来体现编辑思想。例如通过字体的变化，套红或变蓝，添加图片或音视频资料，版面排序靠前等手段来体现此新闻的重要性。另外，对于热点难点问题应进行深度报道。对于长消息，可以用增加小标题和关键词的方式体现易读性，或采用分层报道方式，既提供简讯，也提供详细报道。这些手段对提高新闻的传播强度，提升新闻网站的影响力具有积极意义。

（三）网络编辑要有对网络受众的研究分析能力

在新媒体传播环境下，受众的地位越来越突出，传播呈现一种去中心化的趋势，权威被解构，人人都可以成为中心，传播者和接受者的界限日益模糊，受众个性化的信息需求凸显，受众在庞杂的信息洪流中，可以主动地选择和接受信息。在这样的情况下，网络编辑必须要从受众的角度出发，考虑新闻稿件的选择和编排。这就要求网络编辑具有对网络受众的研究和分析能力，要了解网络受众的喜好和感知程度。

（四）网络编辑要有对自媒体的挖掘和链接能力

博客、微博等自媒体的出现，满足了人们对个性化媒体传播的需求。但是自媒体本身的影响是有限的，网络编辑可以成为扩大自媒体影响的推进剂，提供自媒体与社会联系的平台。比如在新浪新闻中，就专门辟出博客一栏，制作标题，链接相关博客。博客作为自媒体，是网民自我发表的阵地，网络编辑发掘其中的精粹，并链接到门户网站的新闻平台上，成为自媒体连接社会的纽带，既可以吸引门户网站的受众，也可以扩大自媒体的影响。这就需要网络编辑每天关注大量的有影响力的博主的博客，聚集高水平的意见领袖，并从中选择能够吸引大众的文章，在新闻网站的平台上为他们提供表达空间。网络编辑还要关注访问量激增的草根博客，判断草根博客突然引发如此多关注的原因以及其是否具有新闻价值，从而选择性地链接相关博客文章。由此可见，门户网站已经充分认识到自媒体的力量不容忽视，同时也在发挥专业媒体的链接和整合作用。因此，网络编辑应该具有对自媒体的挖掘和链接的能力。

（五）网络编辑要有信息的辨识和整合能力

信息的辨识包括以下两个方面：

（1）从传统媒体中选择有价值的新闻。

（2）从海量的碎片化的公民新闻中选择有价值的新闻，并且对其进行核实验证，去伪存真。

在编辑公民新闻的时候，要注意其表述新闻事实立场的客观性，要注意区分公民新闻中的新闻事实和发布者的感性认知与情感表达。

整合主要体现在以下三个方面：

（1）对传统媒体中相关新闻的整合。比如把不同媒体关于同一新闻事件不同角度的表述整合在同一新闻标题之下，或者把传统媒体关于同一新闻的不同体裁的报道整合在同一版块之中。

（2）多媒体整合，把关于同一新闻事件的不同的媒体表现手段整合在一起，例如，文字、图片、音视频的整合。

（3）整合公民新闻中的碎片化信息。公民新闻中的碎片化信息往往是不完整的，虽然有时效性，但是往往没有深度。网络编辑通过整合碎片化信息，梳理新闻事件的来龙去脉，挖掘碎片化信息之间的联系，可以让公民新闻更加易于接受和传播。

参考文献

[1] 毕伟 . 互联网时代的新媒体 [M]. 兰州：甘肃科学技术出版社，2017.

[2] 周茂君 . 新媒体概论 [M]. 成都：西南师范大学出版社，2016.

[3] 刘沛 . 工会干部新媒体实用手册 [M]. 北京：中国工人出版社，2014.

[4] 刘行芳 . 新媒体概论 [M]. 北京：中国传媒大学出版社，2015.

[5] 石磊 . 新媒体概论 [M]. 北京：中国传媒大学出版社，2009.

[6] 马为公，罗青 . 新媒体传播 [M]. 北京：中国传媒大学出版社，2011.

[7] 谭云明，郑坚 . 新闻编辑学 [M]. 武汉：华中科技大学出版社，2016.

[8] 宫承波 . 新媒体概论 [M]. 北京：中国广播电视出版社，2012.

[9] 张金海，程明，李小曼 . 报业数字化生存与转型研究：基于产业发展的视角 [M]. 武汉：武汉大学出版社，2010.

[10] 严三九 . 新媒体概论 [M]. 北京：化学工业出版社，2011.

[11] 强荧，戴丽娜 . 新闻传播学理论前沿：在媒体融合的视域下 [M]. 上海：上海社会科学院出版社，2016.

[12] 匡文波 . 新媒体理论与技术 [M]. 北京：中国人民大学出版社，2014.

[13] 宫京成．大众传媒回应与引领当代社会思潮研究 [M]. 北京：人民日报出版社，2016.

[14] 黄迎新．数字时代的中国电视产业研究 [M]. 厦门：厦门大学出版社，2012.

[15] 吕奇，杨元刚．计算机辅助翻译入门 [M]. 武汉：武汉大学出版社，2015.

[16] 汪启明，李岗，梅红．选题策划学 [M]. 成都：西南交通大学出版社，2015.

[17] 王松，李志坚，赵磊．信息传播大变局：新媒体传播管理与数字技术 [M]. 上海：上海交通大学出版社，2013.

[18] 毕书清．新时期的媒体融合与数字传播 [M]. 南京：江苏凤凰科学技术出版社，2015.

[19] 王松，唐莉芳，施妍．信息传播大变局 2：新媒体与数字娱乐传播 [M]. 上海：上海交通大学出版社，2015.

[20] 谢耘耕，陈虹．新媒体与社会（第十三辑）[M]. 北京：社会科学文献出版社，2015.

[21] 申启武．广播 4.0 时代的融合发展与理论创新 [M]. 广州：暨南大学出版社，2016.

[22] 毕书清，李婷婷．传播变革：新时期传统媒体的变革与发展 [M]. 南京：江苏凤凰科学技术出版社，2017.

[23] 张名章．网络新闻编辑 [M]. 北京：北京师范大学出版社，2010.

[24] 秦州．网络新闻编辑学 [M]. 上海：复旦大学出版社，2012.

[25] 詹新惠．新媒体编辑 [M]. 北京：中国人民大学出版社，2013.

[26] 杨颖．新闻采写 200 问 [M]. 北京：蓝天出版社，2015.

[27] 黄河，刘琳琳，王芳菲．新媒体管理 [M]. 北京：中国传媒大学出版社，2015.

[28] 周艳 . 新媒体理论与实务 [M]. 北京：中国传媒大学出版社，2014.

[29] 何倩，等 . 实用新媒体简论 [M]. 成都：四川大学出版社，2016.

[30] 张玲 . 新媒体广告 [M]. 重庆：西南师范大学出版社，2016.

[31] 孙黎，徐凤兰 . 新媒体广告 [M]. 杭州：浙江大学出版社，2015.

[32] 杨艳琪 . 新媒体与新闻传播 [M]. 北京：社会科学文献出版社，2015.

[33] 黄传武 . 新媒体概论 [M]. 北京：中国传媒大学出版社，2012.

[34] 李伟权，刘新业 . 新媒体与政府舆论传播 [M]. 北京：清华大学出版社，2015.

[35] 匡文波 . 新媒体舆论：模型、实证、热点及展望 [M]. 北京：中国人民大学出版社，2014.

[36]《中国公共管理年鉴》编委会 . 中国公共管理年鉴（2013）[M]. 北京：中国财政经济出版社，2013.

[37] 周蔚华，徐发波 . 网络舆情概论 [M]. 北京：中国人民大学出版社，2015.

[38] 傅思明，李文鹏 . 党政干部提升网络执政能力读本 [M]. 北京：东方出版社，2013.

[39] 卢毅刚 . 舆论学教程 [M].2 版 . 郑州：郑州大学出版社，2012.

[40] 褚亚玲 . 新媒体舆论引导力研究 [M]. 北京：团结出版社，2015.

[41] 周丽玲，刘明秀 . 新媒体营销 [M]. 重庆：西南师范大学出版社，2016.

[42] 刘小华，黄洪．互联网＋新媒体：全方位解读新媒体运营模式 [M]. 北京：中国经济出版社，2016.

[43] 金星．实用广告学教程 [M]. 上海：复旦大学出版社，2013.

[44] 李瑶．网络营销策划与实施 [M]. 北京：清华大学出版社，2012.

[45] 李宇．数字时代的电视国际传播：路径与策略 [M]. 北京：中国广播影视出版社，2015.

[46] 车云月．数据化网站运营深度剖析 [M]. 北京：清华大学出版社，2017.

[47] 金涛．旅游网络营销 [M]. 北京：中国旅游出版社，2017.

[48] 周洁如．企业社交网营销经典案例及精解 [M]. 上海：上海交通大学出版社，2013.

[49] 刘前红，秦琴．新媒体营销项目化教程 [M]. 北京：中国轻工业出版社，2018.

[50] 郦瞻．网络营销 [M]. 北京：清华大学出版社，2013.

[51] 乔辉，曹雨．网络营销 [M]. 北京：机械工业出版社，2015.

[52] 侯晓娜．电子商务概论 [M]. 北京：北京理工大学出版社，2016.

[53] 范军 .2013—2014 中国出版业发展报告 [M]. 北京：中国书籍出版社，2014.

[54] 刘阳．自媒体终极秘诀 [M]. 哈尔滨：哈尔滨出版社，2016.

[55] 比尔·毕晓普．数字时代的战略营销 [M]. 刘大鹏，译．北京：机械工业出版社，2000.

[56] 刘美玲．媒介融合时代电视媒体的转型之路 [J]. 新闻研究导刊，2017，8（3）：259.

[57] 付晓雅 . 互联网时代传统电视转型策略研究——以湖南卫视为例 [J]. 新媒体研究，2017，15（3）:77-78.

[58] 肖海清 . 社交搜索的应用分析——以 Facebook 社交图谱搜索为例 [J]. 华中师范大学研究生学报，2013（3）: 152-158.

[59]2014 年十大社交营销案例 [EB/0L]. 广告门，http: //www.admin5.com/article/20141216//576374.shtml.2014-12-16.